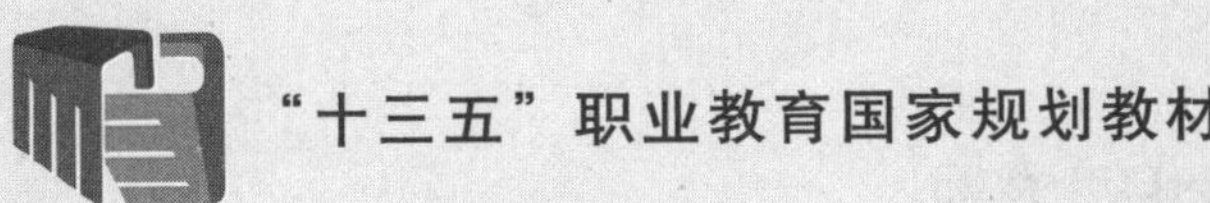


21 世纪高职高专规划教材 ◆ 人力资源管理系列

# 人力资源培训与开发

## (第二版)

RENLI ZIYUAN PEIXUN YU KAIFA

主　编　吴颖群　姜英来

副主编　曾春生　张铭翀

中国人民大学出版社

·北京·

**图书在版编目（CIP）数据**

人力资源培训与开发/吴颖群，姜英来主编. --2版. --北京：中国人民大学出版社，2019.10
21世纪高职高专规划教材．人力资源管理系列
ISBN 978-7-300-27299-3

Ⅰ．①人… Ⅱ．①吴…②姜… Ⅲ．①人力资源管理－高等职业教育－教材 Ⅳ．①F241

中国版本图书馆 CIP 数据核字（2019）第 172825 号

"十三五"职业教育国家规划教材
21世纪高职高专规划教材·人力资源管理系列
**人力资源培训与开发（第二版）**
主　编　吴颖群　姜英来
副主编　曾春生　张铭翀
Renli Ziyuan Peixun yu Kaifa

| | | | |
|---|---|---|---|
| **出版发行** | 中国人民大学出版社 | | |
| **社　　址** | 北京中关村大街31号 | **邮政编码** | 100080 |
| **电　　话** | 010－62511242（总编室） | | 010－62511770（质管部） |
| | 010－82501766（邮购部） | | 010－62514148（门市部） |
| | 010－62515195（发行公司） | | 010－62515275（盗版举报） |
| **网　　址** | http：//www. crup. com. cn | | |
| **经　　销** | 新华书店 | | |
| **印　　刷** | 北京密兴印刷有限公司 | **版　　次** | 2014年2月第1版 |
| **规　　格** | 185 mm×260 mm　16开本 | | 2019年10月第2版 |
| **印　　张** | 13 | **印　　次** | 2023年2月第8次印刷 |
| **字　　数** | 293 000 | **定　　价** | 32.00元 |

# 第二版前言

“人力资源培训与开发”是人力资源管理专业的核心课程，学生通过学习，一方面能掌握员工培训与开发的过程和方法，另一方面可以有效地开展员工的培训与开发。

本教材是由专业教师、企业人力资源管理人员和专家一起参与编写的。首先由企业人力资源管理人员和专家根据企业员工培训与开发的工作过程，将员工培训与开发的需求、计划、实施和评估、制度制定等典型工作任务提炼为具体可操作的项目，每个项目都有企业专家提供的典型案例，然后由专业教师根据学生的学情，以项目导入、知识点、项目任务、项目拓展为脉络进行课程内容的编写，从而更好地向学生呈现人力资源培训与开发的整个工作流程和知识能力要求，最大限度地贴近现实工作情境和满足教学需求。

本教材自发行以来，读者一致反映其实用性强，重点突出，简单明确，实践环节设计的整体性和可操作性强。为了便于广大读者及时了解人力资源培训与开发的最新理论与方法，更加贴近企业工作实践过程，我们决定修订本教材。

本次修订仍然秉承实用性和可操作性的原则，重新梳理了人力资源培训与开发的内容，对教材的案例进行了更新，并提高贯穿全过程的教学实践任务的可操作性，把原来以学校教师为对象的培训与开发项目调整为以学校学生会成员的培训与开发为主线，进一步便于学生在实践过程中进行调研和实践，从而更有效地完成实践任务。本次修订具体分工如下：浙江交通职业技术学院吴颖群负责制定修订方案，修订项目 2、项目 3、项目 4 和全书统稿；浙江交通职业技术学院姜英来负责修订项目 1、项目 5、项目 6。

在本教材的修订过程中，我们参考了相关的教材、专著和网站，借鉴了大量的相关书籍和论文，限于篇幅，资料来源未能一一列出，在此衷心地向这些作者表示最诚挚的感谢。限于编者的水平和经验，书中难免存在不足之处，恳请广大读者予以批评指正，以使本教材不断得到补充和完善。

**吴颖群**

2019 年 7 月

# 前言

21 世纪的企业面临越来越激烈的市场竞争，人的作用越来越突显出来，所以企业员工的培训与开发工作对企业的生存发展也显得越来越重要。企业如何保持和提高员工的适应能力以支撑企业的核心竞争力，员工如何保持和提高自己的职业竞争力，这些都对企业的人力资源培训与开发提出了新的要求。

目前高职高专人力资源培训与开发教材大多是学科体系倾向，理论阐述过多，学生可操作的内容太少，过分依赖案例教学，不符合提高学生操作能力水平的教学要求。

本教材基于“以岗位需要为导向，以职业标准为依据”的设计理念，在充分调研的基础上，按照人力资源管理职业标准，“以工作任务为项目，以实践操作为手段”，将企业的人力资源培训与开发工作任务模块化，进而将工作任务模块进一步转换为学生的学习项目。本教材具有以下特点：

**1. 与工作过程对接**

本教材内容的组织与编排打破了传统教学的次序，以工作过程为主线，将理论知识贯穿于整个工作流程之中，方便学生了解人力资源培训与开发各知识点之间的关系，搭建培训与开发的知识框架，建立培训与开发管理的系统观念。

**2. 与职业标准对接**

本教材依据《企业人力资源管理师国家职业标准》及企业人力资源管理师职业技能鉴定的相关要求，选取教学内容，将学历教育与职业资格教育相结合。

**3. 校企合作开发**

本教材是由专业教师、企业人力资源管理人员和专家一起参与编写的。首先由企业人力资源管理人员和专家根据企业员工培训与开发的工作过程，将员工培训与开发的需求、计划、实施和评估、制度制定等典型工作任务提炼为具体可操作的项目，每个项目都有企业专家提供的典型案例，然后由专业教师根据学生的学情，以项目导入、知识点、项目任务、项目拓展为脉络进行课程内容的编写，从而更好地向学生呈现人力资源培训与开发的整个工作流程和知识能力要求，最大限度地贴近教学过程。

**4. 体现“做中学”**

本教材为了便于学生实训，设计了一个总项目，即以学校教师培训与开发工作为主线来贯穿整个教材内容，每个教学单元都设计了相应的训练任务，让学生能够模拟学校教师培训与开发过程中的典型工作任务开展训练，同时围绕训练任务以“必需、够用”的标准来阐述理论知识，并给出了评价学生训练任务完成质量的指标，从而真正实现了“做中学”的要求。

本教材由吴颖群（浙江交通职业技术学院）负责编写教材大纲和项目 2、项目 3，并进行统稿；项目 1、项目 5 由姜英来（浙江交通职业技术学院）编写；项目 4 由曾春生（广东农工商职业技术学院）编写；项目 6 由张铭翀（江苏信息职业技术学院）编写。参与本教材编写的企业人力资源管理专家有蒋永新（浙江省交通工程建设集团有限公司人力资源部经理）、马小娜（中国联合网络通信有限公司广州市海珠区分公司副总经理、企业培训师）等；参与编写的高职院校人力资源管理专业教学一线的教师有王冰（浙江交通职业技术学院）、王丽辉（河北青年管理干部学院）、刘洪（株洲职业技术学院）、陈红（浙江旅游职业学院）等。

在本书的编写过程中，我们参考了相关的教材、专著和网站，借鉴了大量的相关书籍和论文，限于篇幅，资料来源未能一一列出，在此衷心地向这些作者表示最诚挚的感谢和深深的歉意。限于编者的水平和经验，书中难免存在不足之处，恳请广大读者予以批评指正，以使本教材不断得到补充和完善。

**吴颖群**

2013 年 10 月

# 目录

# 项目 1　识别培训与开发

【引导任务】

由于复印行业竞争激烈，施乐公司在本土及海外市场份额由 18.5%下降到 10%。调查发现，竞争对手主要是通过售后服务和维权取胜的。于是施乐公司制定了通过提高产品和服务质量来获取竞争优势的战略。为了有效改变员工行为，施乐制订并执行了一项历时 5 年的培训计划，涉及两项基本内容：一是使消费者永远满意；二是提高员工的质量意识。

为此，施乐设计了一系列培训课程，到全球分公司寻找工作能手担任专业培训人员，教授员工怎样改进产品与服务质量。具体的培训从一个取向性阶段开始，由管理部门向员工说明质量培训的必要性，明确每一个员工的质量任务，指导部门经理向下属提供必要的在职强化训练以及参与团队工作解决技能问题；要求经理们提供咨询和培训反馈以帮助员工调整和使用这些技能。员工们作为团队一起工作，以识别和纠正妨碍优质生产和服务的质量问题。

该培训耗费了 1.25 亿美元和 400 万个工时，消费者的满意度提高了 40%，有关质量的投诉降低了 60%，施乐的市场占有率恢复到复印行业的龙头地位。

学生 6～7 人为一组，讨论后，每组派代表陈述施乐公司的培训为企业带来了哪些改变。

【教师点评】

施乐公司的培训使公司员工解决问题的技能提高，质量意识和团队合作意识加强，提高了顾客满意度，使公司市场份额进一步提高，竞争力增强。

企业的发展离不开员工，而员工的发展离不开培训。实践证明，对员工进行专业培训是提高其综合素质及工作业绩的有效手段。因此，系统掌握同企业培训有关的各类知识、技巧以及程序是每个培训开发工作人员都需要做到的。

具体来说，在进行培训前应科学地分析员工的培训需求，并给员工一个培训的理由；制订一份规范且实用的培训计划，以确保培训工作的顺利开展；进行充分的培训准备，不打无准备之仗；针对不同的培训对象和培训内容，选择不同的培训方法；通过入职培训，让新员工迅速融入企业的整体环境中；通过专业技能培训，促进员工不断成长；加强培训管理，完善培训制度，控制培训经费；注重对培训效果的评估，发现不足，及时修正，提高培训质量。这样，一步步地从确定培训需求、设计培训计划、进行培训准备、选择培训方法到入职培训、在职培训，再到培训管理、效果评估，层层深入，才能将企业培训开发工作落到实处，才能切实帮助企业实现培训效益最大化。

# 任务 1 识别培训与开发知识

## 知识目标

理解员工培训与开发工作对企业和员工的重要意义；了解培训与开发工作同人力资源管理其他工作环节之间的关系；掌握员工培训与开发的基本概念、内容与原则。

## 能力目标

能表述员工培训与开发工作的主体工作内容；能把握员工培训与开发工作同人力资源管理其他工作环节之间的联系。

## 情境和任务

### 一、学习情境

小赵大学毕业后顺利进入了一家信息服务公司工作，因其在学校学习人力资源管理专业，故公司将其安排在人力资源部工作。在应聘和面谈过程中，小赵了解到这是一家中外合资企业，主要的经营业务是为企业和个人提供办公软件和硬件服务。公司自 2008 年创办以来发展迅速，通过灵活的经营手段、高质量的产品、优良的售后服务，在信息服务行业激烈的竞争中保持领先地位。公司管理层深知，作为一个知识密集型企业，公司的发展主要依赖于它所拥有的人力资源，企业间的竞争实质是高质量人力资源的竞争。因此，公司非常注重通过培训提高员工的工作能力，通过多种途径提高员工的工作满意度。小赵为自己能进入这样一个充满活力的公司而暗自高兴。现在，人力资源部经理分配小赵主要负责员工培训的工作，但在了解公司目前的培训状况后，小赵没有那么乐观了。现在公司的员工培训是以请知名讲师来公司上课或外派

员工脱产参加培训、学习的方式为主，员工们很愿意接受这样的培训方式，申请外出学习的员工也一年比一年多。不过，飞速增长的培训费用并没有带来预期的企业效益的同步提升，所以，人力资源部经理希望小赵能为公司员工培训工作打开新局面。小赵觉得有些迷惑："该怎样进行工作呢？"

**思考：**小赵应怎样着手公司的员工培训工作？

## 二、训练任务

以小组为单位，调查、掌握学校某一学院学生会成员培训与开发的基本情况，并进行小组分析、讨论与汇报。

# 相关知识

## 一、培训与开发概述

### （一）培训与开发的概念和目的

#### 1. 员工培训与开发的概念

员工培训是指各类组织有计划地实施以提高员工学习与工作相关能力为目的的活动，它是人力资源开发的基础性工作。员工培训中的相关能力包括知识、技能和对工作绩效起关键作用的行为，例如，在入职培训中，向公司新招聘的销售人员示范如何更好地把握消费者的心理、推销公司的产品、推广公司的品牌。

员工开发是指各类组织为员工未来发展而开展的正规教育、在职实践、人际互动，以及个性和能力的测评等活动。

#### 2. 员工培训与开发的目的

总体而言，员工培训与开发就是组织通过学习、训导的手段提高员工的工作能力、知识水平并使其潜能得到发挥，最大限度地使员工的个人素质与工作需求相匹配，进而促进员工现在和将来的工作绩效提高的工作过程。严格地讲，培训与开发是一个系统化的行为改变过程，这个行为改变过程的最终目的就是通过员工工作能力、知识水平的提高以及个人潜能的发挥，明显地表现出工作上的绩效特征。工作行为的有效提高是培训与开发的关键所在。

从满足企业经营需要的角度讲，企业培训与开发大致有四个方面的目的：

（1）长期目的：满足企业战略发展对于人力资源的需要而采取的培训活动；

（2）年度目的：满足企业年度经营目标对于人力资源的需要而采取的培训活动；

（3）岗位目的：满足员工高水平完成本职工作所需的知识、技能、态度、经验而采取的培训活动；

（4）个人目的：满足员工达成其职业生涯规划目标的需要而由企业提供的培训。

不同企业在制定自身的培训与开发工作规划中，根据具体培训与开发的目标以及现实条件，会清楚地体现出培训与开发的不同目的。

### （二）培训与开发的关系

作为人力资源管理工作中的重要环节，培训与开发既有密切的联系，同时又有一定程度的区别。

1. 培训与开发的联系

人力资源培训是进行人力资源开发的重要手段，人力资源开发是不断提高员工素质、改进工作质量和效率的主要方式。企业员工的培训与开发都是企业为了使员工获得与工作有关的知识和技能，或改善员工工作动机、态度和行为，或提高员工的绩效及员工对企业目标的贡献等，所做出的有计划、有系统的工作。培训与开发都是人力资源管理的重要组成部分。

2. 培训与开发的区别

从培训与开发工作的定义可以看出：培训是给新雇员或现有雇员传授其完成本职工作所必需的基本技能的过程；开发主要是指管理开发，指一切通过传授知识、转变观念或提高技能来改善当前或未来管理工作绩效的活动。培训与开发工作的区别如表1-1所示。

表1-1　培训与开发工作的区别

| | 员工培训工作 | 员工开发工作 |
|---|---|---|
| 内容 | 具体 | 概括 |
| 着眼点 | 着眼于当前工作 | 着眼于未来 |
| 目标 | 获得与工作能力相关的知识和技能 | 有益于未来职业的变化 |
| 效用 | 改善企业和员工的业绩 | 实现工作的成就感 |
| 时间性 | 时间较短 | 时间较长 |
| 阶段性 | 较清晰 | 较模糊 |
| 内涵 | 较窄 | 较宽 |

### （三）培训与开发同人力资源管理其他工作环节之间的关系

1. 培训与开发同人力资源规划的关系

人力资源规划指导企业培训与开发活动的实施，反过来，人力资源规划的某些内容需要通过培训与开发活动来执行。以人力资源规划为指导的员工培训与开发，可以最大限度地保证组织目标的完成，保证组织的人员发展适应环境变化的需要，保证组织人力资源管理效率的提高。

2. 培训与开发同工作分析的关系

工作分析是人力资源管理工作中最为基础的工作环节，是人力资源管理部门的必备工具，当然对培训与开发也起着不可忽视的作用。工作分析的最终结果是形成工作说明书。工作说明书是用文件形式来表述工作分析的结果，其基本内容包括工作描述和任职资格说明。工作描述一般用来表述工作内容、任务、职责、环境等。任职资格说明用来表述任职者所需的资格要求，如技能、学历、培训、经验、体能等。

工作分析的目的在于了解与绩效问题有关的工作的详细内容、标准以及完成工作所应具备的知识、技能。工作分析的结果也是将来设计和编制相关培训课程的重要资料来源。工作说明书对岗位的上下级关系、工作的环境条件、岗位职责以及任职者的

知识技能条件、教育背景、生理和心理素质等都有详尽的描述，对培训工作能起到引导需求与支持促进作用。

通过工作分析确定工作要求，明确组织各种培训需求的先后顺序，有利于在组织内形成整体的培训体系。培训者可以以此为依据建立适当的指导与培训内容。这样培训所涉及的工作内容和责任才能准确地反映实际的工作要求，使员工在培训中学到的知识技能与未来的工作实际应用相一致，从而大大降低人力资源培训与开发费用。

3. 培训与开发同绩效考核的关系

绩效考核结果以及绩效改进要点是确定员工培训与开发需求的重要信息来源之一，而培训与开发活动的根本目的就是改善绩效状况，其实施的效果将直接通过员工的工作行为表现出来，最终作用于员工的绩效结果，因而，绩效考核结果、绩效管理面谈、绩效改进等行为是检验培训与开发活动有效性的重要手段。

4. 培训与开发同薪酬福利的关系

培训与开发同薪酬福利虽然没有直接的联系，但是培训与开发活动所带来的任职资格等级提升以及工作绩效的提高将间接作用于薪酬福利。同时，作为外在薪酬表现形式之一的培训与开发，对于激励员工、提高员工工作满意度和薪酬满意度有着极大的正面效应。培训与开发不仅仅是员工的一种广义薪酬形式，也是员工和组织共同发展的原动力，已经被越来越多的企业设计到整体薪酬计划之中。

5. 培训与开发同职业生涯管理的关系

以工作分析文件为基础的任职资格管理体系的建立，一方面为培训与开发工作确定培训需求提供了依据，并且为企业建立分层分类的培训课程体系提供了帮助；另一方面为企业设计员工的职业生涯规划提供了“跑道”，并且描绘了各种“跑道”的长度和阶梯。反过来，企业的培训与开发工作为员工获得任职资格、等级晋升与职业化行为能力的提高以及职业生涯发展提供了外部条件。

## 二、培训与开发的意义

总体来说，实施培训与开发的主要目的：一是提高工作绩效水平，提高员工的工作能力；二是增强组织或个人的应变和适应能力；三是提高和增强员工对组织的认同和归属。具体而言，目的不同、角度不同，员工培训与开发的意义也有所不同。

### （一）从企业的角度看培训与开发的意义

1. 培训可以提升企业竞争力

在众多的人力资源调查中，“较多的培训机会”越来越成为吸引优秀员工加入和留住优秀员工的重要因素，甚至是仅次于薪酬的留人要素。培训可以阻止企业的骨干跳槽去竞争对手那里，可以提升企业的竞争力，保证企业在日益激烈的人才争夺战中不至于败下阵来。

2. 培训可以增强企业凝聚力

现代人力资源观点认为，一位优秀的企业经营管理者首先必须是一位优秀的培训师。企业要从经营管理者层面开始重视培训，培训者要善于通过言传身教把企业的发

展战略、经营理念、管理模式、价值取向、文化氛围等带给每位员工，培养企业的团队精神，让大家团结在企业精神的旗帜下，凝聚一股强大的力量勇往直前。只有这样的企业，才会永葆青春活力与凝聚力，具有更好的发展前景。

#### 3. 培训可以提高企业战斗力

如果说任职前培训与任职资格硬性挂钩，满足的是员工求职的需要、生存的需要，那么，非强制性的培训则反映了员工自我完善、自我提高的需要。一位优秀的企业员工必定是终身学习的模范，他永远不会满足于已有的成就，而突破原有的知识水平、基本技能及思维定式的最佳途径就是参加培训、不断学习。根据心理学家马斯洛的需要层次理论，员工在基本需要满足之后，更需要不断提高自己的工作能力和综合素质，体现自身价值，获得成就感。要留住员工，特别是留住核心员工，只提供优厚的奖金待遇是不够的，还要不断地给他们充电、加压，满足其对不断进步的需要，并使其在工作中体会到挑战的乐趣和自我价值。欧美一些知名企业的实践证明，如果企业给员工提供良好的培训，就会减少员工抱怨，员工离职率也会降低。一些企业还把培训作为福利奖励给表现好的员工。这样，员工成为学习型员工，企业成为学习型企业，无疑给企业带来了更强的战斗力。

#### 4. 培训是高回报的投资

培训是投资，这一点已成为企业的共识。对于企业来说，很难获得精确的财务数据来计算每次培训的收益，但企业的收益和培训之间毫无疑问有着明确的逻辑关系：通过培训可以增强员工对企业上层决策的理解和执行能力，让员工迅速掌握企业的管理理念、方法和技巧等，这样企业就可以在节约成本的同时创造最大的效益，不断提高企业的市场竞争力，这就是培训给企业带来的回报。

摩托罗拉曾经做过一个分析，发现固定资产投入的回报率是840%，而员工培训投入的回报率则高达3 000%，几乎1美元的培训费用在3年内就能实现30美元的效益。比如IBM每年用于员工培训的费用是人均3 000美元，公司曾投资2亿美元对10万名员工进行培训；美国通用电气公司每年用在员工培训上的费用高达10亿美元；美国联邦快递公司每年花费2.25亿美元给员工做培训，就算是最普通的员工，每年也可以拿到2 500美元去学习。在国内，像腾讯、阿里巴巴、华为等企业的员工培训投入也一直被业界津津乐道，甚至成为很多年轻人选择这些企业的原因之一。

所以说，把员工当成“投资品”，想办法让员工越来越“值钱”，最大的受益方其实是公司本身，这就是著名的“贝尼斯定理”。

#### 5. 培训是解决问题的有效措施

对于企业不断出现的各种问题，培训有时是最直接、最快速和最经济的管理解决方案。通过培训学习获得解决问题的经验与技能，比员工从工作中自行摸索要快，有时比招聘有相同经验的新进人员更有效率。

### （二）从企业经营管理者的角度看培训与开发的意义

对于企业经营管理者来说，员工的培训与开发工作可以带来六大好处。

#### 1. 培训可以减少事故发生

研究发现，企业事故80%是由于员工不懂安全知识和违规操作造成的。员工通过

培训，学到了安全知识，掌握了操作规程，自然就会减少事故的发生。

2. 培训可以改善工作质量

员工参加培训，往往能够掌握正确的工作方法，纠正错误和不良的工作习惯，其直接结果必然是促进工作质量的提高。

3. 培训可以提高员工整体素质

通过培训，员工素质整体水平会不断提高，从而提高劳动生产率。

4. 培训可以降低损耗

损耗主要来自员工操作不认真和技能不高。通过培训，员工就会认同企业文化，认真工作，同时也会提高技术水平、降低损耗。

5. 培训可以提高研制开发新产品的能力

培训在提高员工素质的同时，也培养了员工的创新能力，能够激励员工不断开发与研制新产品来满足市场需要，从而扩大企业产品的市场占有率。

6. 培训可以改进管理内容

培训后的员工整体素质得到提高，就会自觉把自己当作企业的主人，主动服从和参与企业的管理。

### （三）从企业员工的角度看培训与开发的意义

1. 培训可以增强就业能力

现代社会职业的流动性使员工认识到充电的重要性，换岗、换工作主要依赖于自身技能，培训是刚走出校门的毕业生增长知识、技能的一条重要途径。因此，很多求职的人要求企业能够提供足够的培训机会，这也成为一些人择业过程中着重考虑的一个方面。

2. 培训可以获得提高收入的机会

员工的收入与其在工作中表现出来的劳动效率和工作质量直接相关。为了追求高收入，员工就要提高自己的工作技能，技能越高报酬越高。

3. 培训可以增强职业的稳定性

企业为培训员工特别是培训特殊技能的员工，提供了优越的条件，付出了高额的成本。所以在一般情况下，企业不会随便解雇这些员工，为防止他们离职给企业带来损失，总会千方百计留住他们。从员工来看，他们把参加培训、外出学习、脱产深造、出国进修等当作企业对自己的一种奖励。员工经过培训，素质、能力得到提高后，在工作中表现得更为突出，就更有可能受到企业的重用或晋升，员工因此也更愿意为企业服务。

4. 培训可以提升竞争力

未来的职场将是充满竞争的职场，随着人才机制的创新，每年都有大量的新的人才加入竞争的队伍中。面对竞争，要避免被淘汰的命运，只有不断学习，而培训则是最好、最快的学习方式。

总之，培训可以使员工素质与能力得到全面提升，从而让企业的人力资源不断更新且永远保持旺盛的活力和竞争力，这就是企业进行培训的最大意义。

## 三、培训的内容、种类与原则

### （一）培训的内容

任何培训都是为了实现知识、技能和态度的改变。知识、技能和态度是培训的三大要素，三者缺一不可。因此，企业员工的任何培训与开发的内容均由知识、技能和态度三大块组成。

1. 知识培训

知识培训是员工得到持续提高和发展的基础。员工只有具备一定的基础知识及专业知识，才能为其各个领域的进一步发展提供坚实的支撑。人们在学校所学习的内容，大部分属于此类。

2. 技能培训

知识只有转化成技能才能真正产生价值。员工的工作技能是企业产生效益、获得发展的根本源泉，因而技能培训也是企业培训中的重要环节。

3. 态度培训

即使员工具备了扎实的知识基础和过硬的技能，但如果没有正确的价值观、积极的工作态度和良好的思维习惯，他们给企业带来的不一定是财富，而可能是损失。有积极态度的员工，即使暂时在知识和技能上存在不足，他们也会为实现目标而主动、有效地去学习和提升自我，从而最终成为企业所需的人才。因此态度培训是企业必须持之以恒进行的重点培训内容。

在企业一般的培训活动中，知识、技能、态度的培训内容往往是紧密结合、相互渗透的。

**案例阅读**

**海尔集团的培训内容**

海尔集团从成立至今一直贯穿“以人为本”提高人员素质的培训思路，建立了一个能够充分激发员工活力的人才培训机制，最大限度地激发每个员工的活力，充分开发利用人力资源，从而使企业保持了高速稳定发展。海尔集团的培训内容包括：

1. 海尔的价值观念培训

海尔培训工作的原则是“干什么学什么，缺什么补什么，急用先学，立竿见影”。在此前提下首先是价值观的培训，“什么是对的、什么是错的，什么该干、什么不该干”，是每个员工在工作中必须首先明确的内容，这就是企业文化的内容。海尔通过内部报纸《海尔人》对企业文化进行大力宣传，发挥上级的表率作用，主要采用员工互动培训方式。海尔进行了丰富多彩、形式多样的培训及文化氛围建设，如通过“画与话”、猜灯谜、文艺表演、找案例等活动，让员工用自己的画、话、案例来诠释海尔理念，从而达成理念上的共识。

2. 海尔的实战技能培训

技能培训是海尔培训工作的重点。海尔的技能培训主要是通过案例、到现场进行

的"即时培训"模式来进行。具体来说，是抓住实际工作中随时出现的案例（最优事迹或最劣事迹），当日利用班后的时间立即在现场进行案例剖析（不再是原来的停下来集中式的培训），针对案例中反映出的问题，统一人员的动作、观念、技能，然后利用现场看板的形式在区域内进行培训学习，经过提炼在《海尔人》上进行公开发表，形成共识。员工从案例中学习分析问题、解决问题的思路，提高相关技能。这种培训方式已在集团内全面实施。

3. 海尔的个人职业生涯培训

海尔集团自创建以来一直将培训工作放在首位，上至集团高层领导，下至车间一线操作工人，集团根据每个人的职业生涯规划为每个人制订了个性化的培训计划，搭建了个性化发展的空间，提供了充分的培训机会，并将培训与上岗资格相结合，从而提高了整体员工素质。

### （二）培训的种类

员工培训可以按不同分类方式分为很多种类，比如按培训对象与培训时间的不同大体上可分为岗前培训（也可称为入职培训、入职前培训）、在职培训及外派培训三种，其中每一种培训又可依其性质与目的不同再划分为若干种类。

#### 1. 岗前培训

岗前培训是指使受训者具备某一岗位合格员工的基本条件所进行的培训。岗前培训的类型见表1-2。

表1-2 岗前培训的类型

| 类型 | 含义 |
| --- | --- |
| 入职培训 | 对刚进入企业的员工进行的培训。目的是使其了解企业的概况、规章制度、产品和技术开发的管理制度等，一般较少考虑员工之间的差异。 |
| 转岗培训 | 对已经被批准转换岗位的员工进行的培训。目的在于使其达到新岗位的要求。 |
| 晋升培训 | 对晋升人员或后备人才进行的培训。目的在于使其达到更高一级岗位的要求。 |
| 资质培训 | 对某些特殊岗位上的人员进行的培训。这些岗位一般要求获得相应的资格证后才能上岗，且该资格仅有几年的有效期，资格证到期后员工需要接受培训并再次参加资格考试。 |

#### 2. 在职培训

在职培训是最为常见的员工培训方式，员工在培训期间多为带职带薪。在职培训的类型见表1-3。

表1-3 在职培训的类型

| 类型 | 含义 |
| --- | --- |
| 更新知识、掌握新技能的培训 | 为了使员工能及时跟上企业外部环境和内部环境的变化，及时获得相关新知识、新技能所进行的培训。 |
| 以改善绩效考核为依据的培训 | 当绩效未达到要求、绩效下降或绩效虽达到要求但员工希望改进其绩效时所进行的培训。 |

3. 外派培训

外派培训是指员工暂时离开现职，脱产到有关学术机构或其他组织进行培训。对于外派培训，各企业都有适用于本单位的培训规定。

案例阅读

海尔集团的培训形式

1. 岗前培训

对所有的新员工进行业务知识、企业文化、经营哲学、组织目标、价值观的培训。新员工不确定岗位，先轮流工作一定时间后再定岗，培养员工的组织归属感、集体主义及合作精神，为以后的高效管理奠定基础。此项工作由集团中心做。

2. 岗位培训

员工入职半年到一年之后，进行岗位培训。岗位培训主要是业务能力培训，对工作中容易出现的问题、解决方法及应尽的责任进行培训。此项工作由事业部做。

3. 个人职业生涯规划培训

海尔所有的管理干部都有责任为下一级的干部及员工设计个性化的培训计划。这种培训计划分三类：A 类计划面对管理人员；B 类计划面对专业人员；C 类计划面对员工。

管理人员要根据自己的情况每人制定一个升迁、发展的个人规划，要有目标地工作。

4. 转岗培训

为培养复合型人才，海尔采用转岗培训，使员工适应新的工作需要。

5. 半脱产培训

对于骨干员工和管理人员，有计划地安排他们以半脱产的方式参加各种培训，如考察培训、MBA 培训、高校进修、委托培养、学历教育。

6. 出国考察国际高科技发展的新动向

利用各种机会，派有关人员参加各种专业研讨会、学术会议、科技博览会或者出国进修。

（三）培训的原则

企业进行员工培训工作的基本原则如下。

1. 战略性原则

培训工作要服从于企业整体发展战略的指导，为实现企业的发展目标服务。因此，企业培训项目既要符合企业整体发展需要，又要满足目前工作需要（这也是每一个培训项目实施前都要进行培训需求调查的原因）。对于企业培训项目的设计与实施者而言，需要以战略的眼光考虑组织的培训工作。

2. 长期性原则

员工培训效果是有后延性的，尤其是态度、观念等方面的培训。如果对培训的设

计仅限于短期的具体目标，就不可能满足企业应对和适应多变的动态环境、市场需求。

**案例阅读**

### 摩托罗拉对员工的教育培训

在摩托罗拉公司，教育培训既是公司的责任，也是员工个人的权利和发展机会。公司承诺支持员工在技术和能力方面寻求发展，提供多种类型的职业培训并鼓励员工参加。每一个新员工都要接受入职教育培训，培训课程包括摩托罗拉公司发展史、企业文化、员工教育与发展计划、公司人力资源部的相关政策、公司的规章制度及奖惩条例。公司每年为每个员工提供各种层次的在职培训。在美国，公司与菲尼克斯大学合作为员工提供在职 MBA 培训。公司在教育培训方面的持续投入，使员工在技术、知识和能力上不断提高。

3. 按需施教、学以致用原则

培训是为了使员工能更好地掌握技能、完成工作，其最终目的是提高企业的经济效益。因此，员工培训在内容上要求有知识、技能和态度的结合，要求从工作实际需要出发。只有同培训对象的职位、年龄、知识结构、能力水平、思维特征等结合来设计培训项目与培训内容，才能实现培训的目的。

4. 全员教育培训和重点提高相结合原则

基础性的培训对企业所有员工都是适用的，而重点培训则是针对对企业发展起关键作用的领导人才、管理人才和骨干员工展开的。对于企业来说，应优先培训急需人才，在工作分析的基础上进行培训，培训内容兼顾专业知识技能与职业道德。

**案例阅读**

### 重点培训：波音公司的领导培训

领导培训是波音公司最具特色的员工培训项目，所有担任领导职务的波音公司员工，都有资格参加领导培训中心的课程。该中心主要培训那些需要进行职业生涯转型的经理们。

领导培训的核心课程包括“向经理层过渡”“当好中层经理”“战略领导研讨会”“高级管理人员项目”“全球领导人项目”。这些课程旨在满足领导者在个人职业生涯中各个时期的教育需要。

为开发这些核心课程，全公司的经理和高级管理人员都要明确指出其事业转折点。所谓转折点，是指他们离开自己熟悉的工作岗位而承担与以往不同、更具挑战性的新职责的时期。他们普遍认为存在着 5 个事业转折点：首次担任管理职务；准备担任中层管理职务；准备担任高级管理职务；担任高级管理职务的初期；迎接作为全球领导人的挑战。在不同时期，公司会安排不同的课程。

5. 主动参与原则

目前国内员工习惯于将培训视为一个被动的过程，他们只对讲师所教的内容以及布置的作业感兴趣。这导致了中国企业内部个人权力“小王国”现象，员工被要求不能偏离其限定的权限，从而产生了畏避风险、依赖上级等特殊文化现象。要扭转我国企业员工的被动习惯，可以从培训的主动参与方面开始着手。在这方面，外企的做法值得效仿。例如，朗讯公司让每位管理人员和 2 400 名网络系统销售人员都制订自己的个人发展计划。为了适应事业的发展，松下公司人事部门规定了下列培训申请办法：

第一，自己申请制度。员工工作一段时间后，可以自己主动向人事部门申请调动和升迁，经考核合格可以提拔任用。

第二，内部招聘制度。在职位有空缺时，人事部门可以在公司内部招聘适当人选，不一定非在原部门中论资排辈依次提拔。

第三，内部留学制度。技术人员可以自己申请，经公司批准，到公司创办的学术或教育训练中心去学习专业知识。公司则根据发展需要，优先批准急需专业的人才去学习。

第四，海外留学制度。定期选派技术人员、管理人员到国外学习，除向欧美各国派遣留学生外，也向中国派遣留学生，北京大学、复旦大学都有松下公司的留学生。

6. 严格考核、择优奖励原则

严格考核以检验培训质量，尤其是对不涉及录用、提拔或安排工作而是提高素质的培训，择优奖励受训人员就成为调动其积极性的有力杠杆。现代企业中的培训被员工视为一种激励。为确保培训的有效进行，培训组织者必须改变将培训视为临时性、随意性、简单化的工作的观念，将员工培训放到人力资源管理的高度来理解，同企业的任何资源的管理一样都必须有一个完善的培训系统作为培训实施的保证，包括培训的组织机构、培训的制度、培训的计划、员工培训的原则和办法以及相应的培训手册、培训教材、考核和评价的办法等。

7. 投资效益原则

员工培训是一种智力投资行为，投入相对容易计算，而产出即对员工进行培训与开发的回报则难以进行量化分析。因此，企业应注重培训成本与培训产出的分析，即保证培训投资的效益。

## 训 练 任 务 完 成

### 一、研究应用案例

**西门子的多级培训制度**

西门子公司拥有一揽子的人才培训计划，从新员工培训、大学精英培训到员工再培训，基本上涵盖了业务能力、交流能力和管理能力的培育，使得公司新员工在正式工作前就具有了较高的业务能力，保证了大量的生产、技术和管理人才储备，而且使

得员工的知识、技能、管理能力得到不断更新。培训使西门子公司的员工长年保持着高素质，这是其强大竞争力的来源之一。

**第一级职业培训造就技术人才**

西门子公司早在 1992 年就拨专款设立了专门用于培训工人的“学徒基金”。该基金用于吸纳部分中学毕业后没有进入大学的年轻人，参加为期 3 年左右的第一级职业培训。其间，学生要接受双轨制教育：一周工作 5 天，其中 3 天在企业接受工作培训，另外 2 天在职业学校学习知识。由于第一级职业培训理论与实践结合，为年轻人进入企业提供了有效的保障，深受年轻人欢迎。共有 10 000 名学徒工在西门子公司接受第一级职业培训，大约占员工总数的 5%。他们学习相关知识和技术，毕业后可以直接到生产一线工作。西门子公司培训的学徒工也可以无条件地到其他的工厂上班。

**大学精英培训选拔管理人才**

西门子公司定期从大学生中选几十名优秀学生进行专门培训，培养他们的领导能力，培训时间为 10 个月，分 3 个阶段进行。第一阶段，让他们全面熟悉企业的情况，学会从互联网上获取信息；第二阶段，让他们进入一些商务领域工作，全面熟悉本企业的产品，并加强他们的团队精神；第三阶段，将他们安排到下属企业（包括境外企业）承担具体工作，在实际工作中获得实践经验和知识技能。西门子公司共有 400 多名这种精英，其中 1/4 在接受海外培训或在国外工作。大学精英培训计划为西门子公司储备了大量管理人才。

**员工在职培训提高竞争力**

西门子员工的在职培训和进修主要有两种形式：西门子管理教程和在职员工再培训计划。其中管理教程分五个级别：第五级别是针对具有管理潜能的员工。通过管理理论教程的培训，可以提高参与者的自我管理能力和团队建设能力。培训内容包括西门子企业文化、自我管理能力、个人发展计划、项目管理、了解及满足客户需求的团队协调能力。第二级别、第三级别、第四级别的培训对象是具有较高潜力的初级、中级、高级管理人员。培训目的是让参与者准备好进行上一级管理工作。培训内容包括综合项目的完成、质量及生产效率管理、财务管理、流程管理、组织建设及团队行为、有效的交流和网络化。最高的第一级别是西门子执行教程培训，培训对象是已经或者有可能担任重要职位的管理人员，培训目的是提高领导能力。培训内容是根据参与者的情况特别安排的，一般根据管理学知识和西门子公司业务的需要而制定。

## 二、团队合作完成训练任务

学生 6～7 人为一组，每组选出组长（学生轮流当组长，组长负责记录并担任小组的陈述代表）。组长带领小组成员根据学习情境，运用以上相关知识并参考所给的案例对训练任务进行讨论，以小组为单位，对学校某一学院学生会成员培训与开发的基本情况进行调研，然后进行小组分析、讨论。

# 训练任务完成效果评价

## 一、小组代表陈述与教师点评

各小组派代表陈述本小组调查与分析的结果。教师根据各小组陈述内容进行点评。

## 二、小组内互评

小组成员根据完成任务过程中个人的表现，按照表 1 - 4 的评价项目和分值、指标对每个成员进行评分，课后上交小组成员内部评价表和相关学院学生会成员培训与开发的基本情况调查报告。

表 1 - 4　小组成员内部评价表

| 小组成员 | 评价项目和分值、指标 | | | | 总成绩 |
|---|---|---|---|---|---|
| | 任务完成的情况（25 分） | 与人合作的能力（25 分） | 解决问题的能力（25 分） | 职业态度（25 分） | |
| | 在小组工作中所承担的任务完成的情况 | 与他人协同工作，处理合作过程中的矛盾的表现 | 提出对策或方案的质量 | 完成任务的主动、认真程度 | |
| 组长 | | | | | |
| 组员 1 | | | | | |
| 组员 2 | | | | | |
| 组员 3 | | | | | |
| 组员 4 | | | | | |
| 组员 5 | | | | | |
| 组员 6 | | | | | |

## 三、教师评价

教师根据小组评分参考表（见表 1 - 5）的评价项目和分值、指标给各个小组评分。

表 1 - 5　小组评分参考表

| 组别 | 评价项目和分值、指标 | | | | 总成绩 |
|---|---|---|---|---|---|
| | 调查能力（50 分） | 分析能力（30 分） | 任务完成的效率（10 分） | 组员参与程度（10 分） | |
| | 学生会成员培训情况调查方法的合理性 | 学生会成员培训情况分析的准确性 | 是否能按时或提前完成任务 | 参与讨论的成员数量 | |
| 第一组 | | | | | |
| 第二组 | | | | | |

续表

<table>
<tr><th rowspan="3">组别</th><th colspan="4">评价项目和分值、指标</th><th rowspan="3">总成绩</th></tr>
<tr><th>调查能力（50 分）</th><th>分析能力（30 分）</th><th>任务完成的效率（10 分）</th><th>组员参与程度（10 分）</th></tr>
<tr><th>学生会成员培训情况调查方法的合理性</th><th>学生会成员培训情况分析的准确性</th><th>是否能按时或提前完成任务</th><th>参与讨论的成员数量</th></tr>
<tr><td>第三组</td><td></td><td></td><td></td><td></td><td></td></tr>
<tr><td>第四组</td><td></td><td></td><td></td><td></td><td></td></tr>
<tr><td>第五组</td><td></td><td></td><td></td><td></td><td></td></tr>
<tr><td>……</td><td></td><td></td><td></td><td></td><td></td></tr>
</table>

## 四、最终成绩计算方式

最后，教师可按以下公式计算个人最终成绩：

个人最终成绩＝小组成员个人成绩×40％＋所在小组成绩×60％

# 任务 2 理解培训与开发岗位职责

## 知识目标

了解企业培训体系建立的意义；理解企业与培训工作相关的人员组成及职责；掌握培训部门（培训岗位）的工作职责。

## 能力目标

能说明企业所有员工在培训与开发工作中的不同职责；能根据工作需要和现实条件设计符合培训目的的培训流程；能表述培训与开发部门的工作职责。

## 情境和任务

### 一、学习情境

中兴最早的培训是由人力资源部下属的员工培训发展科负责。1993 年建立员工培训中心，1997 年成立员工培训部，1998 年成立客户培训部。2002 年，员工培训部与客户培训部进行整合，成立培训中心。2003 年，在培训中心的基础之上，中兴在深圳的大梅沙创办了自己的企业大学——中兴通讯学院。该企业大学除了对内部员工进行培训之外，还对国内外的客户进行培训，包括管理咨询服务、人才测评等业务。中兴通讯学院已经在全球设立了 15 个区域培训中心，可以说中兴通讯学院已经成为中兴实施企业战略的重要抓手。

中兴通讯学院拥有一支具备专业技能的高素质讲师队伍，形成了一套培训讲师资格认证考核模式，致力于加强讲师的培养。学院目前有本科以上学历的讲师超过 170 名，并全部为专职培训讲师，其中具有硕士学位和博士学位的讲师数量占 50%以上。此外，中兴通讯学院还在公司内部培养了近 500 名经过认证的中高层管理人员、研发专家和工程维护专家担任兼职讲师。

中兴充分利用信息技术手段来实现对员工的培训。在 PC 端建立 E-learning 学习平台，员工凭借人事账号登录平台就可以根据个人的兴趣和需要进行在线学习；在移动端，公司开发了易学 App，员工可以随时随地进行学习与分享，成为移动学习的利器。在培训内容的构建上，中兴通讯学院与人力资源中心共同牵头，梳理了中兴近 200 个关键岗位胜任力标准和测评要求，组织专家开发岗位胜任力课程、学习资料和题库等。经过多年的建设，已建成 E-Learning 学习平台课程 14 000 门、学习资料 29 000 份、App 微课程 2 100 门、与岗位匹配课程近 5 000 门，并实现了员工岗位课程主动推送到终端。

**思考：**中兴的员工培训工作的主要职能部门是哪些？其工作职责和任务是什么？

## 二、训练任务

以小组为单位，调研学校人力资源管理部门培训与开发工作内容和岗位职责。

# 相关知识

## 一、企业培训体系

现代企业要真正解决发展过程中的人才瓶颈问题，就必须重视人才的培养。这意味着企业不仅仅需要专业的顾问公司、咨询公司、培训公司的参与，更重要的是要从自身的人才开发、培养、评估、培训做起，建立自己的培训机构和系统的培训机制，即建立一套企业内部的培训体系。只有这样才能最终提升企业的核心竞争力，将企业做大做强。而企业的人力资源管理部门或专门的培训管理部门及员工培训与管理人员，则需要全面地认识企业培训体系，识别培训与开发部门的工作职责及岗位职责，有针对性地做好企业员工培训与开发工作。

### （一）企业培训体系的内容与特征

#### 1. 企业培训体系的内容

众多优秀企业的成功案例及相关研究结果都表明，员工工作绩效的好坏及工作积

极性的高低很大程度上取决于他们的培训状况。高素质的员工必然会给企业带来好的效益，而高素质员工的培养则来自企业完善的培训体系的支持。

事实上，很多企业对培训体系的理解都存在误区，在培训体系建设上有着共性的问题。与绩效考核和薪酬管理相比，培训体系建设是一看就懂、一做就乱的工作。很多企业的培训制度是流于形式的；在培训过程管理方面，很多企业都缺乏规范的培训需求分析过程和行之有效的培训考核方法；甚至有的企业以培训课程体系替代培训体系的全部内容。那么，完整的培训体系包括哪些内容呢？一般来说，它包括以下内容：

（1）企业内部培训机构设置。

（2）培训制度的建立。

（3）培训课程体系的建立。

（4）培训师资体系的建设。

（5）培训过程的管理。

（6）培训设施设备的管理。

（7）培训经费的管理。

（8）培训效果的评估与反馈。

#### 2. 企业培训体系的特征

建立和完善有效的企业培训体系是培训管理工作的核心任务。企业培训体系是否有效的判断标准是：该培训体系是否为企业竞争力的提升、实现企业的战略目标提供了最优秀的人力资源。有效的培训体系应当具备以下特征：

（1）以企业战略为导向。企业培训体系根源于企业的发展战略、人力资源战略体系。企业只有根据自身的战略规划，结合自身的人力资源发展战略，才能量身定制出符合自身持续发展需求的高效培训体系。

（2）着眼于企业核心需求。有效的培训体系不是“头痛医头，脚痛医脚”的“救火工程”，而是应该深入发掘企业的核心需求，根据企业的战略发展目标预测企业对人力资源的需求，提前为企业做好人才的培养和储备。

（3）充分考虑员工自我发展的需要。按照马斯洛的需要层次理论，人的需要是多方面的，其最高需要是自我发展和自我实现。按照自身的需要接受教育培训是对自我发展需要的肯定和满足。培训工作的最终目的是为企业的发展战略服务，同时也要与员工个人职业生涯发展相结合，实现员工素质与企业经营战略的匹配。这一体系将员工个人发展纳入企业发展的轨道，让员工在服务企业、推动企业战略目标实现的同时，也能按照明确的职业发展目标，通过参加相应层次的培训，实现个人发展，获取个人成就。另外，激烈的人才市场竞争也使员工认识到，不断提高自身的技能才是在社会中立足的根本。有效的培训体系应当肯定这一需要的正当性，并给予合理的引导。

### （二）企业建立培训体系的意义

企业建立培训体系的最终目的是持久有效地将培训进行到底，让培训发挥最大的作用，让培训走上正规化，让培训成为企业的家常便饭，并成为一种提升员工和企业竞争力的必备工具。具体来说，企业建立培训体系的意义有以下几点。

#### 1. 减少培训投资的浪费

企业培训管理体系不健全，会导致企业在进行培训投资过程中发生很多不必要的问题，走很多弯路，造成培训投资的巨大浪费。这也是我们经常看到许多企业的管理者在培训经费的投入方面总是斤斤计较的原因之一。因此，要想使企业管理者对培训投资恢复信心，使企业的培训工作真正产生激励员工、促进企业发展的作用，就必须从基础工作做起，一步步地将培训的管理工作做到位，建立起一套有效的培训体系。

### 2. 通过提升员工的技能来提高工作绩效

培训的激励可以通过员工提高绩效来持续，而绩效提高的结果可以使员工得到物质的满足或职务的提升，职务的提升又将会产生新的培训需求等，这是一个永无终点的循环过程。因此企业需要根据自身的实际情况在这些职能之间找到衔接点（如培训使员工能力提升后以何种方式承认其新价值，如何对员工重新评估从而合理地进行职业规划等），完善人力资源管理系统，使培训激励能够长久地持续下去。

### 3. 使培训目标与企业经营战略更好地结合

企业经营战略是一项综合了企业的目标、政策和行动计划的规划。经营战略能够影响一个企业如何运用它的实物资本（如厂房和设备）、金融资本（资产和现金储备）和人力资本。经营战略在很大程度上影响着企业的培训类型、数量及培训所需要的资源，还影响着企业所需要的各种技术的类型和水平以及企业在培训方面的决策。为使企业获得发展，培训活动应该辅助企业实现经营战略，其不仅要着眼于当前所需知识和技术的传授，更要着眼于企业未来的发展。而建立一个系统的培训体系则可以解决这些问题。只有培训方式具有战略性、计划性和长期性，才能更好地将培训活动与企业的发展战略相结合，使培训真正符合企业的需要。

## （三）企业培训体系流程

企业培训体系依赖于以一定的程序运转。在企业经营战略目标的总体指导下，企业培训体系运转流程如图 1-1 所示。

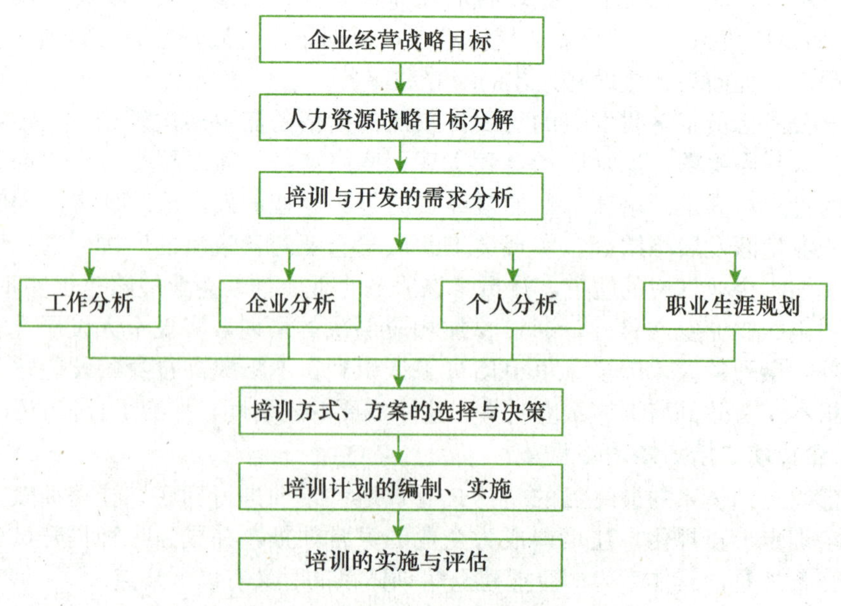


图 1-1　企业培训体系运转流程图

## 二、企业各级培训部门的任务和职能

### （一）企业培训管理部门的任务与职能

企业培训管理部门指的是负责企业员工培训与开发工作的专门部门，有时从属于企业人力资源管理部或行政人事部，有时则作为单独一个部门行使工作职能。一般来说，其工作任务与职能如下：

（1）制订年度培训计划。

（2）制定年度培训预算。

（3）了解员工培训需求。

（4）制订各类培训计划。

（5）实施各类培训计划。

（6）评估培训效果。

（7）管理员工培训档案。

（8）开发和利用培训资源。

### （二）企业培训工作的分工与职责

培训不但是人力资源管理部门或培训部门的事，而且是企业中一项全员的工作。在这项工作中，管理高层提供政策、方向和支持，培训部提供资源、方法、制度，各级管理者推动，讲师有效组织培训，员工积极参与，这样才能真正有效地推动培训工作。因此，企业培训工作的负责人员包括总经理、主管副总、人事总监、培训经理、讲师、各级管理者、各部门培训负责人或协调员以及所有的企业员工。其分工与职责如下。

#### 1. 培训管理委员会职责

培训管理委员会由总经理、主管副总、人事总监等人员构成。其主要职责包括：制定或批准人力资源开发战略；制定或批准培训政策；审定、批准培训计划和培训预算；制定或批准重点培训项目等。

#### 2. 培训部职责

培训部一般由培训经理、项目经理、讲师、助理或秘书等人员构成。其主要职责包括：拟定培训战略；执行培训战略；拟定培训制度、工作流程；建设与管理培训资源；日常培训营运管理；基础行政工作等。

#### 3. 培训协调委员会职责

培训协调委员会由培训经理、各部门培训负责人或协调员等组成。其主要职责包括：培训需求调查；制订培训计划；推动培训实施；培训报名、评估、考核、归档等。

#### 4. 各级管理者职责

各级管理者职责主要包括：员工技能管理；培训需求调查；实施在岗培训；培训评估与培训应用推动等。

#### 5. 员工职责

员工职责主要包括：提供个人培训需求；按要求参加培训；在工作中不断应用培训时所学的内容，养成良好的工作习惯；做辅导员，实施在岗培训等。

6. 讲师职责

讲师职责主要包括：课程调研与课程开发；进行培训；培训辅导与跟踪；学习研究等。

**案例阅读**

### 培训专员的工作说明书

现在人才市场的招聘职位上经常出现“培训专员”这一名称，越来越多的公司有了这样一个专门的工作岗位。那么，培训专员的工作要做什么呢？以下是某公司的培训专员工作说明书中的工作描述部分，我们可以从中大致了解培训专员在一个企业中的主要工作职责。

培训专员岗位说明书（工作描述部分）

编号：014CH-WI-06-01A

| 职务概况 | 职务名称 | 培训专员 | 所属部门 | 人力资源部 | 定编人数 | 1 |
|---|---|---|---|---|---|---|
| | 直接上级 | 部长 | 职务编号 | 014 | 薪资等级 | |
| | 直接下属 | 无 | | | | |
| 工作概况 | 负责人力资源管理培训体系的建立和组织实施。 | | | | | |
| 工作内容和职责 | （1）负责培训体系的建立，制定/修改培训管理制度并监督执行。<br>（2）根据公司人力资源规划，结合员工素质制定员工培训规划。<br>（3）负责开发和设计培训课程，组织编写培训教材。<br>（4）负责组织实施公司级培训及考核，协调跟进各部门级培训及考核。<br>（5）负责编制年度培训计划及组织/监督实施。<br>（6）负责新人职员工的培训。<br>（7）负责公司外部培训的联络和组织，根据需要引进培训项目。<br>（8）负责年度培训的总结及效果评估。<br>（9）负责建立员工培训档案。<br>（10）负责进行年度和月度培训预算，编制培训预算报表。<br>（11）负责管理培训场所、设施设备和培训用品。<br>（12）完成上级安排的其他工作。 | | | | | |

### （三）企业各级培训机构的工作职责

按企业全员培训工作的程序来看，企业的培训机构可以分为三级：一级机构为培训管理机构；二级机构为员工所在部门；三级机构为员工所在部门下的班、组、办公室，甚至个人。以企业常见的培训内容为例，各级培训机构的工作职责如表 1－6 所示。

表 1－6　各级培训机构的工作职责

| 序号 | 培训内容 | 三级培训机构职责 | 二级培训机构职责 | 一级培训机构职责 |
|---|---|---|---|---|
| 1 | 新员工上岗培训 | 实施岗位操作规范的指导培训。 | 实施本部门情况介绍和工作制度的指导培训。 | 负责人员基本素质审查、培训资料准备、培训统一组织实施工作；技术部门负责安全、技术的统一培训。 |

续表

| 序号 | 培训内容 | 三级培训机构职责 | 二级培训机构职责 | 一级培训机构职责 |
|---|---|---|---|---|
| 2 | 日常岗位工作规范培训 | 实施指导培训。 | 组织指导培训。 | 人力资源部、计财部协助支持；人力资源部监督检查。 |
| 3 | 生产作业操作规范培训 | 实施指导培训。 | 组织指导培训。 | 技术部门、人力资源部协助支持；人力资源部监督检查。 |
| 4 | 推广新工艺、新技术、新方法的培训 | 组织本单位的有关人员参加培训。 | 组织专人研究，实施本部门人员的技术培训工作。 | 技术部门、人力资源部协助支持；人力资源部监督检查。 |
| 5 | 生产安全常规培训及事故案例分析 | 组织本单位的有关人员参加培训，同时在生产过程中强化安全意识。 | 指定专人负责此工作，并指定组织实施具有部门特点的安全培训。 | 安全保卫部定期组织整个企业范围内的安全培训活动并负责培训资料组织工作，其他部门支持协助并定期联合检查监督。 |
| 6 | 岗位资格培训 | 组织人员参加，并实施条件允许范围内的实际操作部分。 | 提出本部门培训目标，组织人员参加理论培训，实施操作培训。 | 人力资源部和有关部门共同制定方案、选择教材，并负责与当地劳动部门的联系合作与资格认证、教师管理、培训场地安排等工作。 |
| 7 | 职业技能培训和技术等级培训考核 | 提出本单位的培训要求，承担培训条件允许范围内的实际操作部分。 | 提出本部门培训目标，协助组织实施。 | 人力资源部与有关部门合作制订培训计划。人力资源部负责师资、教材、培训场地、考核工作的落实，同时负责与政府考核机构的联系沟通工作。 |
| 8 | 员工学历教育和文化素质提高的培训 | 负责向本部门反映员工的要求，配合实施。 | 根据员工岗位与申报学习对应情况提出意见，并报人力资源部。 | 人力资源部组织或推荐员工参与社会多渠道的教育培训，并控制总体培训费用。如在企业内进行，人力资源部负责实施。 |
| 9 | 管理人员培训 | 提出培训要求，报本部门。 | 提出本部门管理人员培训目标，报人力资源部；组织实施本部门三级管理人员的培训。 | 企业领导提出总体目标，人力资源部在总体目标下负责计划、组织和具体实施。各部门协助支持并负责企业管理人员培训的监督检查；人力资源部负责对二级机构内管理人员培训的协助支持和监督检查。 |
| 10 | 转岗培训 | 提供条件允许范围内的支持和协助。 | 协助一级机构组织实施。 | 人力资源部组织实施，有关部门监督检查。 |
| 11 | 电脑知识、计财知识普及培训 | 反映员工的培训要求，报本部门。 | 提出要求并协助实施。 | 人力资源部负责组织实施。 |
| 12 | 技能操作竞赛 | 协助组织实施。 | 组织实施本部门的操作竞赛，协助组织实施企业主办的操作竞赛。 | 企业工会、团委和各技术管理部门合作组织实施，负责检查、监督和奖励。 |

## 三、当前企业培训现状

要更清楚地认识培训工作程序及培训工作职责，就需要了解企业培训的现状，这是当前做好企业培训需要关注的问题。只有了解了现在的培训现状，才能更好地把握企业培训的步骤以及决定如何建立更符合企业特点的有特色的、适合的培训体系。

培训分为知识培训、态度培训和技能培训，最后的结果是行为的改变。企业做培训是希望得到回报的，期望员工的行为改变能给企业带来利润。但是，行为的改变并不会因为上了某堂课而发生，还需要其他各个环节的配合。很多企业在培训过程中存在误区，使得培训陷入一个尴尬的境地。要了解现代企业培训的现状，首先要了解目前企业培训中普遍存在的几个误区。

### （一）忽略培训的重要性

忽略培训的重要性，即企业的领导者持有培训无用论的想法。培训无用论有两种：一种是直接无用论，即认为培训不能增强企业员工才干，反而耗费员工工作时间；另外一种是间接无用论，即认为企业员工的知识技能已足够企业使用，培训只增长员工才干，对企业没有多大益处，投入小于产出。基于这两种观点的领导，不是将培训拒之门外，就是把培训当作一种“企业在不断追求进步”的形象宣传，仅是做给员工或外界人士看，而没有实际的投入。

造成上述现象的原因，一方面，是目前的学习观念没有改变，还没有形成真正的“终身学习”和“动态学习”观念；另一方面，由于中国现阶段的企业培训大部分依赖公共管理培训机构（包括管理院校和培训中心），它们因循守旧的传统教育方法使培训单调、缺乏效率，进而导致企业领导者对培训丧失信心。但是，在当今环境急剧变化、竞争非常激烈、知识更新速度极快的时代，如果不跟上时代发展，不充实自己的企业，最终将免不了被淘汰出局的命运。有的企业可能为了改变现状，想通过招聘新的员工增强活力，但对于大型企业来说，新聘员工不是被老员工同化就是要花很长时间才能使企业发生转机。要彻底解决问题，只能从内部着手。而对于当代崛起的专业培训机构来说，则应根据不断变化的市场，主动提供企业所需的知识技能，从企业内部着手，进行人员开发，使企业增强活力和竞争力。

### （二）缺乏长远的目光和系统性

出于对短期成本收益的考虑，不少企业往往在出现问题或停滞不前时才被动去找培训师，致使企业的培训工作总是间歇性的。然而，培训是一个系统工程，不仅是人员配合的系统化，更是时间合理分配的系统化。“头痛医头，脚痛医脚”的培训不能解决根本问题，致使那些企业跟不上市场，往往步人后尘，处于被动挨打的局面，甚至出现运作混乱的现象。

一些成功的企业看到的是远期的收益，着力把培训当作长期的系统工作来抓。如吉利集团创办吉利大学，最初的目的就是建立自己的人才培养基地，让人才更好地、源源不断地为企业服务。

### （三）对培训的艰巨性认识不足

培训不仅需要领导者重视、参与，需要培训师的艰苦努力，还需要员工积极的配合和长期系统的训练。它是一项长期而艰辛的工作。

由于企业往往会让很多员工在一起培训，而员工个体的学习能力不一样、思维

转换速度不一样，往往会产生巨大的个体差异。企业希望每一个员工都取得优异的成绩，但这是不可能的。教学中有教方和学方，是双向的关系，并非培训师教得好，员工就能学得好，这需要时间来磨合，需要双方积极有效的配合。企业对于培训工作过于乐观，把目标定得过高，必然干扰教学双方的进度，影响学习效果。中国有句俗话：期望越高，失望越大。特别是对于学习，循序渐进是自古就有的道理。忽视培训的艰巨性，就会使培训草草了事，浪费企业员工的时间和培训师的辛苦劳动。

### （四）以培训取代知识更新

知识更新是员工和管理者个人的责任，如果希望通过培训提升员工的知识，导致负责培训的人员绞尽脑汁邀请知名讲师，力求讲课内容出新、出奇，这就脱离了企业培训的本意。

### （五）过分重视拿来主义

只要是大家认为好的，就不顾自己的实际情况全部拿来，等到用的时候才发现这些好东西并不适合自己的企业，所引进的先进技术和管理技巧并不是自己想要的或根本就达不到自己想要的效果，结果不但浪费了自己的财力，更浪费了宝贵的时间。虽然企业进行了相关的培训，但最后没有任何成果，造成无效培训。

### （六）轻视对培训的评估

中国很多企业培训缺乏绩效管理。怎样在培训中不断进行效果测试，从而及时修正培训方法？怎样用培训效果激励员工？怎样针对培训效果使培训水平不断提高，从而总结出一套系统的适合本企业的培训方法？这些都是中国大部分企业培训没有解决好的问题。

### （七）不讲究针对性

中国现在的教育大多是单向选择，即老师教什么，学生就学什么；学生没有权利对学习内容进行选择。这自然而然也影响到从教育衍生过来的企业培训。

许多培训师只知传授而不问学员能否听得懂，严重脱离学员的实际情况。很少有培训机构能在培训前对学员的知识、技能进行问卷调查，通常都是根据自己的经验设置课程和教学方案，导致学员重复学习或去学严重超出自己接受能力的知识、技能。更少有人会在培训前和学员交流，他们大多仅仅进行简单的知识、技能传授而不与企业的实际情况相结合。培训不是为企业服务，而是为学员个人服务，这将削弱企业的整体战斗力。

真正的企业培训，是紧密结合企业的人才需求，针对企业员工的知识、技能缺陷和学习特点，设计直接面对培训对象的课程，采用有效的培训手段，达到为企业增加利润的目的。

### （八）将培训作为一项业务

一些企业希望将培训中心从成本中心变成利润中心，主要职能是去培训外部人员，将培训当作一项业务来运作。这样做，就使得培训中心的存在与否和企业没有太大的关系了，更谈不上为实现企业的战略目标服务。于是我们就常常看到企业的培训中心最后成立、最先裁减这样的现象不断发生。

### （九）不重视培训工作人员

心理学家马斯洛早在1964年就把人的需要分为五个层次：生存、安全、归属、自尊、自我实现。他认为，人不单纯是为了追求经济收入而活着，人们在生活中还追求人与人的和谐、友善，追求地位、名誉、受人尊敬及自身能力在社会中的体现。因此，尽管企业给了培训工作人员高额薪水，但由于培训工作人员大多文化水平高、活动能力强，他们必然不会仅仅满足于“生存、安全”的层次。若没有得到尊重，培训人员很难达到“自我实现”这一层次，必然影响培训工作的效率，培训工作将会趋于呆滞而缺少创新，致使企业人才开发工作低效运行。

尊重培训工作人员，则可以激发他们的潜力，使他们对培训工作充满热情，进而可以促进学员学习热情的提高，使教、学双方在和谐、快乐的活动中高效地完成教学计划，甚至在充满激情的教学过程中产生大量具有创意的成果，为企业培养更多更有活力的人才。

## 案例阅读

### 摩托罗拉：以教育为“竞争武器”

电子高科技产业的竞争是残酷的，摩托罗拉的管理者认为，唯有员工教育成功，才能真正掌握企业经营成功的“金钥匙”。他们看到，企业必须有应变能力、适应能力和创新能力才能生存和发展，而这取决于高素质的员工。

摩托罗拉的生产工艺程序中，需要应用许多数学知识。但在1985年，60%的雇员达不到美国7年级学生的数学水平。于是公司决定将工资额的1.5%用于培训，此后这一比例又上升到4%。摩托罗拉向所有雇员提供至少40小时的培训，到2000年时，培训时间又增加了4倍。这一计划每年要花费6亿美元，相当于建造一个大型芯片厂的费用，但公司对此毫不犹豫。总裁表示：“如果知识更新和淘汰的周期越来越短，我们就别无选择，只有在教育上投资。”摩托罗拉强调“终生不断学习，才能使人们向传统提出挑战”。为此，摩托罗拉在1993年7月组建了摩托罗拉大学。根据有关规定，凡公司员工，不论职位高低，无一例外地每年必须接受不少于5个工作日的培训。现在，这所大学已颇具规模，每年提供的课程多达170门，可以满足员工“充电”的需要。据统计，公司每年用于员工培训的费用已经超过10亿美元。摩托罗拉大学的课程由“辅导工程师”制定，内容包括批评式思想、解决难题的方法、管理、计算机、机器人使用等。公司鼓励职员接受课堂培训，抵制培训或培训不合格者可能被降级，掌握重要新技术的员工有资格获得晋升。通过培训，摩托罗拉拥有了一支组织严密、高效率、主动进取、善于创造的员工队伍。

课堂教学仅是摩托罗拉公司的培训方式之一，更重要的是“现场培训”。公司在得克萨斯州奥斯汀新建芯片厂时，为了使员工学会实际操作，使用了大量的每个价值

超过 100 美元的芯片，而且用完后就扔掉了。虽然培训成本昂贵，却使员工很快了解了设备，找出了问题所在。摩托罗拉公司并不是为教育而教育，而是将教育与公司的业务目标结合起来，因此对大大小小的具体工作方面的训练特别重视，甚至将培训面扩大到供应商。

培训教育的确是一种竞争武器。那座在奥斯汀建立的芯片厂能生产世界上最精密的芯片。这样的工厂一般需 3～4 年才能开工，而摩托罗拉公司仅用了 18 个月，而且在生产第三批产品时就拿出了完好的芯片。由于这种迅速创新、应变的能力，摩托罗拉公司已成了超高速静态随机存储器的主要供货者。另外，公司申请的专利数量每年递增 20%。据估计，公司每 1 美元培训费可以在 3 年内产生 30 美元的收益。

可以看出，摩托罗拉公司成功的秘诀很大程度在于公司重视培训，重视现场培训，有培训激励措施，关注培训的效益，并且也真正在培训中获得了收益，这是很多企业可以从摩托罗拉公司学习到的成功方法。

## 训 练 任 务 完 成

### 一、研究应用案例

**海尔的立体人才培训体系**

海尔的人才培训机构是多层次的、自下而上的，所有的部门都有一个培训机构。

首先是事业部，从基层事业部到班组都有一套培训体系。

培训体系包括培训的部门，同时在培训部门里还有一个培训实践中心，并且有一套严格的考试程序。不管是什么样的培训，最后都要经过严格的考试发放不同级别的结业证书。

其次是集团总部，海尔集团也设立了一系列的培训机构。

这些培训机构包括海尔大学、海尔文化中心。海尔所有的中层干部都要定期到海尔大学里去接受培训，海尔所有的新人也要到海尔大学里去进行培训，在培训的过程中认识海尔、了解海尔、熟悉海尔。另外，海尔还有一个人力资源的培训中心——海尔文化中心。海尔文化中心办有《海尔人》报，针对一些具体问题和对集团有影响的问题，利用报纸发动全集团的人对问题公开进行讨论，通过这样的方式达到培训的效果。在集团总部的培训机构里同样设有严格的考试程序。任何一种形式的培训最终都是通过考试来论证是否能够通过，达到结业水平。

海尔还有一套培训体系，就是利用外部的一些高等院校、国外的大公司以及科研机构进行培训。

海尔常年和 25 所高校有联系，部分管理者可以到学校里去参加短期培训或半脱产的培训。多家国外公司也与海尔签订了长期的人才交流、学习和培训项目。海尔的教师从哪里来呢？主要是以海尔内部所有的管理者和能够胜任教师的人作为教师，他们是定期在海尔集团内部通过演讲、通过考试后选拔出来的，选拔出来之后颁发兼职教师的资格证。海尔的领导干部必须要经过培训，并且将参加过多少次培训、讲过多少次课作为他的一个考核指标。另外还有一些外聘教师，这些教师资源在海尔的各层培训机构中是共享的，某一个阶段、某一个项目的培训可以在海尔的各层培训机构中去选择任何一名教师。

### 二、团队合作完成训练任务

学生 6～7 人为一组，每组选出组长（学生轮流当组长，组长负责记录并担任小组的陈述代表）。组长带领小组成员根据学习情境，运用以上相关知识并参考所给的培训案例对训练任务进行讨论，以小组为单位，调研学校人力资源管理部门培训与开发工作内容和岗位职责。

______________________________________________________________________

______________________________________________________________________

______________________________________________________________________

## 训练任务完成效果评价

### 一、小组代表陈述与教师点评

各小组派代表陈述本小组的调研情况。教师根据各小组陈述内容进行点评。

### 二、小组内互评

小组成员根据完成任务过程中个人的表现，按照表 1－7 的评价项目和分值、指标对每个成员进行评分，课后上交小组成员内部评价表和学校人力资源管理部门培训与开发工作内容和岗位职责调研报告。

表 1－7　小组成员内部评价表

| 小组成员 | 评价项目和分值、指标 | | | | |
|---|---|---|---|---|---|
| | 任务完成的情况（25 分） | 与人合作的能力（25 分） | 解决问题的能力（25 分） | 职业态度（25 分） | 总成绩 |
| | 在小组工作中所承担的任务完成的情况 | 与他人协同工作，处理合作过程中的矛盾的表现 | 提出对策或方案的质量 | 完成任务的主动、认真程度 | |
| 组长 | | | | | |
| 组员 1 | | | | | |
| 组员 2 | | | | | |

续表

| 小组成员 | 评价项目和分值、指标 | | | | 总成绩 |
|---|---|---|---|---|---|
| | 任务完成的情况（25 分） | 与人合作的能力（25 分） | 解决问题的能力（25 分） | 职业态度（25 分） | |
| | 在小组工作中所承担的任务完成的情况 | 与他人协同工作，处理合作过程中的矛盾的表现 | 提出对策或方案的质量 | 完成任务的主动、认真程度 | |
| 组员 3 | | | | | |
| 组员 4 | | | | | |
| 组员 5 | | | | | |
| 组员 6 | | | | | |

## 三、教师评价

教师根据小组评分参考表（见表 1－8）的评价项目和分值、指标给各个小组评分。

表 1－8　小组评分参考表

| 组别 | 评价项目和分值、指标 | | | | 总成绩 |
|---|---|---|---|---|---|
| | 调查能力（60 分） | 分析能力（20 分） | 任务完成的效率（10 分） | 组员参与程度（10 分） | |
| | 调研内容的有效性 | 分析归纳的合理性 | 是否能按时或提前完成任务 | 参与讨论的成员数量 | |
| 第一组 | | | | | |
| 第二组 | | | | | |
| 第三组 | | | | | |
| 第四组 | | | | | |
| 第五组 | | | | | |
| …… | | | | | |

## 四、最终成绩计算方式

最后，教师可按以下公式计算个人最终成绩：

个人最终成绩＝小组成员个人成绩×40%＋所在小组成绩×60%

# 项目 2　分析培训需求

【引导任务】

孙哲是某知名软件公司开发部的高级工程师，自进入公司以来，表现十分出色，每次接到任务总能在规定时间内完成，并时常受到客户的表扬。在完成项目的过程中他还常常主动提出建议，调整计划，缩短开发周期，节约开发成本。部门新任经理来后，孙哲因为没有被提拔而情绪低落，工作状态发生了变化，他不再精神饱满地接受任务了，同时他负责的几个开发项目均未能按客户要求完成，工作绩效明显下降。开发部新上任的方经理根据经验判断孙哲的问题是知识结构老化，于是向人力资源部提交了“关于部门人员培训需求的申请”。一周的培训结束后，孙哲回到公司后的表现并没有任何改观。

学生 6～7 人为一组，讨论后，派代表陈述方经理给孙哲安排的培训为什么效果不佳。

________________________________________

________________________________________

________________________________________

【教师点评】

这次培训无效的原因是没有抓好培训需求分析这个环节。培训要建立在培训需求分析的基础上，即以科学的培训需求分析为先导。

培训需求分析是指在规划与设计每项培训活动前，由培训部门采取各种办法和技术，对组织及成员的目标、知识、技能等方面进行系统的鉴别与分析，从而确定培训的必要性及培训内容的过程。

培训需求分析对企业的培训工作至关重要，是真正有效地实施培训的前提条件，是使培训工作有效的重要保证。培训需求分析实际上就是要弄清楚企业的现状和想要达到的理想状态之间的差距。培训需求分析的好坏从根本上决定了培训是否有效和有收益。

目前，企业对培训越来越重视，投入越来越大，然而培训效果却往往不尽如人意。一些企业选择培训课程很盲目，常常“流行什么就学什么，别的企业学什么就学什么”。造成上述问题的原因，主要是企业缺乏有效的培训需求分析。

当组织绩效出现问题时，我们不能简单地认为是缺乏培训的结果，应该深入了解其真正的原因。

第一，由于组织结构设置、内部流程等方面存在问题；员工与上级的关系、工作地点或环境发生变化等；岗位或工作内容发生变化，态度、知识或技巧没能适应转变。

第二，当寻找真正的培训需求时，应从多个渠道收集信息，也应使用多种方法，并进行科学的分析。

第三，通过对现在和未来的分析找出差距来确认真正的需求，才能依据需求的分析设计出相应的课程、达到相应的效果，进而协助企业达到预期的目标。

# 任务 1

# 掌握培训需求分析的程序

## 知识目标

理解培训需求分析的工作步骤；了解各步骤的具体工作。

## 能力目标

能制订培训需求调查计划；会整理培训需求分析信息；能撰写培训需求分析报告。

## 情境和任务

### 一、学习情境

赵先生是某家酒店的行政主管，工作做得还不错。后来新来了一位副手并一直觊觎他的位置，赵先生感到了压力，于是开始充电，以图甩开对方。他选择学习编程等高深的电脑知识，还把大学时曾经选修过的法语也重新捡起来。结果就在他终于把自己勉强地变成了一个初级程序员，法语也有了点起色的时候，却被对手击败，失去了行政主管的位子。

**思考：**为什么赵先生已经给自己充电了，却还是被对手击败？

### 二、训练任务

以小组为单位对学校某一学院学生会成员的培训需求进行调查、分析并形成培训需求分析报告（在完成本项目任务 2、任务 3 的基础上进行）。

## 相关知识

为了便于理解，图 2-1 中给出了培训需求分析的工作程序。

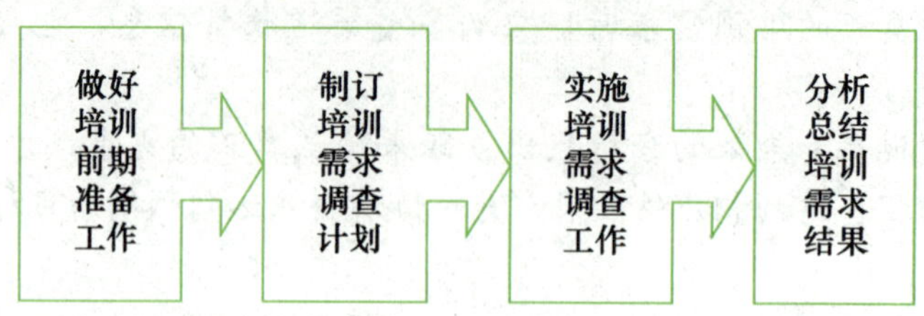


图 2-1　培训需求分析的工作程序

### 一、做好培训前期准备工作

在进行培训需求分析之前，培训管理者要做一些准备工作，为下一步的培训需求分析工作打好基础。

#### （一）收集员工资料，建立员工培训资料库

员工培训资料应包括：培训档案、员工的人事变动情况、绩效考核资料、个人职业生涯规划以及其他相关资料等。员工培训资料库可以帮助管理者很方便地查找员工的背景资料，可以为员工的个人培训需求分析提供材料，也可以为人力资源开发提供数据。

#### （二）及时掌握员工的动态

及时掌握员工的动态，才能更准确地提供有效培训。培训管理者要和其他业务部门保持密切联系，及时更新和补充员工培训资料库，使培训活动更切实满足企业发展需求、更有效果。

#### （三）建立收集培训需求信息的渠道

培训管理者要想及时掌握员工的培训需求，就必须建立起通畅有效的培训信息收集渠道，例如以建立“培训信箱”“信息公告牌”和制定培训申请规定等方式与员工、部门交流培训信息。

#### （四）培训需求调查的审批

培训部门了解到员工有培训需求后要按照相关规定向上级主管提出申请，并汇报下一步的工作，得到许可后才可以着手制订培训需求调查计划。

### 二、制订培训需求调查计划

#### （一）制订工作计划

安排各项工作的时间进度，考虑各项具体工作在执行时可能会遇到的问题及应对方案、应当注意的问题等，这对调查工作的实施很有必要，特别是对于重要的、大规模的需求评估，有必要制订一个行动计划。

#### （二）设立工作目标

培训需求有三个层次：组织层次、任务层次和员工层次。在计划中应该明确培训需求分析在哪个层次上进行，应达到什么目标。一般来说，培训管理者在做培训需求

分析时都希望能准确找到培训需求，为是否培训和培训什么找到答案。但在实际工作中，由于各种主观因素和客观因素的影响，收集到的信息不可能绝对准确，因此得到的结论也不可能绝对正确。一方面培训管理者要尽可能排除各种因素的影响，提高工作目标的准确性；另一方面也没有必要因过分追求准确而加大成本。

#### （三）确定培训需求分析方法

培训需求分析的方法非常多，常用的方法有观察法、问卷调查法、面谈法、工作任务分析法、资料分析法、重点团队调查法、绩效分析法和全面分析法等。培训需求分析可以使用复杂方法，也可以使用简单方法，在实际应用时要根据具体情况来选择合适的分析方法。

#### （四）确定培训需求分析内容

确定进行培训需求分析需要哪些资料。调查的内容不要过于宽泛，避免浪费时间和费用。对于一项内容可以从多角度去调查，这样易于得到可靠的依据。

### 三、实施培训需求调查工作

在制订了培训需求调查计划后，就要按确定的计划依次开展工作，主要实施步骤如下。

#### （一）征求培训需求

由培训部门发出制订计划的通知，请各负责人针对相应岗位需要提出培训意向和愿望。

#### （二）调查、申报、汇总培训需求

相关人员根据企业或部门的理想需求与现实需求、预测需求与现实需求的差距，调查、收集来源于不同部门和个人的各类培训需求，整理、汇总培训需求意向和愿望，并上报培训管理部门或负责人进行审核。

#### （三）分析初步培训需求

申报的培训需求意向和愿望并不能直接作为培训的依据，还需要由企业的组织计划部门、相关岗位、相关部门以及培训组织管理部门从整体和近中期的工作计划来考虑，共同对申报的培训需求意向和愿望进行分析。

#### （四）初步汇总、确认培训需求

培训部门对汇总的初步培训需求进行审核并列出清单，参考有关部门的意见，根据重要程度和迫切程度初步排列培训需求，并依据所能收集到的培训资源制订初步的培训计划和预算方案。

实施培训需求调查工作时应注意以下几个问题：

（1）了解受训员工的现状、在组织中的位置和以前接受的培训（类别、形式等）。

（2）寻找受训员工存在的问题，这有利于相互之间更好地合作。

（3）确认受训员工期望达到的效果。如不能满足员工的期望，向员工解释不能满足的原因。

（4）分析资料，确定需求：普遍需求（当前解决）和个别需求（以后解决或个别辅导；与企业发展没有联系的个人发展需求要委婉说明）。

## 四、分析总结培训需求结果

各部门或员工报上来的培训需求信息，往往会受各种外在或内在因素的影响而真伪并存，同时，由于组织的培训资源有限，不可能满足所有的培训需求，因此需要培训管理者对培训需求排序，然后加以取舍。这一阶段的工作具体包括以下内容。

### （一）归类、整理培训需求信息

分析的信息来源和渠道不同，信息的形式也有所不同，首先要把收集到的信息进行分类、归档，同时制作一些表格和图示对信息加以处理。可以按照表 2－1 所示范例进行信息归类和整理。

2－1　培训需求信息归纳表

| 资料收集 | | 收集时间 | |
|---|---|---|---|
| 资料整理 | | 整理时间 | |
| 1. 资料份数： | | | |
| 2. 资料完整情况： | | | |
| 3. 资料及时情况： | | | |
| 4. 来自领导层的主要信息： | | | |
| 5. 来自各部门的主要信息： | | | |
| 6. 来自外部的主要信息： | | | |
| 7. 来自组织内部个人的主要信息： | | | |
| 整理人签名 | | 时间 | |

### （二）分析、总结培训需求信息

对收集的资料仔细分析，从中找出培训需求。注意处理好个别需求与普遍需求、当前需求与未来需求之间的关系，结合企业的实际情况，根据培训需求的重要程度和紧迫程度对各类培训需求排序。在数据分析时应注意准确性、全面性和简单易行。

### （三）撰写培训需求分析报告

培训需求分析报告是培训需求分析工作的成果表现，它的目的在于对各部门申报汇总的培训需求做出解释和评估结论，并最终确定是否需要培训和培训什么（如表 2－2 所示）。报告结论要以调查的信息为依据，不可依个人主观看法下结论。因此，培训需求分析报告是确定培训目标、制订培训计划的重要依据和前提。

表 2－2　培训需求分析报告内容一览表

| 序号 | 项目 | 内容 |
|---|---|---|
| 1 | 报告提要 | 简明扼要地介绍报告的主要内容 |
| 2 | 实施背景 | 阐明产生培训需求的原因<br>说明培训需求的意向 |

续表

| 序号 | 项目 | 内容 |
|---|---|---|
| 3 | 目的和性质 | 说明培训需求分析的目的<br>说明以前是否有类似的培训分析<br>说明以前的培训分析的缺陷和失误 |
| 4 | 实施方法和过程 | 介绍培训需求分析使用的方法<br>介绍培训需求分析的实施过程 |
| 5 | 培训需求的分析结果 | 阐明通过培训需求分析得出了什么结论 |
| 6 | 分析结果的解释、评论和建议 | 论述培训的理由<br>可以采取哪些措施改进培训<br>培训方案的经济性<br>培训是否充分满足了需求<br>提供参考意见 |
| 7 | 附录 | 分析中用到的图表、资料 |

## 训练任务完成

### 一、研究应用案例

**销售人员培训需求分析报告**

人力资源部对公司销售人员进行了培训需求问卷调查，收到有效问卷 103 份。经过对问卷进行统计分析，撰写此分析报告，以作为 2019 年度开展销售培训的参考和依据。

**销售人员总体概况**

1. 销售人员调查数据分析

从学历上看，本公司销售人员 79.6%是大专毕业生；从男女比例来看，约为 28.8%∶71.2%，以女性为主；从年龄层次来看，19～28 岁的员工占 87.4%，共 90 人，以“90 后”为主；从任职时间来看，53.4%的人任职未满一年，有约 22%的员工仍在试用期；从销售经验来看，32.6%的人从未做过销售；在回答“是否对销售有信心”时，66%的人表示“没有足够的信心”；在回答“如何看待自己的销售业绩”时，约有 46%的人表示“完成每月的销售任务很困难”，只有 15%的人回答“可以按时或超额完成销售任务”；在回答“您在销售中面临的最大困难是什么”时，有 72%的销售人员认为目前的最大困难是“不知道如何有效沟通”；在回答“您认为系统的销售训练能否提升销售技能”时，有 70%的销售人员选择“能”。

2. 主要结论

从调查问卷显示的内容，我们可以得出如下结论：

(1) 大部分的销售人员没有进行过系统的培训。

(2) 有一半以上的销售人员在公司工作不到一年时间。

(3) 有1/5的员工刚刚进入公司，非常需要专业的业务指导和培训。

(4) 有1/3的员工没有任何销售经验，非常不利于销售工作的开展。

(5) 有将近一半的员工难以完成当月销售任务。

(6) 绝大多数员工认为可以通过系统的培训提升业绩，对培训的需求很紧迫。

**销售人员从事销售工作概况**

调查问卷对销售人员是否从事过销售工作进行了调查，结果公司有1/3的员工没有销售经验，这一数据也说明了为什么有将近一半的销售人员难以完成当月的销售任务。

对于从来没有从事过销售工作的员工，公司应提供销售基础知识的培训，并组织专门的人员进行辅导，结合他们目前的销售实践，让他们了解如何有效销售。

**销售人员的任职情况**

参加本次调查的103名销售人员的任职情况如表2-3所示。

**表2-3　职位等级表**

| 级别 | 经理级 | 主管级 | 业务员 |
|---|---|---|---|
| 人数/人 | 11 | 23 | 69 |
| 比例/% | 10.7 | 22.3 | 67.0 |

从表2-3可以看出，公司的培训对象主要包括销售管理者和业务员，而业务员是培训的主要对象。

**销售人员培训需求点概况**

从问卷统计结果来看，在销售技巧的相关问题中，有几个问题比较突出，如72%的人面临着“不知道如何有效地沟通”，其他的问题依次是“不知道如何处理客户异议”“不知道如何成交”“不知道如何很好地接近客户”“不知道如何有效地介绍产品”“不知道如何处理客户关系”，如表2-4所示。

**表2-4　销售人员培训需求点分析**

| 培训需求 | 无法找到客户 | 不知道如何很好地接近客户 | 不知道如何有效地介绍产品 | 不知道如何处理客户异议 | 不知道如何成交 | 不知道如何处理客户关系 | 不知道如何有效地沟通 |
|---|---|---|---|---|---|---|---|
| 人数/人 | 15 | 53 | 48 | 69 | 68 | 32 | 74 |
| 比例/% | 15 | 52 | 47 | 67 | 66 | 31 | 72 |

**销售人员培训课程建议**

针对本次调查问卷显示的实际情况，建议公司从两个层次对销售人员进行销售心态和销售技巧的培训。这两个层次就是销售管理人员和销售人员。对销售管理人员，主要培训的课程是销售队伍的建设和管理等；对销售人员，需要有计划、有步骤、分阶段进行培训。针对销售人员，建议公司进行如表2-5所示的课程培训。

表 2-5　销售人员培训课程计划表

| 课程名称 | 主要内容 |
| --- | --- |
| 发现客户的 $n$ 个地方 | 告诉销售人员如何寻找潜在客户 |
| 如何接近客户 | 告诉销售人员应该如何去接近不同性格的客户 |
| 如何进行产品介绍和演示 | 告诉销售人员应该从哪几个方面对客户进行产品演示 |
| 如何消除客户异议 | 列出客户异议的类型，并逐个给出解决方法 |
| 如何成交 | 告诉销售人员成交的时机和方法 |
| 如何与客户进行有效沟通 | 举例说明如何与客户进行销售沟通 |
| 建立良好的客户关系 | 通过售后服务构建良好的客户关系 |
| 销售目标管理 | 告诉销售人员如何进行目标管理 |
| 管理自己 | 告诉销售人员如何进行自我规划、如何进行时间管理 |

## 二、团队合作完成训练任务

学生 6～7 人为一组，每组选出组长（学生轮流当组长，组长负责记录并担任小组的陈述代表）。组长带领小组成员根据学习情境，运用以上相关知识并参考所给的培训需求分析实例对训练任务进行讨论与分析，完成学校某一学院学生会成员的培训需求分析报告（在完成任务 2、任务 3 的基础上进行）。

______

______

______

# 训练任务完成效果评价

## 一、小组代表陈述与教师点评

各小组派代表陈述本小组对学校某一学院学生会成员培训需求分析的讨论结果；教师根据各小组陈述内容进行点评。

## 二、小组内互评

小组成员根据完成任务过程中个人的表现，按照表 2-6 的评价项目和分值、指标对每个成员进行评分，课后上交小组成员内部评价表和学校某一学院学生会成员的培训需求分析报告。

表 2-6 小组成员内部评价表

| 小组成员 | 评价项目和分值、指标 | | | | 总成绩 |
|---|---|---|---|---|---|
| | 与人交流的能力（25 分） | 与人合作的能力（25 分） | 解决问题的能力（25 分） | 职业态度（25 分） | |
| | 围绕主题，恰当清楚地表达意思的表现 | 与他人协同工作，处理合作过程中的矛盾的表现 | 找出问题及提出建议的质量 | 完成任务的主动、认真程度 | |
| 组长 | | | | | |
| 组员 1 | | | | | |
| 组员 2 | | | | | |
| 组员 3 | | | | | |
| 组员 4 | | | | | |
| 组员 5 | | | | | |
| 组员 6 | | | | | |

## 三、教师评价

教师根据小组评分参考表（见表 2-7）的评价项目和分值、指标给各个小组评分。

表 2-7 小组评分参考表

| 组别 | 评价项目和分值、指标 | | | | 总成绩 |
|---|---|---|---|---|---|
| | 分析能力（30 分） | 报告撰写能力（50 分） | 任务完成的效率（10 分） | 组员参与程度（10 分） | |
| | 对培训需求分析的准确性和建议的可行性 | 报告撰写的完整性 | 是否能按时或提前完成任务 | 参与讨论的成员数量 | |
| 第一组 | | | | | |
| 第二组 | | | | | |
| 第三组 | | | | | |
| 第四组 | | | | | |
| 第五组 | | | | | |
| …… | | | | | |

## 四、最终成绩计算方式

最后，教师可按以下公式计算个人最终成绩：

个人最终成绩＝小组成员个人成绩×40%＋所在小组成绩×60%

## 任务 2

# 把握培训需求分析的内容

## 知识目标

理解培训需求分析的组织、任务和个人分析的三个层次的内容、步骤。

## 能力目标

能够从组织、任务和个人三个层次进行培训需求分析。

## 情境和任务

### 一、学习情境

摩托罗拉公司非常重视员工培训工作及其系统的建立，并将其作为企业发展战略中的一个重要组成部分。为此，公司每年为员工培训投入大量的人力、物力和财力，并规定每年每位员工至少要接受培训 40 小时。摩托罗拉大学是公司专门为员工、客户和合作伙伴设立的一个教育培训机构，建立了一套完整的员工培训系统。

摩托罗拉公司的培训是以客户为导向进行的。摩托罗拉大学客户代表的主要职责是与事业部的人力资源组织发展部门紧密配合，分析组织状况与组织目标间的差距，判断这些差距中哪些问题是培训可以解决的，并以此确定组织的培训需求，提供组织发展的咨询和培训方案。培训需求分析经常采用的模型是：理想状态-现实情况-差距。即首先从理想状态看，了解通过 ISO9000 质量系统认证的各岗位相关人员都应掌握哪些知识和技能；然后针对相关人员对这部分内容的掌握情况做出分析，确定其现有实际水平，理想与现实状况间的差距就是该事业部当前或认证前急需解决的问题；在剥离出培训能解决的问题之后，即可以此为依据制定出培训方案。

同样，依据这个模型，摩托罗拉大学客户代表也会对员工的个人工作及职业发展做出需求分析，在人力资源组织发展部门的协助下，制订出员工个人的职业发展计划，包括个人教育培训计划。

**思考：**摩托罗拉大学是从哪些方面来分析员工的培训需求的？

### 二、训练任务

以小组为单位，从不同层面对学校某一学院学生会成员的培训需求进行分析。

## 相关知识

企业之所以会存在培训的需求，是因为企业目前出现了问题或者将来可能出现问题，这些问题就是产生培训需求的“压力点”，它主要来源于两个方面：企业层面的问题；个人层面的问题。

培训需求既要有可能性也要有现实性。一般来说，企业层面出现的问题需要进行普遍性的培训，而个人层面出现的问题只需进行特殊性的培训即可。当然，如果个人层面的问题具有共性，就变成了企业层面的问题。

对于培训需求的分析，最有代表性的观点是麦吉和塞耶于 1961 年提出的通过组织分析、任务分析和个人分析这三种方法来确定培训需求（见图 2－2）。应该明确培训需求分析在哪个层次上进行、应达到什么目标。一般来说，培训管理者在做培训需求分析时都希望能准确找到培训需求，为是否培训和培训什么找到答案。

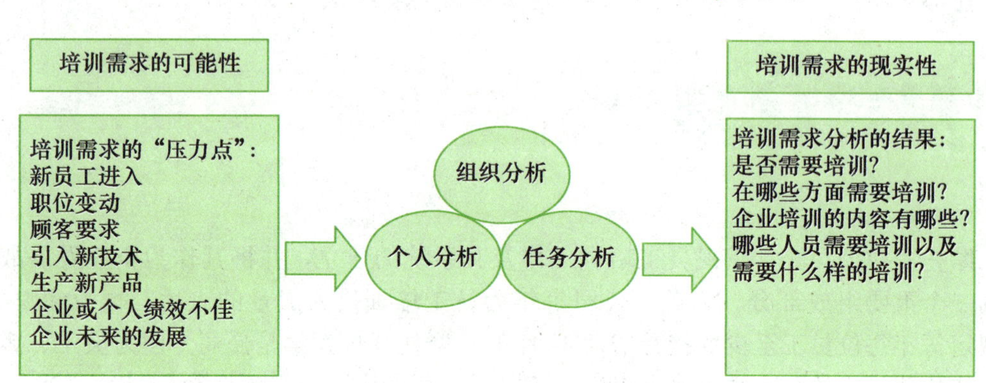


图 2－2　培训需求分析示意图

### 一、组织分析

培训需求的组织分析主要是指通过对组织的目标、资源、特质、环境等因素的分析，准确地找出组织存在的问题及问题产生的根源，以确定培训是不是解决这类问题的最有效的方法。组织分析的目的是在收集与分析组织绩效和组织特质的基础上，确认绩效问题及其病因，寻找可能解决的方法，为培训部门提供参考。

#### （一）组织分析的内容

一般而言，培训需求的组织分析涉及能够影响培训规划的组织的各个组成部分，包括组织目标分析、组织资源分析、组织特质与环境分析、管理者和受训者对培训活动的态度的分析等方面。

##### 1. 组织目标分析

明确、清晰的组织目标既对组织的发展起决定性作用，也对培训规划的设计与执行起决定性作用，组织目标决定培训目标。比如说，如果一个组织的目标是提高产品的质量，那么培训的目标就必须与这一目标相一致。如果组织目标模糊不清，培训规划的设计与执行就会很困难。例如，某发动机配件企业，产品专供发动机主机厂商，

过去一直采用的是高层之间点对点营销方式。最近，该企业准备向维修配件零售市场发展，过去点对点的高层营销方式已不再适用，于是开始对有一定综合素质的人员进行营销培训，以配合企业战略的调整。

### 2. 组织资源分析

如果没有确定可被利用的人力、物力和财力资源，就难以确立培训目标。没有资源的支持，培训目标就难以实现。组织资源分析包括培训经费、培训时间及与培训相关专业知识的分析。培训经费要在培训年度伊始提交完整的预算，一般只要规划得当，不会出现意外培训的要求。在选择内部培训还是外部培训时，可根据自身拥有的人员和专业水平及预算约束进行确定。如果组织内部缺乏时间或能力，那么可选择从专业机构购买培训服务，选择对象可以是咨询公司、培训公司、科研机构和高校。选择专业机构提供培训服务时，重点要考虑培训项目是针对本组织量身定做，还是咨询者根据以往在其他组织中应用的培训内容来提供服务。

组织资源分析包括对组织的资金、时间、人力等资源的描述。一般情况下，通过对下面问题的分析，就可了解一个组织资源的大致情况：

（1）资金。组织所能提供的经费将影响培训的范围和深度。

（2）时间。对组织而言，培训是需要一定的时间的，如果时间紧迫或安排不当，就不可能有好的培训效果。

（3）人力。了解组织的人力状况非常重要，它是决定是否培训的关键因素。组织的人力状况包括工作人员的数量、工作人员的年龄、工作人员对工作与单位的态度、工作人员的技能水平和知识水平、工作人员的工作绩效等。

### 3. 组织特质与环境分析

组织特质与环境分析对培训的成功与否也有重要的作用。因为，当培训规划和组织的价值不一致时，培训的效果很难保证。组织特质与环境分析主要是对组织的系统结构、文化、资讯传播情况的了解，主要包括如下内容：

（1）系统特质。指组织的输入、运作、输出、次级系统互动以及与外界环境间的交流特质。熟悉这些情况可以使管理者能够系统地面对组织，避免组织分析中以偏概全的缺失。

（2）文化特质。指组织的软硬件设施、规章、制度、组织经营运作的方式、组织成员待人处事的特殊风格。熟悉这些情况可以使管理者深入了解组织，而非仅仅停留在表面。

（3）资讯传播特质。指组织部门和成员收集、分析和传递信息的分工与运作。熟悉这些情况可以使管理者了解组织信息传递和沟通的特性。

### 4. 管理者和受训者对培训活动的态度的分析

实践证明，管理者和受训者对培训的支持十分重要，培训成功的关键在于管理者和受训者对培训活动的参与是否有正确的态度。如果管理者不愿意指导受训者把培训中学到的知识、技能等运用到工作实际中并为受训者提供实践机会，培训效果就会打折；如果受训者只是消极地接受培训，不积极地学习运用，培训工作也很难真正产生效用。所以，对管理者、受训者的态度分析非常必要。

对上述问题和特性的了解，将有助于管理者及培训部门全面真实地了解组织。

### （二）组织分析的步骤

#### 1. 企业现状分析

（1）了解企业目前的生产经营活动和手段、组织结构和行为等现状，以及维持当前生产经营活动所需要的人力资源的数量、类别及素质。

（2）了解企业当前的人力资源状况，包括数量、年龄结构、知识结构、出勤率、离职率等，找出企业人力资源现状与实现组织目标的差距。

#### 2. 企业未来的状况预测

企业未来的状况预测包括在将来某一时间的发展目标，采用的生产技术和手段，实现这些发展目标所需的人力资源的数量、类别和素质，以及未来企业将面临的外部环境、产品市场状况、劳动力市场状况等。

在这一步骤的开展过程中，要注意以下两个方面的问题：

（1）预测应基于一定的基础。这要求有关人员必须对企业过去业绩的统计数据进行分析，对生产、成本、安全、质量、设备保养与维修等方面的指标进行仔细检查，这有助于发现培训需求。但要注意，这些指标当初并不是为了培训需求而设置和记录的，所以负责制订培训计划的人在查阅这些统计数据时要全面考虑影响这些指标的各种因素。

（2）预测的眼光应长远。要以发展的眼光去判断需求，这就要预测本企业未来在技术、销售市场及组织结构上可能会发生什么变化，了解现有员工的能力，从而估计出哪些员工需要进行培训、培训的内容是什么以及这种培训真正见效所需要的时间，以推测出培训提前期的长短，不至于造成需求空缺。

在进行组织分析时，往往要针对现有的生产记录，这是获取培训需求信息的重要途径。这些现有的记录主要包括产品数量、产品质量、废品率、员工缺勤率、客户投诉率、事故率、绩效评估、设备运作年报、生产年报、工作描述、聘用标准、个人档案等。

另外，在调查分析的过程中，不能只看那些“硬”的、技术性方面的问题，还应同时注意“软”的、思想方面的问题。组织员工满意度调查、与有关员工谈心等都是找出培训需求的有效手段。

## 二、任务分析

任务是指员工在某种具体工作中所履行的工作活动。任务分析所得出的结果是对工作活动进行的描述，其中包括员工所要完成的工作任务及成功地完成这些任务所需要的知识、技术和能力。培训需求的任务分析就是根据员工即将承担的工作任务对员工的要求来判断员工的培训需求。

### （一）任务分析的内容

#### 1. 一般资料分析

一般资料分析即工作名称分析，主要指工作名称标准化，按照有关职位分类、命名的规定或通常的命名方法和习惯来确定工作名称。

2. 工作规范分析

(1) 工作任务分析。明确、规范工作行为，例如，工作的中心和关键任务、工作内容、工作的独立性和多样化程度、完成工作的方法和步骤、使用的设备和材料。

(2) 工作责任分析。通过对工作相对重要性的了解，确定相应权限，保证责任和权力对应。

(3) 督导与组织关系分析。了解工作的协作关系和隶属关系，包括直属上级、直属下级以及该工作制约哪些工作、受哪些工作制约、在什么范围内升迁或调换、协作关系如何等。

(4) 工作量分析。目的在于确定标准工作量，如劳动的定额、工作量基准、工作循环周期等。

3. 工作环境分析

(1) 工作的物理环境。即温度、湿度、噪声、空间等以及工作人员和这些因素接触的时间。

(2) 工作的安全环境。包括工作危险性、劳动安全、卫生条件等。

(3) 社会条件。包括工作群体的人数、各部门之间的关系、工作地点以外的文化设施等。

(4) 聘用条件。包括工作时数、工资结构、支付工资的方法、福利待遇、进修的机会等。

4. 任职条件分析

(1) 教育培训情况。即受教育程度、培训经历等。

(2) 必备知识。即对使用的机器设备、材料性能、工艺过程、操作规程及操作方法、工具的选择和使用，安全技术、企业管理知识等有关技术理论以及其他管理知识、专业知识的掌握。

(3) 经验。即完成工作任务所必需的操作能力和实际经验，包括过去从事同类工作的工龄和业绩，以及从事该项工作的决策力、创造力、组织力、判断力等。

(4) 心理素质。即完成工作要求的职业性向，包括体能性向、气质性向等。

工作分析的结果应以工作说明书的形式准确、规范地表达出来，以作为相应的培训标准。

### (二) 任务分析的步骤

1. 选择需要被分析的工作岗位

邀请部分管理人员及资深的员工组成工作小组，对企业的工作岗位逐一排查，选定其中具有关键性的岗位作为被分析的对象。

2. 列出关键工作岗位需要履行的任务的初步清单

通过与有经验的雇员或他们的上级管理者或其他曾经对当前工作进行过任务分析的人进行交谈，列出一份在当前工作岗位上需要履行的任务的初步清单。

3. 查证或者确认初步列出的任务清单

通过询问一组专家（当前职位的任职者及其上级管理人员等）或者通过填写书面调查表来回答下列问题，以确定初步列出的任务：任务的执行频率如何？完成每一项任务所花费的时间是多少？成功地完成这种任务的重要性或关键作用如何？完成这种任务的难度有多大？公司是否要求新员工能够完成该项任务？

4. 确定完成关键岗位任务所需要的知识、技术和能力

一旦任务被确定下来，很重要的一点就是要确定成功地完成每一项任务所需要的知识、技术和能力。关于基本技能和认知能力要求的信息对于以后的决策是非常重要的：参与到培训项目（或者工作）中的人是否必须事先具备某种特定水平的知识、技术和能力，是否需要提供一些补充培训来强化这些基本技能和认知能力。

## 三、个人分析

所谓个人分析，就是要具体分析培训对象，如哪些人需要进行培训、进行何种培训，目的就是要通过培训使员工的个人行为按组织所期望的目标发展转变。因此，对员工本人的分析就显得尤为重要。

### （一）员工培训需求的类型

一般情况下，员工的培训需求可以分为四类。

1. 基本知识、技能

有些员工可能缺乏这方面的知识、技能而不能满足基本的工作要求。

2. 做某项工作所需要的基本技能

这些技能主要针对企业中的特定工作而言。例如，对秘书来说，打字、文件归档等都是基本的技能；对管理工作来说，需要掌握处理突发事件等一些必须具备的基本技能。

3. 人际关系

包括沟通、交往、领导、组织、有效运用时间等技能。企业中的管理层往往会有这类需求，尤其对于刚刚从事管理工作的主管们而言，这些培训更为必要。

4. 广泛的观念整合技能

包括战略规划和经营规划制定的技能、组织设计和政策制定的技能、决策技能以及适应复杂环境的技能等。这类培训的对象以企业中高层管理人员为主。

### （二）个人分析的内容

培训需求分析的个人层次分析，主要是对员工即培训对象的知识结构、专业（专长）、年龄结构、个性、能力等进行分析。

1. 员工的知识结构分析

对员工的知识结构进行分析，不仅是为了准确地制定培训方案，更是为了充分地利用各种有效的资源，从而使得培训取得最大的经济效益。在对公司员工的知识结构进行分析时，一般从文化教育水平（如正规的学历教育）、职业教育培训（如社会教育及业余教育等）和专项短期培训（如各类认证培训等）几个方面进行。

2. 员工的专业（专长）分析

在公司里有些员工并不是在从事自己专业（专长）的工作。进行专业（专长）结构分析主要应解答以下问题：有多少员工在从事和自己专业对口或不对口的工作？有多少员工在从事自己喜欢或不喜欢的工作？有多少员工认为自己有必要换岗并认为这

样会有更大的发挥空间？

3. 员工的年龄结构分析

培训是一种投资，因此，员工的年龄越小，相对来说，企业预期的投资回报期也就越长。同时，年龄的大小和个人的接受能力有着非常密切的关系。因此，在进行培训需求分析时应考虑合理的年龄结构，并以此决定岗位的培训内容。

4. 员工的个性分析

员工的个性分析主要明确这样的问题：某一岗位的工作特点要求任职者具有什么样的个性。在不少工作中，员工个性不作为一个必须考虑的因素。但是在有些工作中，为了提高工作效率则必须考虑员工的个性。例如，一个人如果具有易激动、情绪变化大、持久力不够等个性特点，则在一定程度上不适合要求稳重、细心和耐心的财务工作。

5. 员工的能力分析

员工的能力分析即分析员工实际拥有的能力与完成工作所需要的能力之间的差距。例如，小王是一位出色的销售人员，但是自从晋升为销售经理后，销售部的业绩却有所下滑，员工的抱怨也有所增加。经过能力分析后发现，小王在团队合作及协调、领导等方面能力欠佳。

通过培训需求的组织分析、任务分析和个人分析三个环节，我们已经清晰了解了培训需求分析的技术性问题。培训需求分析可以使我们得到是否需要培训、谁需要培训及需要培训什么等结论。

## 训 练 任 务 完 成

### 一、研究应用案例

一家区域性医药连锁企业在当地区域市场建立了龙头老大的地位。该企业老总不甘于现状，近年来开始进行外部区域的扩张。为了配合企业的拓展，企业内部进行了大大小小不少于 100 次的培训。但是随着扩张的不断进行，企业面临的问题仍是接踵而来。新兴市场不断亏损，业务量无法提升，利润也不能补偿企业拓展而产生的成本。为什么做了如此多的培训却不能取得预期的效果？

咨询专家组对企业培训现状进行了调查。人力资源部经理介绍说，企业培训管理做得相当规范，培训需求调查、培训计划制订、培训实施、培训现场管理、培训效果评估等都做了。专家组也参加了该企业举办的几次培训，培训现场气氛热烈，反响很不错。专家组又调阅了该企业培训需求调查的相关资料，发现问题就出在这里。

每年该企业在做年度培训计划之前，人力资源部都会发一个通知，让总公司各部门与各事业部上报本年度的培训需求，由人力资源部简单汇总后，制订本年度公司培训计划，上报总裁办公会审议通过后执行。从以上过程看，该企业在进行员工培训时，培训需求分析环节没有做好。培训没有从企业的发展战略、行业特点、岗位能力要求、员工绩效表现出发，最终导致企业浪费了金钱、员工浪费了时间与精力。

专家组提出要从企业组织视角、岗位视角、员工视角来进行培训需求分析，紧扣企业战略，抓住岗位要求与员工需求，使培训既对企业发展有利又对员工职业发展有利。

**从组织视角分析培训需求**

1. 分析行业特性

根据行业特性分析企业培训需求，可采用行业资料研究及标杆企业研究的方法进行这方面的培训需求分析。

该企业既是医药企业又是零售连锁企业。零售连锁企业关键在于统一采购、统一配送、统一服务、统一文化，避免“连而不锁”的现象。因此企业培训首先就要从这几项统一出发，对现状进行分析，寻找差距。同时该企业销售的是药品，不同于一般的零售企业，可以理解为销售健康，因此营业员不但要懂得一般的销售技巧，还要懂得药品的药性以及药品的搭配，同时还要根据顾客的病情“对症下药”。

发展到目前阶段，企业所处行业呈现出以下三大特点：

(1) 市场集中度在迅速提高，成规模的企业不断涌现。

(2) 新医改下的竞争态势正在发生变化，市场整合远未结束，呈现出四种趋势：一是大吃小；二是小小联合；三是外资介入；四是资本运作的买家介入。

(3) 实行基本药物制度和即将全面铺开的基层医疗服务，将在相当程度上影响到药店的利润空间和相对于医院的竞争优势，药店将有可能转入基本药物的负毛利销售，盈利空间转向保健品、医疗器械等其他产品的销售。

随着企业所处的行业环境发生的剧烈变化，企业商业模式与盈利模式都在发生变化。企业的管理现状与未来环境的要求存在着很大的差距。

专家组从以上三点行业特性出发，分析了企业培训需求。

2. 分析企业发展战略与年度经营计划

该企业的发展战略是立足于本地市场，向全国类似区域市场拓展。基于此战略，未来企业管理模式需由“游击战”的形式向规模化、正规化“集团军作战”转变。中高层管理者必须由重业务向重管理转变，因此，需要通过培训与开发培养出一批既懂业务又懂管理的复合型人才。

专家组进行了一系列的高层访谈，分析了企业现有管理水平与战略转型要求的管理水平的差距，确定了相应的培训需求，以支撑未来战略的实现。

**从岗位视角分析培训需求**

企业战略的转型对员工的能力素质也提出了更高的要求。专家组梳理了该企业的组织结构与流程体系，尤其是企业战略实现的组织保障体系，同时根据新的组织结构与流程体系设计了该企业的岗位管理体系，开发了岗位任职资格体系，明确了各岗位所需的知识与能力要求、解决问题的能力要求以及该岗位对企业的贡献要求。在此基础上，对现有员工基本素质、专业素质、管理素质进行分析与评估，明确每一个岗位的培训需求。

**从员工视角分析培训需求**

专家组结合企业战略与岗位职责要求，为该企业建立了员工绩效管理体系。在绩效管理体系实施的过程中，专家组详细分析了员工的绩效表现，发现主要问题有以下两个方面：其一，员工对新的组织、流程、制度体系不理解、不熟悉，在执行过程中

往往就存在着偏差；其二，员工本身的技能与素质不能满足企业正常经营的需要，因此导致了绩效的低下。专家组针对员工在绩效考核中存在的以上两点不足，梳理了企业的培训需求，为企业战略的落实提供了动力。

综上所述，根据培训需求调查，专家组从组织视角、岗位视角、员工视角对该企业进行了培训需求分析。通过一系列的培训，员工加深了对企业行业特性、战略转型的理解，更加明确了岗位职责要求，并找到了个人绩效低下的原因。经过企业上下的共同努力，当年销售业绩与毛利率大幅增加，超额实现了企业年初定下的目标。

## 二、团队合作完成训练任务

学生 6～7 人为一组，每组选出组长（学生轮流当组长，组长负责记录并担任小组的陈述代表）。组长带领小组成员根据学习情境，运用以上相关知识并参考所给的培训需求分析实例，从不同层面对学校某一学院学生会成员的培训需求进行分析。

# 训练任务完成效果评价

## 一、小组代表陈述与教师点评

各小组派代表陈述本小组对相关学院学生会成员的培训需求分析的结果。教师根据各小组代表的陈述内容进行点评。

## 二、小组内互评

小组成员根据完成任务过程中个人的表现，按表 2－8 的评价项目和分值、指标对每个成员进行评分，课后上交小组成员内部评价表和相关学院学生会成员的培训需求分析。

表 2－8 小组成员内部评价表

| 小组成员 | 评价项目和分值、指标 | | | | 总成绩 |
|---|---|---|---|---|---|
| | 与人交流的能力（25 分） | 与人合作的能力（25 分） | 解决问题的能力（25 分） | 职业态度（25 分） | |
| | 围绕主题，恰当清楚地表达意思的表现 | 与他人协同工作，处理合作过程中的矛盾的表现 | 提出对策或方案的质量 | 完成任务的主动、认真程度 | |
| 组长 | | | | | |
| 组员 1 | | | | | |

续表

| 小组成员 | 评价项目和分值、指标 | | | | |
|---|---|---|---|---|---|
| | 与人交流的能力（25 分） | 与人合作的能力（25 分） | 解决问题的能力（25 分） | 职业态度（25 分） | 总成绩 |
| | 围绕主题，恰当清楚地表达意思的表现 | 与他人协同工作，处理合作过程中的矛盾的表现 | 提出对策或方案的质量 | 完成任务的主动、认真程度 | |
| 组员 2 | | | | | |
| 组员 3 | | | | | |
| 组员 4 | | | | | |
| 组员 5 | | | | | |
| 组员 6 | | | | | |

## 三、教师评价

教师根据小组评分参考表（见表 2-9）的评价项目和分值、指标给各个小组评分。

表 2-9　小组评分参考表

| 组别 | 评价项目和分值、指标 | | | | | |
|---|---|---|---|---|---|---|
| | 组织分析（25 分） | 任务分析（25 分） | 个人分析（30 分） | 任务完成的效率（10 分） | 组员参与程度（10 分） | 总成绩 |
| | 组织分析的准确性 | 任务分析的准确性 | 个人分析的准确性 | 是否能按时或提前完成任务 | 参与讨论的成员数量 | |
| 第一组 | | | | | | |
| 第二组 | | | | | | |
| 第三组 | | | | | | |
| 第四组 | | | | | | |
| 第五组 | | | | | | |
| …… | | | | | | |

## 四、最终成绩计算方式

最后，教师可按以下公式计算个人最终成绩：

个人最终成绩＝小组成员个人成绩×40%＋所在小组成绩×60%

# 任务 3

# 运用培训需求分析的方法

## 知识目标

了解各种培训需求分析方法的优缺点；理解选择培训需求分析方法的依据。

## 能力目标

能够根据工作需要和条件设计合适的培训需求分析方法。

## 情境和任务

### 一、学习情境

某公司电焊工小王是个聪明的青年，身体健康，活泼健谈，工作再忙也经常到其他岗位找伙伴聊上几句。但是，随着公司的发展、管理的严格，小王开始少言寡语、紧锁双眉。原来，小王所处的岗位每班产品定额为 200 件，因为小王是由于公司征地而招进的农民替换工，没参加过系统的职业培训，对焊接基础知识理解甚少，所以他的焊接动作不规范，每班只能完成 190 件。因为完不成生产定额，小王屡屡受到班长批评，说他拖了全班后腿，并因此扣发了他的奖金。小王很委屈，不服气，开始怀念广袤的田野和飘香的麦场，从此脱岗现象更加频繁。

班长看在眼里、急在心里，决定给小王寻找提高的机会。

**思考：**请运用绩效差距分析法对小王的培训需求进行分析，完成表 2 - 10。

表 2 - 10　绩效差距分析表

| 第一步 | 一、问题说明 | 二、造成问题的原因 |
|---|---|---|
| 问题分析工作单 | 1. | 1.<br>2.<br>3. |
| | 2. | 1.<br>2.<br>3. |
| | 3. | 1.<br>2.<br>3. |

续表

| 第二步 | 一、行动（做什么） | 二、理由（为什么） | 三、活动步骤（怎么做） |
|---|---|---|---|
| 工作计划工作单 | 培训 | | |
| | 管理 | | |
| | 人员素质 | | |
| | 其他 | | |

## 二、训练任务

以小组为单位设计一份学校某一学院学生会成员培训需求调查问卷，并进行调查。

# 相 关 知 识

培训需求分析的方法有很多，常用的有观察法、问卷调查法、面谈法、重点团队调查法、工作任务分析法、绩效分析法、全面分析法、资料分析法等。培训需求分析方法的特点和适用范围如表 2－11 所示。

表 2－11　培训需求分析方法的特点和适用范围

| 名称 | 含义 | 特点 | 适用范围 |
|---|---|---|---|
| 观察法 | 培训者亲自到员工工作岗位上去了解员工的具体情况。通过与员工在一起工作，观察员工的工作技能、工作态度，了解其在工作中遇到的困难。 | ● 是一种基本分析方法，应当与其他方法配合使用。<br>● 对员工有直接的了解。<br>● 时间长。<br>● 要求观察者对工作背景较熟悉。<br>● 使用观察记录表。 | 适用于生产性作业和服务性工作的从业人员，而对于技术人员和销售人员则不太适用。 |
| 问卷调查法 | 利用问卷调查员工的培训需求。培训部门首先要将一系列的问题编制成问卷，发放给培训对象填写之后再收回分析。 | ● 简单，节省时间。<br>● 成本较低。<br>● 可针对许多人实施，获得的资料来源广泛。<br>● 调查结果是间接取得的，无法断定其真实性。<br>● 分析工作难度较大。 | 适用范围较广。 |
| 面谈法 | 培训组织者为了了解培训对象在哪些方面需要培训，就培训对象对于工作或对于自己的未来抱着一种什么样的态度，或者说是否有具体的计划，并且由此而产生相关的工作技能、知识、态度或观念等方面的需求而进行面谈。有个人面谈法和集体会谈法两种具体操作方法。 | ● 充分了解相关方面的信息。<br>● 有利于培训双方相互了解、建立信任关系。<br>● 需要较长的时间。<br>● 对培训者面谈技巧要求高。 | 适用于培训对象数量较少的情况，适合管理者培训。 |

续表

| 名称 | 含义 | 特点 | 适用范围 |
| --- | --- | --- | --- |
| 重点团队调查法 | 培训者在培训对象中选出一批熟悉问题的员工作为代表参加讨论，以调查培训需求信息。重点团队成员不宜太多，通常由 8～12 人组成一个小组，其中有 1～2 名协调员负责组织讨论和记录。 | ● 节省时间和费用。<br>● 能激发小组中各成员对企业培训的使命感和责任感。<br>● 能够得到有价值的需求信息。<br>● 对协调员的要求高。<br>● 对于某些问题的讨论可能会流于形式。 | 适用于广泛性培训需求调查。 |
| 工作任务分析法 | 以工作说明书、工作规范或工作任务分析记录表作为确定员工达到要求所必须掌握的知识、技能和态度的依据，将其和员工平时工作中的表现进行对比，以判定员工要完成工作任务的差距所在。 | ● 可信度高。<br>● 需要花费的时间和费用较多。 | 适用于新员工培训需求分析。 |
| 绩效分析法 | 也称问题分析法。主要考查员工当前绩效与理想绩效之间的差距及通过培训缩小这些差距。 | ● 有效性高。<br>● 侧重于问题解决而不是组织系统。 | 适用问题突出的部门。 |
| 全面分析法 | 通过对组织及其成员进行全面、系统的调查，以确定理想状况与当前状况之间的差距，从而进一步确定是否进行培训以及怎样培训。 | ● 有效性好。<br>● 时间较长。<br>● 成本较高。<br>● 必须是持续的，而非一次性的。 | 适用于在职员工培训需求分析、制定培训规划。 |
| 资料分析法 | 通过对组织的图表、计划性文件、政策手册、审计和预算报告等资料的分析确定培训需求。 | ● 结论可信度较高。<br>● 必须与其他方法配合使用才能得到可靠的结论。 | 适用于组织层次的培训需求分析。 |

培训需求分析的方法和工具种类很多，在实际应用时要根据具体情况来选择合适的分析工具，选择依据如表 2 - 12 所示。

**表 2 - 12　培训需求分析方法选择依据**

| 序号 | 选择依据 | 内容 |
| --- | --- | --- |
| 1 | 评估的目的 | 组织层次培训需求分析<br>任务层次培训需求分析<br>个人层次培训需求分析 |
| 2 | 培训目标的特点 | 培训需求对象的个人特征<br>目标人群的规模<br>目标人群在组织中的地位 |
| 3 | 对培训的态度 | 确定目标人群及其管理者对培训的态度 |
| 4 | 所需资料的类型 | 客观资料（培训师分析的事实和信息）<br>主观资料（评价、工作态度、行为特征等） |

## 训 练 任 务 完 成

### 一、研究应用案例

**常用培训需求分析表格范例**

常用的培训需求分析表格如表2-13至表2-19所示。

**表2-13 观察法记录表**

| 观察面试者，在下面的检查表中记录你对面试者的评价。<br>被观察者姓名：________________ | | | |
|---|---|---|---|
| 观察到的行为 | 是 | 否 | 备注 |
| 1. 通过创建和维持和谐而创造一个舒适的气氛。 | | | |
| 2. 用解释面试流程和介绍其他的面试者（如果有的话）作为开场白。 | | | |
| 3. 用有效的问题收集证据。 | | | |
| 4. 注意观察面试者的身体语言及其他细节，以获得更多的信息。 | | | |
| 5. 积极地倾听。 | | | |
| 6. 客观地观察。 | | | |
| 7. 使用身体语言。 | | | |
| 8. 总结关键点。 | | | |
| 9. 控制面试过程。 | | | |
| 10. 做记录。 | | | |
| 11. 处理好对其他相关面试官的移交工作。 | | | |
| 12. 以友好的方式结束面试。 | | | |
| 13. 在面试过程中说明下一步的行动。 | | | |
| 14. 面试者哪些方面做得比较好： | | | |
| 15. 面试者哪些方面需要改进： | | | |

**表2-14 员工培训需求调查表**

| 一、基本情况 | | | | | |
|---|---|---|---|---|---|
| 姓名 | | 性别 | | 年龄 | |
| 部门 | | 职务 | | 入职时间 | |
| 教育背景 | 时间 | 学校名称 | | 专业 | 学历 |
| | | | | | |
| | | | | | |

续表

<table>
<tr><td rowspan="3">培训经历</td><td>培训时间</td><td>培训机构</td><td>培训内容</td><td>所获证书</td></tr>
<tr><td></td><td></td><td></td><td></td></tr>
<tr><td></td><td></td><td></td><td></td></tr>
<tr><td colspan="5">二、对以往培训的感知（可复选）</td></tr>
<tr><td>1. 以往培训形式</td><td colspan="4">□课堂讲授　□小组讨论　□角色扮演　□游戏训练　□案例分析</td></tr>
<tr><td>2. 以往参加培训的原因</td><td colspan="4">□自己要求　□领导指派　□企业要求　□自费学习</td></tr>
<tr><td>3. 以往培训是否针对个人做过培训需求征询</td><td colspan="4">□是　□否　□偶尔</td></tr>
<tr><td>4. 培训后技能、绩效提升是否明显</td><td colspan="4">□提升明显　□稍有提升　□基本无效　□不了解</td></tr>
<tr><td>5. 以往的培训是否与个人的绩效考核相联系</td><td colspan="4">□是　□否</td></tr>
<tr><td colspan="5">6. 目前工作中遇到的困难与挑战（与职务要求相比，您还欠缺哪些方面的知识及技能？需要借助哪些培训来提高自己？）</td></tr>
<tr><td colspan="5">7. 职业生涯规划（目标可以是掌握某些技能、承担某种责任、担任某种职务、年收入达到多少等）<br>近期目标：　　　　　　　　中期目标：　　　　　　　　长期目标：</td></tr>
<tr><td colspan="5">三、对哪种培训方式感兴趣</td></tr>
<tr><td>1. 内部培训</td><td colspan="4">□课堂讲授　□小组讨论　□案例分析　□角色扮演　□会议　□其他</td></tr>
<tr><td>2. 外部培训</td><td colspan="4">□去同行单位交流　□院校合作　□全脱产　□其他</td></tr>
<tr><td colspan="5">四、对未来培训的建议和想法（排序题请在方框内填写数字 1～7 以表示您的选择顺序）</td></tr>
<tr><td>1. 对您来说最喜欢、最有效、最理想的培训方式排序是</td><td colspan="4">□课堂讲授　□小组讨论　□角色扮演　□头脑风暴<br>□户外拓展训练　□案例分析　□游戏训练</td></tr>
<tr><td>2. 您最能接受的培训时间排序是</td><td colspan="4">□上班时间　□休息日　□下班后　□无所谓</td></tr>
<tr><td>3. 您最希望参与的培训课程排序是</td><td colspan="4">□专业技术知识　□沟通技巧　□销售技巧　□管理技能</td></tr>
<tr><td>4. 您认为合适的培训频率是</td><td colspan="4">□每月一次　□每两月一次　□每季度一次　□每半年一次</td></tr>
<tr><td colspan="5">5. 上面没有列出，但您认为有必要写明的内容：</td></tr>
<tr><td colspan="5">6. 目前您急需参加的其他培训（如学历教育、计算机技能、英语技能、驾驶技能等，至少列出两项）：</td></tr>
<tr><td colspan="5">7. 您迫切希望提高的技能和掌握的知识（至少列出两项）：</td></tr>
</table>

表 2－15　培训需求评估面谈记录表

| 姓名 | | 日期 | |
|---|---|---|---|
| 受访者 | | 采访者 | |
| 1. 你认为××培训是必要的吗？ | | | |
| 2. 请简要描述一下由于缺乏培训导致工作效率受到影响的情况。 | | | |
| 3. 请举例说明绩效不佳会影响部门目标、整个组织的目标或者客户满意度。 | | | |
| 4. 你认为绩效问题除了培训因素还有哪些影响因素？ | | | |

表 2－16　重点团队调查法操作步骤

| 序号 | 步骤 | 要点 |
|---|---|---|
| 1 | 培训对象分类 | ● 按照培训需求的类似性将培训对象分类<br>● 在各类对象中挑选代表性员工<br>● 代表性员工应当具有较丰富的工作经验，最好不是员工的直接主管 |
| 2 | 安排讨论会议 | ● 讨论时间安排<br>● 讨论场地安排<br>● 确认讨论方式<br>● 准备讨论提纲 |
| 3 | 讨论记录 | ● 记录工具选择：纸笔、录像、录音<br>● 记录人员安排<br>● 记录整理 |
| 4 | 讨论结果整理 | ● 会议记录数据的整理分析<br>● 确认没有争议的培训需求<br>● 有争议的培训需求的处理方式 |
| 5 | 再次讨论 | ● 如果需要，对有争议的问题再次讨论，或更换参与讨论的人员 |
| 6 | 确定培训需求 | ● 根据讨论结果确认培训需求<br>● 制作培训需求报告<br>● 向主管部门汇报和审批 |

表 2-17　工作任务调查表

| 姓名 | | 日期 | | 职位 | |
|---|---|---|---|---|---|
| 一、评分标准 | | | | | |
| 重要性 | 频率 | 难度 | | | |
| 4：任务至关重要 | 4：每天执行一次 | 4：有效执行此任务需要有丰富的工作经验或（和）培训经历（12～18 个月或更长） | | | |
| 3：任务比较重要但非至关重要 | 3：每周执行一次 | 3：有效执行此任务需要有一定的工作经验或（和）培训经历（6～12 个月） | | | |
| 2：任务比较重要 | 2：几个月执行一次 | 2：有效执行此任务需要有短期的工作经验或（和）培训经历（1～6 个月） | | | |
| 1：不重要 | 1：一两年执行一次 | 1：有效执行此任务不需要有特定工作经验或（和）培训经历 | | | |
| 0：没有执行过此任务 | 0：没有执行过此任务 | 0：没有执行过此任务 | | | |
| 二、任务调查 | | | | | |
| 任务 | 重要性 | 频率 | 难度 | | |
| 1. 维修设备、工具和安全系统 | | | | | |
| 2. 监督雇员工作绩效 | | | | | |
| 3. 为雇员制定工作日程进度 | | | | | |
| 4. 使用计算机统计软件 | | | | | |
| 5. 监控生产过程中应用统计方法带来的变化 | | | | | |

表 2-18　绩效分析法操作步骤

| 序号 | 步骤 | 内容 |
|---|---|---|
| 1 | 发现问题 | 生产力问题<br>员工士气问题<br>技术问题<br>变革的需要问题 |
| 2 | 预先分析 | 由培训者进行直观判断阶段，要做出两项决定：<br>是不是系统的、复杂的问题<br>应用何种工具收集资料 |
| 3 | 资料收集 | 综合使用各种收集资料的技术 |

续表

| 序号 | 步骤 | 内容 |
|---|---|---|
| 4 | 数据整理和分析 | 寻找绩效差距：<br>技术上的缺陷<br>管理上的缺陷<br>未来组织需求 |
| 5 | 需求分析结果 | 确认培训需求<br>输出培训需求分析报告 |

表 2-19　全面分析法操作步骤

| 序号 | 步骤 | 内容 |
|---|---|---|
| 1 | 计划阶段 | 确定计划范围<br>组建咨询团队 |
| 2 | 研究阶段 | 探究目标计划，对每项工作都有总体上的描述 |
| 3 | 任务或技能目标阶段 | 将任务分解成微小的单位，形成一个全面详细的任务目录清单<br>把工作剖析成一些任务，形成一个描述任务目录的技能目标 |
| 4 | 任务或技能分析阶段 | 评估所有工作任务的重要性<br>分析任务的执行频率、熟练水平、紧迫性及责任感的强弱程度等 |
| 5 | 规划设计阶段 | 确认培训对象需要什么类型的培训 |

## 案例阅读

### A 集团分公司商务总监培训需求分析

**A 集团概况**

A 集团成立于1999年，是香港联合交易所上市公司。自成立以来，始终致力于为中国企业特别是成长型企业提供专业信息化服务，在国内率先开创了以运营模式实现企业信息化的先河。基于对成长型企业群体的特点和信息化需求的深刻理解，坚定地选择了“信息化运营”模式作为帮助企业实现信息化的手段。遵循这一理念，已成功为超过45万家企业客户提供了全方位、多层面的信息化解决方案。伴随着中国经济的蓬勃向前和企业信息化的推进，A 集团的发展极为迅速，现已在全国设立了70余家直属分支机构，员工总数7 200余人，拥有研发及运营工程师1 500余人，成为规模庞大、实力雄厚的信息化运营商。

**培训需求调查结果**

A 集团针对分公司商务总监进行了培训需求的问卷调查，主要分为两个部分培训课程需求和对培训工作的建议，调查结果如下。

1. 培训课程需求

关于“您认为下列课程类别中的课程哪些对您开展或胜任目前的工作最重要？”

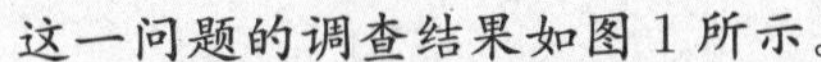

这一问题的调查结果如图 1 所示。

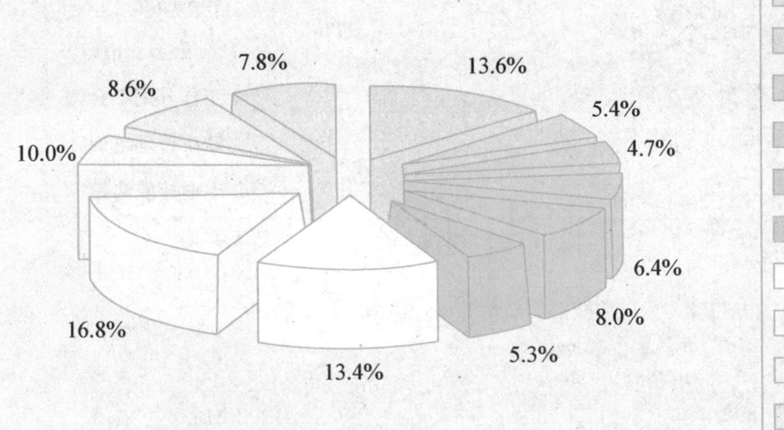


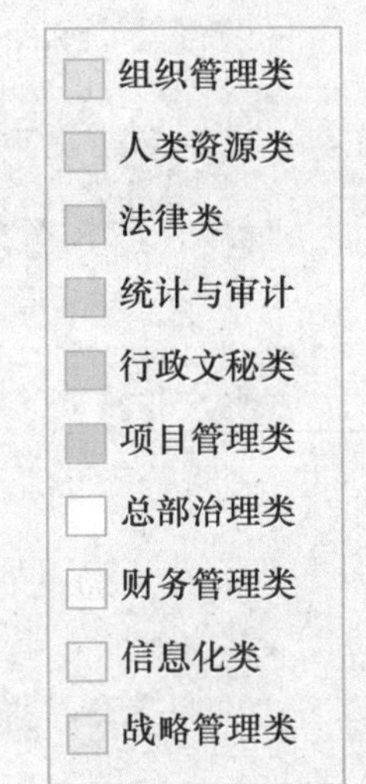


图 1　问卷调查课程重要性统计图

2. 对培训工作的建议

(1) 关于“您认为最有效的教学方法是什么?”这一问题的调查结果如图 2 所示。

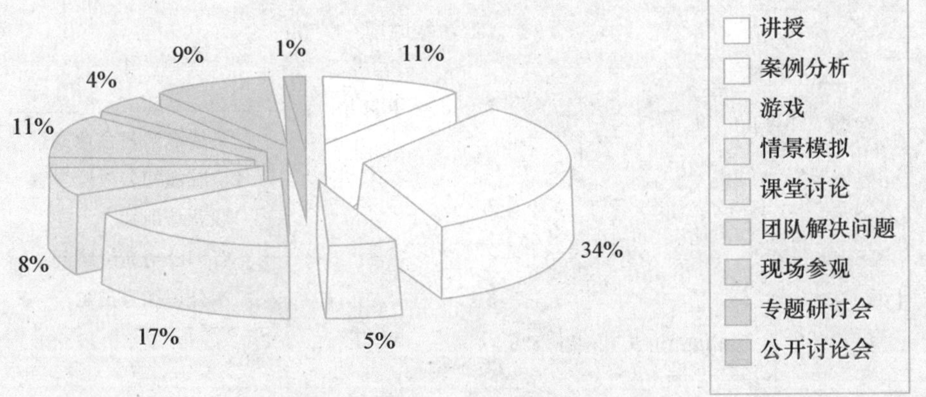


图 2　问卷调查最有效教学方法统计图

(2) 关于“您认为目前阻碍您工作绩效的主要因素是什么?”这一问题的调查结果如图 3 所示。

(3) 关于“您认为对于某一门课程来讲多长时间比较合适?”这一问题的调查结果如图 4 所示。

(4) 关于“您接受培训时倾向于选择哪种类型的讲师?”这一问题的调查结果如图 5 所示。

(5) 关于“您认为过去一年参加的培训课程最让您满意的是?”这一问题的调查结果如图 6 所示。

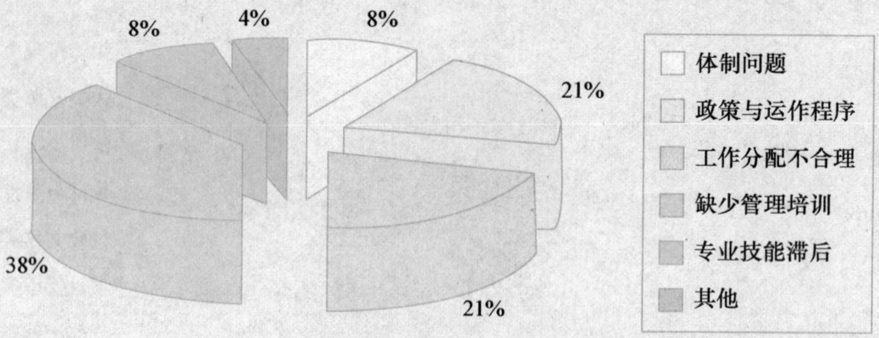

8%
4%
8%
21%
38%
21%

体制问题
政策与运作程序
工作分配不合理
缺少管理培训
专业技能滞后
其他

图 3　问卷调查阻碍工作绩效的主要因素统计图

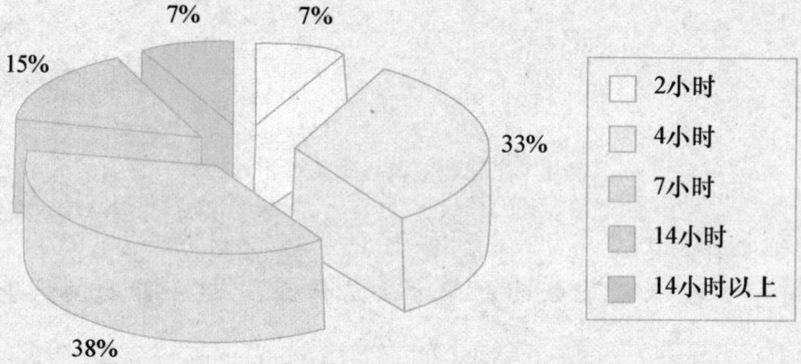

7%
7%
15%
33%
38%

2小时
4小时
7小时
14小时
14小时以上

图 4　问卷调查课程时间统计图

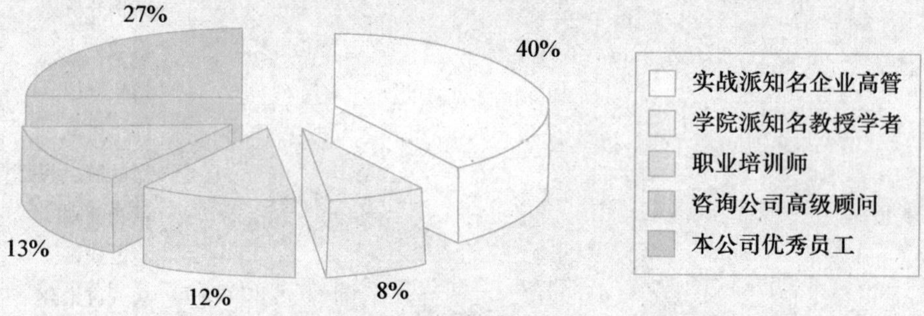

27%
40%
13%
12%
8%

实战派知名企业高管
学院派知名教授学者
职业培训师
咨询公司高级顾问
本公司优秀员工

图 5　问卷调查讲师类型统计图

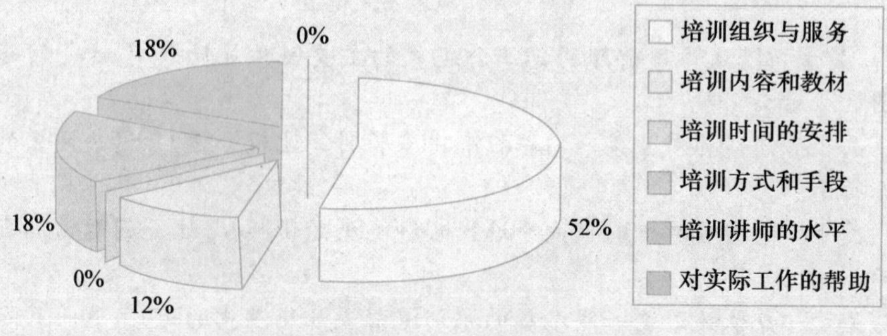

18%
0%
18%
52%
0%
12%

培训组织与服务
培训内容和教材
培训时间的安排
培训方式和手段
培训讲师的水平
对实际工作的帮助

图 6　问卷调查最满意培训课程统计图

（6）关于“认为一个月参加培训累计时间为多长比较合适？”这一问题的调查结果如图 7 所示。

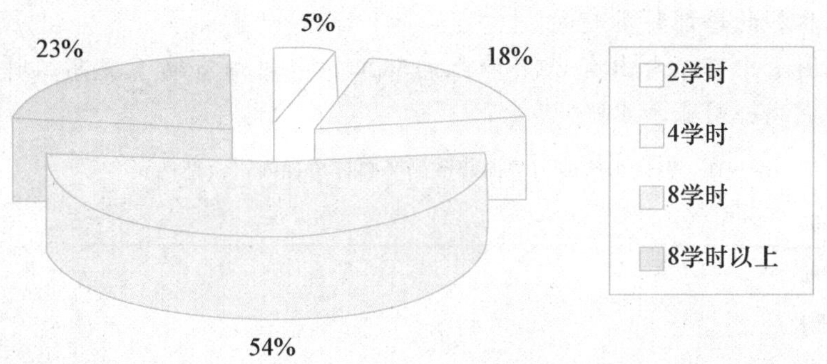


图 7 问卷调查培训累计时间统计图

**培训需求分析总结**

在对培训工作的评价和建议上，大家在培训对实际工作的支持程度和培训时间等方面提出了要求，因此，后续培训工作必须强调培训课程的实用性和可转化性，针对大家提出的问题和要求，有针对性地加以改进和完善，才能真正促进员工工作绩效的提高。

**培训解决方案**

根据培训需求分析，把对管理人员的培训与发展相结合，充分利用公司现有培训资源，以提升培训投资回报率。A 集团将培训课程分成集中面授和远程自学两个板块来完成。集中面授主要解决经验交流和案例分析的问题，通过解决实际工作的紧急而重要的问题来提升培训对象的工作能力，并使其转变工作态度，正确看待市场和全面认识自身的产品。远程自学主要解决知识问题，通过系统全面的知识体系培训，提升培训对象的系统分析问题和解决问题的能力，实现人才的发展和公司发展相结合的目的，包括有效沟通、合理制订工作计划等。

具体远程教学课程包括“分公司商务总监人力资源管理”“分公司商务总监财务管理”“分公司商务总监商务运营管理”“分公司商务总监行政实务管理”“分公司商务总监法律基础”“分公司商务总监审计知识”“分公司商务总监运维管理”。

## 2018 年度培训需求调查数据统计分析报告

2018 年公司人力资源部通过网上问卷调查、微信问卷调查，收集相关部室、单位的培训需求，以了解公司培训需求。此次培训需求问卷调查共计 62 人参与答卷，涉及各分公司、部室及部分项目部人员，具体情况如下。

**第一部分：培训现状信息**

此部分通过三个问题来了解培训与工作业绩的关联程度、职工平时学习的方式、近两年职工参加的培训种类趋向。

（1）从图1中可以看出有80％以上的职工觉得培训有助于提高工作业绩，可见培训有助于提高公司业绩水平。

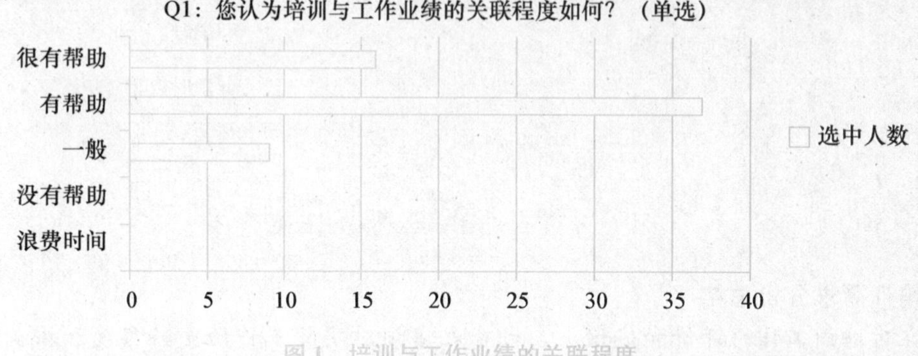


图1　培训与工作业绩的关联程度

（2）从图2中可以看出约64％的职工平时学习靠自学，约80％的职工在工作中学习，约33％的职工通过企业组织培训。说明公司通过提供借阅室、创造学习交流的环境也可提升职工素质。此外，通过提供贴近职工工作的课程培训，约80％的职工会把通过企业组织培训掌握的知识、技能与自身工作结合。

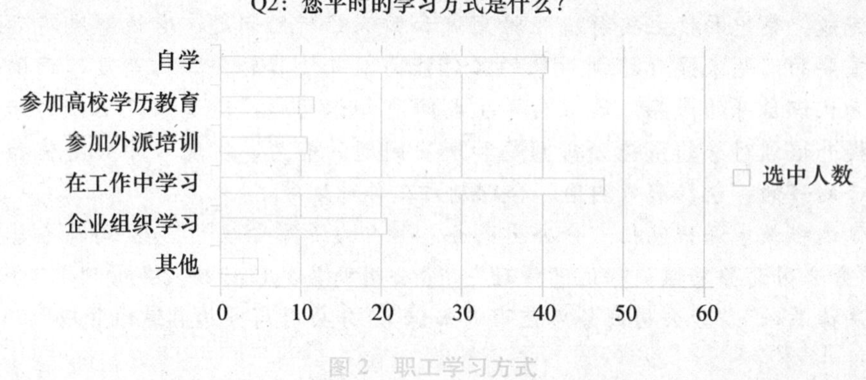


图2　职工学习方式

（3）从图3中可以看出，从总体上看，近两年公司职工主要参加岗位技能培训和资格认证培训。岗位技能培训体现了培训倾向于提升职工岗位技能，即业务素质。参加资格认证培训人员多，体现了行业持证上岗的特点，本质在于政府通过证书管理的方式来管理相关企业及从业人员。所以公司职工参加这两类培训的人员多是合理的。

纵观上述三个问题的调查情况，说明通过培训提升公司职工素质将有助于提升公司业绩；多数职工平时学习主要是自学和在职学习；近两年多数职工主要参加岗位技能培训和资格认证培训。

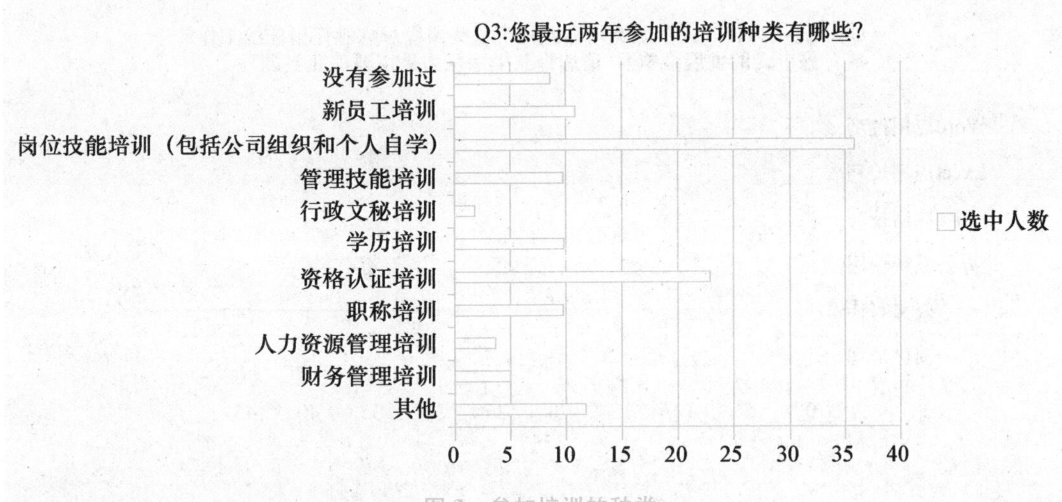


图3　参加培训的种类

**第二部分：培训需求信息**

培训需求信息问卷调查部分通过四个问题来了解培训需求信息，其中，第一个问题中包含了5个小问题。具体情况如下。

1. 第一个问题的调查情况

(1) 规章制度类。

从图4中可以看出在规章制度类培训中，人力资源管理制度、行政管理制度和财务管理制度对公司职工都比较重要，此类培训课程由公司统一集中职工在公司培训。

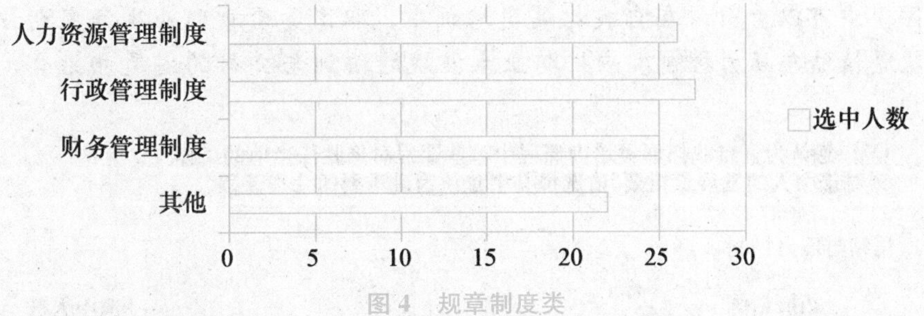


图4　规章制度类

(2) 职业技能类。

从图5中可以看出，职工平时应用比较多的办公软件是Word、Excel和办公系统，办公软件培训可作为公共课程纳入培训课程，并应侧重于Word、Excel和办公系统应用技能培训，以便提升职工办事效率。

(3) 通用管理技能类。

从图6中可以看出，在通用管理技能方面，目标管理课程是大多数职工想培训的，约占87%，其次是时间管理。

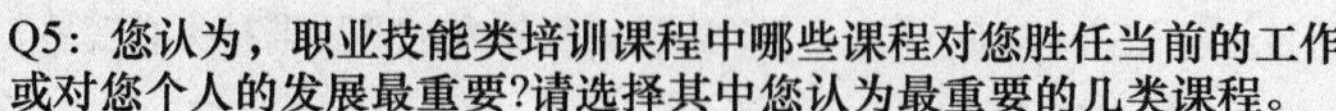


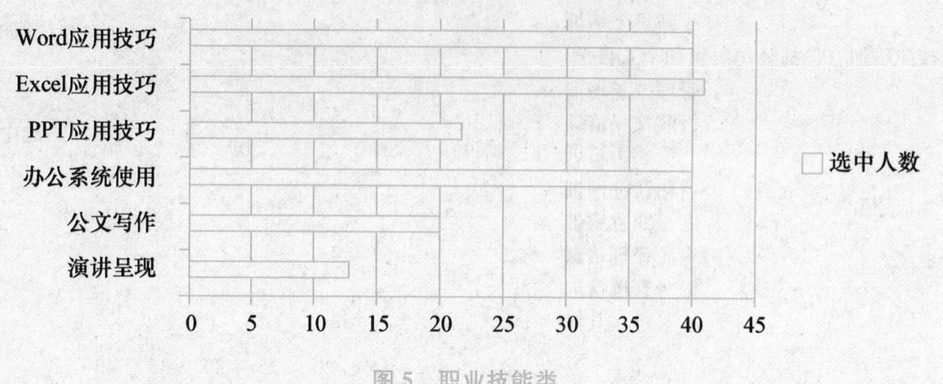


图5 职业技能类

Q6：您认为，通用管理技能类培训课程中哪些课程对您胜任当前的工作或对您个人的发展最重要?请选择其中您认为最重要的几类课程。

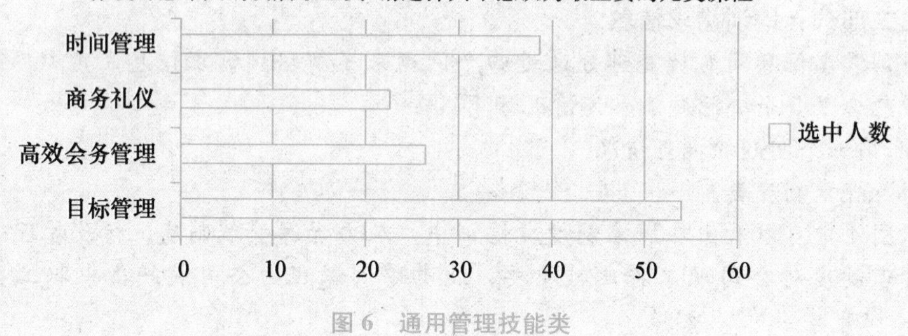


图6 通用管理技能类

（4）自我拓展类。

从图7中可以看出，在自我拓展类培训中，职工更看重职业生涯规划技能的培训，其次是情绪与压力控制。应将职业生涯规划培训与公司的发展相结合，以形成联动效应。

Q7：您认为，自我拓展类培训课程中哪些课程对您胜任当前的工作或对您个人的发展最重要?请选择其中您认为最重要的几类课程。

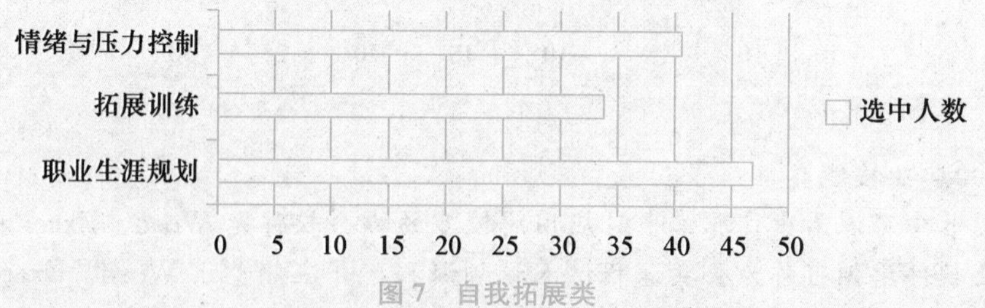


图7 自我拓展类

（5）专业技能类。

从图8中可以看出，多数职工需要培训的是项目合同管理，其次是投标管理和生产管理，再次可将安全生产管理、财务管理与投融资管理培训课程纳入培训课程。

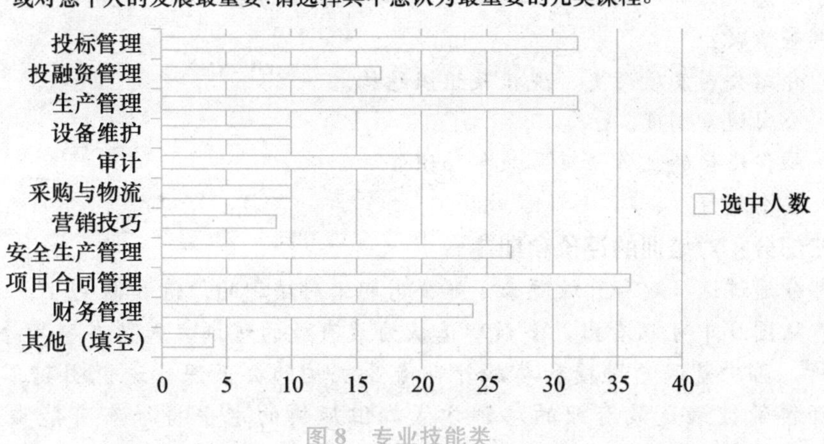


图 8　专业技能类

此外，职工填报其他需要培训的课程有：风险控制、人力资源管理、公共关系课、企业运营与模式创新、薪酬管理、档案管理；填报急切需要接受的培训课程有：投标管理、安全生产管理、职业生涯规划、工程预决算、企业运营与模式创新、生产管理、薪酬管理、档案管理、财务分析与管理、专业技能课程、测量学科。

由上综合分析，根据公司发展及职工培训需求综合考虑，2018 年专业技能培训课程可设投标管理和生产管理、安全生产管理、财务管理与投融资管理、风险控制、企业运营与模式创新、工程预决算、薪酬管理、档案管理，并根据公司及职工需要设置资格证培训。

2. 第二个问题的调查情况

对于“您认为自己所在部门必须具备的核心能力是什么?”问题的调查情况：专业技能（涉及会计、安全生产、测量等施工技术）、职业技能、市场开拓能力、执行力、资料整编、财务管理、投融资管理、投标管理、预算和施工组织、企业生产经营及决策、项目管理、项目风险管控、现场工程施工管理、工程合同管理、人际关系能力、沟通协调其他部门和写作能力。

此外，筛选出职工比较看重的基础素质有：团队精神、职业道德素质、认真专注、办事积极和有责任心。

工作环境倾向：有凝聚力、和谐的工作氛围。

3. 第三个问题的调查情况

对于“您认为针对本部门（或本岗位）人员的培训内容应该侧重哪些方面?”问题的调查情况：专业技能（会计等）、职业技能、项目管理、项目风险管控、项目合同管理、安全生产管理、办公协同系统使用、投标技巧、预结算最新文件、财务分析与管理、成本管理、投融资管理、施工管理、施工技术、企业管理、现场管理、安全防范意识及施工安全注意事项、资格证培训、税务和团队建设。

4. 第四个问题的调查情况

对于“您认为部门的新员工应该进行哪些课程的培训，才能达到岗位的要求?”的问题调查情况：

（1）介绍公司发展历史、现状及组织结构。

（2）公司规章制度。

（3）拟任岗位的工作情况、业务知识。

（4）安全教育。

**第三部分：对培训的评价和期望**

此部分通过选择题和开放题来了解公司职工对培训的评价和期望。

（1）从图9中可以看出，多数职工认为最有效的培训方式是在职指导，其次是案例分析，再次是课堂讲授和参加外部专业机构的公开课。这说明职工认为在职指导即师傅带徒弟是最有效的培训方式，但师傅的水平将很有可能成为徒弟的上限。

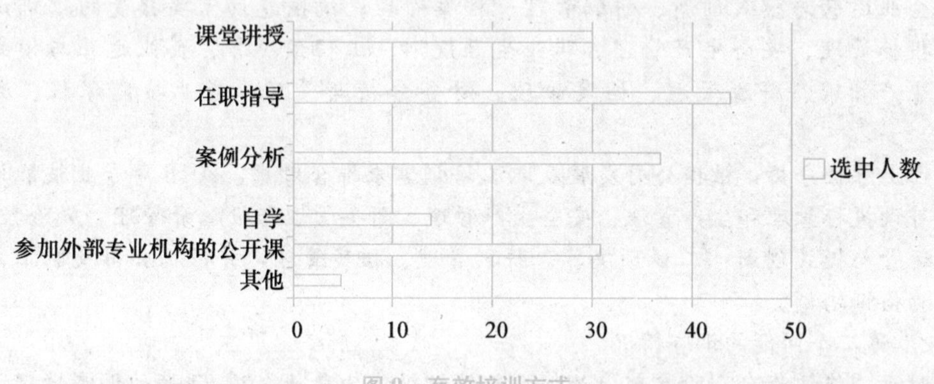


图9 有效培训方式

（2）从图10中可以看出，多数职工认为对于某一课程时长来讲，2天比较适合，其次是1天，可见多数职工可接受的一个课程培训时长为1～2天。

Q10：您认为对于某一课程来讲，多长的时间比较合适？

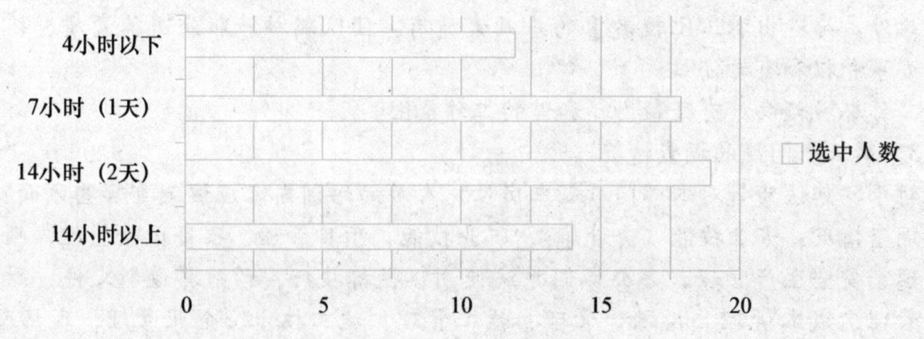


图10 课程时长

(3) 从图 11 中可以看出，在培训中职工更倾向于本公司优秀员工或专家，以及实战派知名企业高管作为讲师。

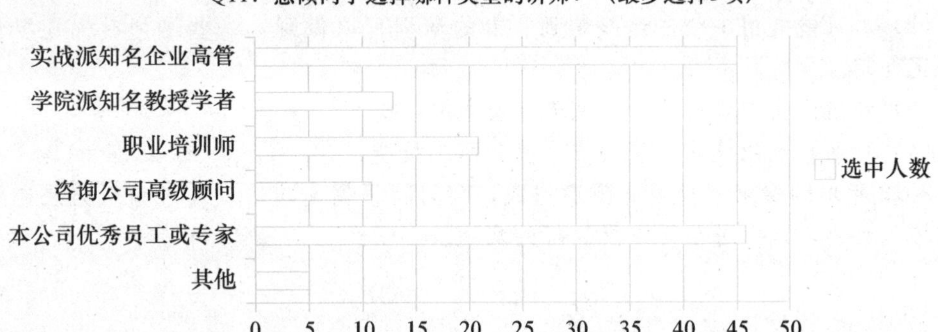


图 11　讲师类型

(4) 从图 12 中可以看出，多数职工认为培训方式与手段、培训讲师的水平是对培训效果影响最大的，其次是培训内容和教材。所以在组织安排职工培训时，对培训方式与手段、培训讲师的选择要多加考虑。

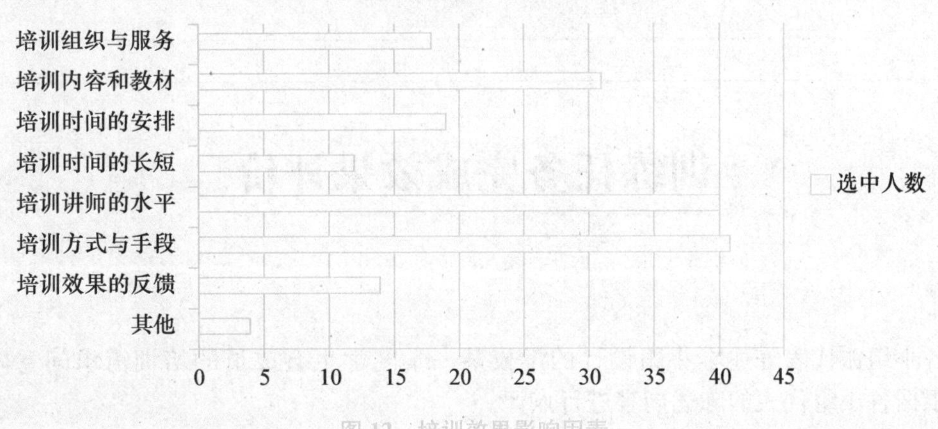


图 12　培训效果影响因素

(5) 从图 13 中可以看出，64.52%的职工认为培训时间安排在上班时间比较适合。目前公司的培训基本都是安排在上班时间。

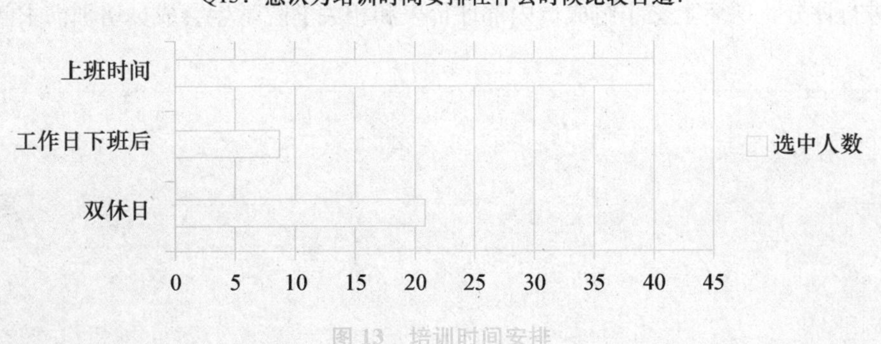


图 13　培训时间安排

**第四部分：培训建议**

根据公司职工对培训方面的建议，经过认真总结归纳如下：

(1) 多培训些专业知识及技能，注重实战。

(2) 尽可能提前半个月通知培训。有的培训可以做到，一些培训时间还要依客观情况而定。

(3) 在借阅室中可以增加一些专业类书籍。

(4) 可通过组织技能大赛的方式提升职工技能。

2018 年培训需求调查至此圆满完成，公司将根据此次培训需求分析结果制订相应的培训计划，以促进公司发展目标的实现。

## 二、团队合作完成训练任务

学生 6～7 人为一组，每组选出组长（学生轮流当组长，组长负责记录并担任小组的陈述代表）。组长带领小组成员根据学习情境，运用以上相关知识并参考所给的问卷调查培训需求分析方法，对训练任务进行讨论和分析，设计学校某一学院学生会成员的培训需求问卷并进行调查。

________________________________________

________________________________________

________________________________________

# 训练任务完成效果评价

## 一、小组代表陈述与教师点评

各小组派代表陈述本小组设计的学校某一学院学生会成员的培训需求问卷内容。教师根据各小组代表的陈述内容进行点评。

## 二、小组内互评

小组成员根据完成任务过程中个人的表现，按表 2-20 的评价项目和分值、指标对每个成员进行评分，课后上交小组成员内部评价表和相关学院学生会成员培训需求问卷。

表 2-20　小组成员内部评价表

| 小组成员 | 评价项目和分值、指标 | | | | 总成绩 |
|---|---|---|---|---|---|
| | 与人交流的能力（25 分） | 与人合作的能力（25 分） | 解决问题的能力（25 分） | 职业态度（25 分） | |
| | 围绕主题，恰当清楚地表达意思的表现 | 与他人协同工作，处理合作过程中的矛盾的表现 | 提出对策或方案的质量 | 完成任务的主动、认真程度 | |
| 组长 | | | | | |

续表

<table>
<tr><th rowspan="3">小组成员</th><th colspan="5">评价项目和分值、指标</th></tr>
<tr><th>与人交流的能力（25 分）</th><th>与人合作的能力（25 分）</th><th>解决问题的能力（25 分）</th><th>职业态度（25 分）</th><th rowspan="2">总成绩</th></tr>
<tr><th>围绕主题，恰当清楚地表达意思的表现</th><th>与他人协同工作，处理合作过程中的矛盾的表现</th><th>提出对策或方案的质量</th><th>完成任务的主动、认真程度</th></tr>
<tr><td>组员 1</td><td></td><td></td><td></td><td></td><td></td></tr>
<tr><td>组员 2</td><td></td><td></td><td></td><td></td><td></td></tr>
<tr><td>组员 3</td><td></td><td></td><td></td><td></td><td></td></tr>
<tr><td>组员 4</td><td></td><td></td><td></td><td></td><td></td></tr>
<tr><td>组员 5</td><td></td><td></td><td></td><td></td><td></td></tr>
<tr><td>组员 6</td><td></td><td></td><td></td><td></td><td></td></tr>
</table>

## 三、教师评价

教师根据小组评分参考表（见表 2－21）的评价项目和分值、指标给各个小组评分。

表 2－21　小组评分参考表

<table>
<tr><th rowspan="3">组别</th><th colspan="6">评价项目和分值、指标</th></tr>
<tr><th>设计内容（30 分）</th><th>调查目的（20 分）</th><th>问卷格式（20 分）</th><th>调查实施（20 分）</th><th>完成效率（10 分）</th><th rowspan="2">总成绩</th></tr>
<tr><th>问卷内容合理</th><th>问题设计目的清晰、准确</th><th>问卷格式符合规范</th><th>获取有效答卷的份数</th><th>是否能按时或提前完成调查</th></tr>
<tr><td>第一组</td><td></td><td></td><td></td><td></td><td></td><td></td></tr>
<tr><td>第二组</td><td></td><td></td><td></td><td></td><td></td><td></td></tr>
<tr><td>第三组</td><td></td><td></td><td></td><td></td><td></td><td></td></tr>
<tr><td>第四组</td><td></td><td></td><td></td><td></td><td></td><td></td></tr>
<tr><td>第五组</td><td></td><td></td><td></td><td></td><td></td><td></td></tr>
<tr><td>……</td><td></td><td></td><td></td><td></td><td></td><td></td></tr>
</table>

## 四、最终成绩计算方式

最后，教师可按以下公式计算个人最终成绩：

个人最终成绩＝小组成员个人成绩×40%＋所在小组成绩×60%

# 项目 3　制订培训与开发计划

【引导任务】

胡华是国内某知名家电企业人力资源部的培训专员，最近两年，他觉得自己的工作压力很大，只有他一个人却有做不完的培训，整天忙于应付联系培训师、安排教室、管理培训现场等，根本就没有时间来做计划。最让他想不通的是前几天领导还狠狠地批评了他一顿，说公司明明付出了那么高的代价，但参加培训的人员却纷纷反映培训的效果差。胡华百思不得其解，领导可能不知道他为了这一系列培训花了很多心思，难道大家真的不满意吗？这到底是怎么回事？培训项目到底该如何搞？

学生 6～7 人为一组，讨论后，派代表陈述胡华组织的培训为什么效果不佳。

______

______

______

【教师点评】

掌握了培训需求还不能立即开展培训，因为培训活动的开展还受到资源等条件的限制，而且不同的培训方式的培训效果不一样，因此需要对培训进行设计和策划，制订培训计划，为后期培训的有效开展和取得良好的培训效果奠定基础。

## 任务 1　制订培训计划

### 知识目标

了解培训项目计划及年度培训计划的内容。

## 能力目标

能够根据企业的培训项目编写简单的培训计划。

## 情境和任务

### 一、学习情境

××企业拟开展为期 3 天的基层管理人员培训，目的是向新的基层主管提供有效管理所需的能力和知识。具体培训内容分两个方面：(1) 支持性内容 (1.5 天)，包括分析工作问题、时间管理、雇用依据等。(2) 关键性内容 (1.5 天)，包括文件处理能力、员工等级评定、工资管理、员工开发等。

**思考：**请制订该公司此次基层管理人员的培训计划。

### 二、训练任务

以小组为单位，根据已有的学校某一学院学生会成员的培训需求分析及已确定的培训目的、培训内容、培训方法和形式等，制订完整的相关学院学生会成员的年度培训计划，每位同学选择其中一个培训项目制订具体培训计划。

## 相关知识

### 一、制订培训计划的过程

制订培训计划的过程如图 3-1 所示。

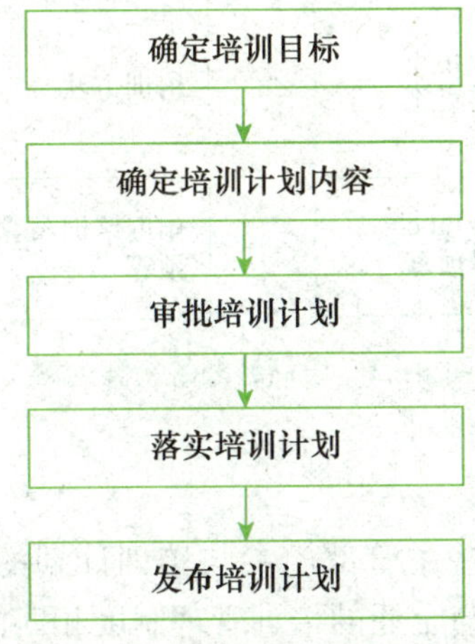


图 3-1　制订培训计划的过程

### （一）确定培训目标

在前期的培训需求分析工作结束的时候已经明确了培训需求，因此制订培训计划时首先要阐明本次培训的目标定位。有了培训目标，才能确定培训对象、内容、时间、方法等具体内容，并在培训之后对照此目标进行效果评估。

确定了总体培训目标，还可以进行细化，目标越具体、越具有可操作性，就越有利于总体目标的实现。

培训的目标一般可包括：知识的获得；态度的改变或加强；技术的获得；工作行为的改进；企业、部门或人员绩效的改善等。

### （二）确定培训计划内容

培训计划的主要内容可归纳为5W2H，如图3-2所示。

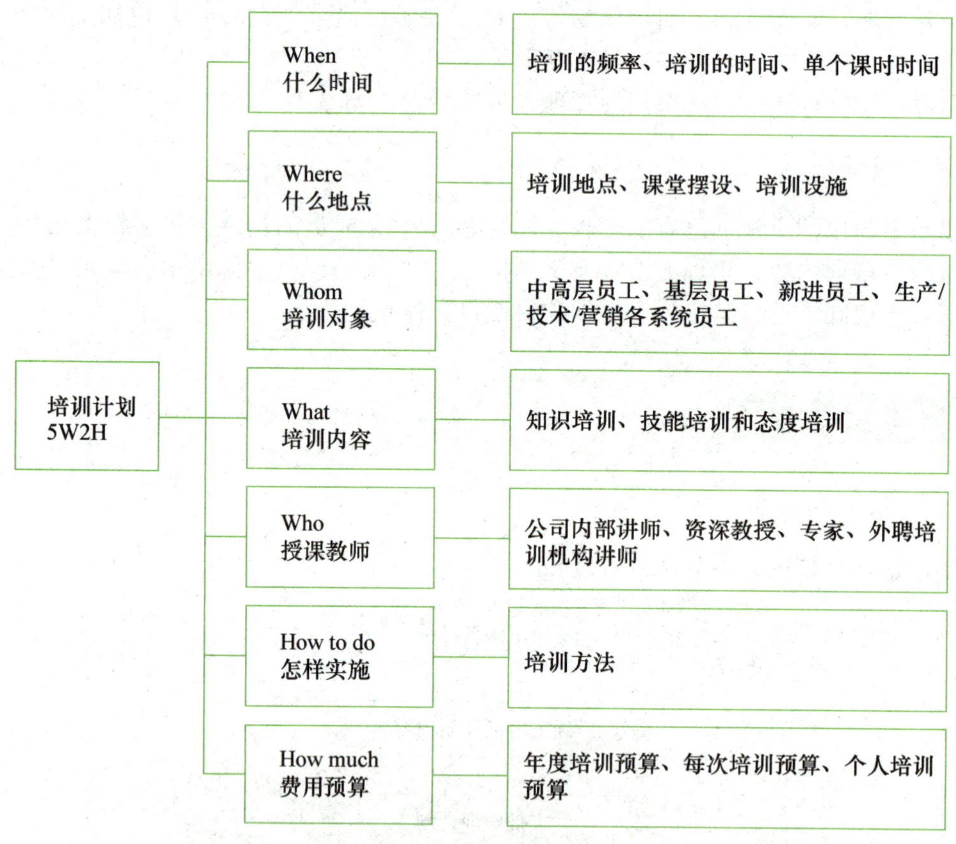


图3-2 培训计划的主要内容

### （三）审批培训计划

在这个阶段，要确认由哪些主管部门参与培训计划的审批、审批程序是什么以及审批完成的时间。这个程序要与企业的培训管理制度相匹配。

### （四）落实培训计划

落实培训计划主要包括以下内容：

（1）选择外部培训课程或外部培训机构的培训，应当与相应部门签订合同。

(2) 落实或支付培训费用。
(3) 确认培训师，与培训师签订合同或协议。
(4) 确认培训所需场地、器材、资料的形式和来源等。
(5) 确认培训相关人员（管理人员、服务人员等）。
(6) 其他相关手续。

### (五) 发布培训计划

发布培训计划时要确定以下内容：
(1) 发布形式，包括布告栏、网络、信函和会议通知等。
(2) 发布范围：公司全体员工和对应部门。
(3) 发布时间与报名有效时间等。

## 二、年度培训计划的内容

### (一) 制订年度培训计划的步骤

制订年度培训计划的步骤如图 3－3 所示。

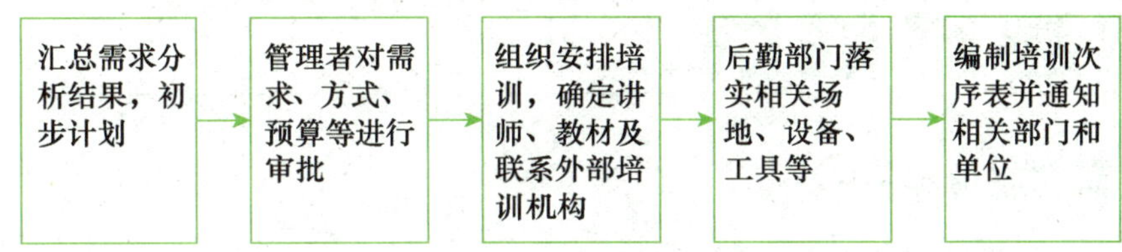


图 3－3　制订年度培训计划的步骤

### (二) 年度培训计划的内容

年度培训计划是企业培训组织管理的实施规程，为了使培训顺利实施，培训计划应具备以下内容：

(1) 制订培训计划的目的：从企业整体的宏观管理角度讲，培训计划要解决的问题或者要达到的目的。

(2) 原则：制订和实施计划时的原则或规则。

(3) 培训需求：在企业运营和管理过程中，什么地方与现实需要存在差距而需要弥补。

(4) 培训的目的或目标：培训项目需要达到一个什么样的培训目的、目标或结果。

(5) 培训对象：培训项目是针对什么人或者什么岗位的任职人员的，他们的经历、经验、技能状况如何。

(6) 培训内容：培训计划中每个培训项目的培训内容。

(7) 培训时间。培训时间包括三方面内容：第一，培训计划的执行或者有效期；第二，培训计划中每一个培训项目的实施时间或者培训时间；第三，培训计划中每一个培训项目的培训周期或者课时。

(8) 培训地点。培训地点包括两方面内容：第一，每个培训项目实施的地点；第二，实施每个培训项目时的集合地点。

(9) 培训形式和方式：每个培训项目所采用的培训形式和方式，如是外派培训还是内部组织培训等。

(10) 培训教师：每个培训项目的培训教师是外聘还是内聘。

(11) 培训组织人。培训组织人包括两方面的人员：一是培训计划的执行人或者实施人；二是培训计划中每一个培训项目的执行人或者责任人。

(12) 考评方式。每个培训项目实施后，对受训人员的考评分为笔试、面试、操作三种方式。

(13) 计划变更或者调整方式：计划变更或者调整的程序及权限范围。

(14) 培训费预算。它分为两部分：一部分是整体计划的执行费用；另一部分是每一个培训项目的报告或者实施费用。

(15) 签发人：培训计划的审批人或者签发人。

年度培训计划可以像上面介绍的那样制订得较为详细，也可以只确定一个原则和大方向，在每个培训项目实施前再制订详细的实施计划。

## 训练任务完成

### 一、研究应用案例

××公司年度培训计划如表3-1所示。

**表3-1　年度培训计划**

| 课程类别 | 序号 | 课程名称 | 课程目标 | 课程对象 | 时数/小时 | 培训方式 | 讲师 | 每班人数 | 班次 | 小计人次 | 培训费用/元 | | 培训时间/月份 | | | | | | | |
|---|---|---|---|---|---|---|---|---|---|---|---|---|---|---|---|---|---|---|---|---|
| | | | | | | | | | | | 讲师费用 | 行政费用 | 5 | 6 | 7 | 8 | 9 | 10 | 11 | 12 |
| 新进人员 | 1 | 新进人员培训A班 | 了解公司文化、产品及岗位职责等 | 新进有经验人员 | 18 | 内训 | 内聘 | 5 | 1 | 5 | 0 | 50 | | | | 1 | | | | |
| | 2 | 新进人员培训B班 | 了解公司文化、产品及岗位职责等 | 新进有经验人员 | 18 | 内训 | 内聘 | 5 | 1 | 5 | 0 | 50 | | | | | | 1 | | |
| | 3 | 新进毕业生培训班 | 了解公司文化、产品及岗位职责等 | 新进毕业生 | 18 | 内训 | 内聘 | 5 | 1 | 5 | 0 | 50 | | 1 | | | | | | |

续表

| 课程类别 | 序号 | 课程名称 | 课程目标 | 课程对象 | 时数/小时 | 培训方式 | 讲师 | 每班人数 | 班次 | 小计人次 | 培训费用/元 | | 培训时间/月份 | | | | | | | |
|---|---|---|---|---|---|---|---|---|---|---|---|---|---|---|---|---|---|---|---|---|
| | | | | | | | | | | | 讲师费用 | 行政费用 | 5 | 6 | 7 | 8 | 9 | 10 | 11 | 12 |
| 一般管理技能 | 4 | 团队合作与工作管理 | 增进部门之间、部门内相互沟通与协作，提高工作效率 | 高、中、基层主管，专业技术人员 | 12 | 内训 | 外聘 | 30 | 1 | 30 | 12 000 | 300 | | | | | 1 | | | |
| | 5 | 会议主持与简报技巧 | 提高部门主管会议管理的组织与执行能力，增强其在公众面前的表达能力与技巧 | 高、中、基层主管，专业技术人员 | 6 | 内训 | 外聘 | 30 | 1 | 30 | 6 000 | 300 | | 1 | | | | | | |
| | 6 | 时间管理 | 有效地安排工作时间，提高工作效率 | 高、中、基层主管 | 6 | 内训 | 外聘 | 30 | 1 | 30 | 6 000 | 300 | | | | | | | | 1 |
| | 7 | 人际沟通技巧 | 提高主管及专业人员的沟通技巧，提高组织效率 | 高、中、基层主管 | 6 | 内训 | 外聘 | 30 | 1 | 30 | 6 000 | 300 | | | | 1 | | | | |
| 基层主管管理技能 | 8 | 基层监督人员培训（TWI） | 提高基层主管人员的现场管理能力 | 基层主管 | 18 | 内训 | 外聘 | 20 | 1 | 20 | 18 000 | 200 | | | 1 | | | | | |
| | 9 | 5S基本观念与执行实务 | 增强基层主管与骨干员工的现场管理技能与素质 | 基层主管与骨干员工 | 6 | 内训 | 外聘 | 30 | 1 | 30 | 6 000 | 200 | 1 | | | | | | | |
| 中高层主管管理技能 | 10 | 工作辅导与员工沟通 | 提高中高层主管人员在员工管理方面的认知与技能 | 中高层主管 | 6 | 内训 | 内讲外训 | 30 | 1 | 30 | 2 000 | 300 | | 2 | | 1 | | | | |
| | 11 | 招聘与面谈技巧 | 提高核心主管在人员招聘中的技能，降低招聘风险与成本 | 中高层主管 | 8 | 内训 | 外聘 | 20 | 1 | 20 | 8 000 | 200 | | | 1 | | | | | |
| | 12 | 目标管理与绩效考核 | 了解目标管理和绩效管理的基本知识与方法 | 中高层主管 | 12 | 内训 | 外聘 | 30 | 1 | 30 | 12 000 | 300 | | | | | | 1 | | |

续表

| 课程类别 | 序号 | 课程名称 | 课程目标 | 课程对象 | 时数/小时 | 培训方式 | 讲师 | 每班人数 | 班次 | 小计人次 | 培训费用/元 | | 培训时间/月份 | | | | | | | |
|---|---|---|---|---|---|---|---|---|---|---|---|---|---|---|---|---|---|---|---|---|
| | | | | | | | | | | | 讲师费用 | 行政费用 | 5 | 6 | 7 | 8 | 9 | 10 | 11 | 12 |
| 专业技术技能 | 13 | 产品基本知识与原理 | 普及产品基础知识，增强质量控制能力 | 各级主管及员工 | 3 | 内训 | 内聘 | 30 | 1 | 30 | 0 | 300 | | | | | 1 | | | |
| | 14 | 生产计划拟定与管制 | 提高生产部门主管的管理技能 | 生产部门主管人员 | 6 | 外训 | 派外 | 3 | 1 | 3 | 2 400 | 0 | | | 2 | | | | | |
| | 15 | ISO9000基础知识 | 普及品质管理体系基础知识，提高质量管理意识与观念 | 高、中、基层主管，专业技术人员 | 6 | 内训 | 内讲外训 | 30 | 2 | 60 | 2 000 | 600 | | 2 | 1 | | | | | |
| | 16 | 质量控制七大手法应用 | 提高质量管理专业人员的专业技术，有效促进质量管理水平 | 生产部门、质量部门主管及技术人员 | 12 | 外训 | 派外 | 3 | 1 | 3 | 2 400 | 0 | | | | 2 | | | | |
| | 17 | 颜色与看板管理 | 了解工厂现场品质、工作管理与日常工作规划的基本方法 | 中、基层主管，专业技术人员 | 6 | 内训 | 外聘 | 30 | 1 | 30 | 4 800 | 300 | | 1 | | | | | | |
| | 18 | 销售沟通与抱怨处理 | 有效提高销售人员、市场人员的客户服务水平 | 市场、销售人员 | 6 | 内训 | 内讲外训 | 30 | 1 | 30 | 2 500 | 300 | | 2 | 1 | | | | | |
| | 19 | 采购管理实务 | 提升与更新采购人员实务 | 供应部门员工 | 6 | 外训 | 派外 | 2 | 1 | 2 | 2 400 | 0 | | | | | 2 | | | |
| | 20 | 公司人事规章制度 | 普及公司人事管理相关规定，以期有效执行与落实 | 高、中、基层主管及普通员工 | 3 | 内训 | 内聘 | 30 | 2 | 60 | 0 | 600 | 1 | | | | | | | |
| | 21 | TTT内部讲师培训 | 提高内部讲师表达与授课技能 | 内部讲师 | 12 | 外训 | 派外 | 2 | 1 | 2 | 6 000 | 0 | 2 | | | | | | | |

续表

| 课程类别 | 序号 | 课程名称 | 课程目标 | 课程对象 | 时数/小时 | 培训方式 | 讲师 | 每班人数 | 班次 | 小计人次 | 培训费用/元 | | 培训时间/月份 | | | | | | | |
|---|---|---|---|---|---|---|---|---|---|---|---|---|---|---|---|---|---|---|---|---|
| | | | | | | | | | | | 讲师费用 | 行政费用 | 5 | 6 | 7 | 8 | 9 | 10 | 11 | 12 |
| 特殊技能 | 22 | 电工上岗培训 | 依相关规定实施年检及培训 | 相关工作人员 | | 外训 | 派外 | | | | | | | | | | | | | |
| | 23 | 食品检验人员上岗培训 | 依相关规定实施年检及培训 | 相关工作人员 | | 外训 | 派外 | | | | | | | | | | | | | |
| | 24 | 叉车工上岗培训 | 依相关规定实施年检及培训 | 相关工作人员 | | 外训 | 派外 | | | | | | | | | | | | | |
| | 25 | 财务人员上岗培训 | 依相关规定实施年检及培训 | 财务人员 | | 外训 | 派外 | | | | | | | | | | | | | |
| 长期人才培养 | 26 | 专业技术培训 | 提高技术人才的技能和加强考核 | 技术人员 | | 外训 | 派外 | | | | | | | | | | | | | |
| | 27 | ××大学专业技术学习 | 加强重要管理技术人才的长期培养 | 重要主管 | | 外训 | 派外 | | | | | | | | | | | | | |
| | 28 | ××大学开展合作项目 | 提高公司员工食品专业理论与知识 | 专业技术人才 | | 内训 | 外聘 | | 12 | | 50 000 | 12 000 | 1 | 1 | 1 | 1 | 1 | 1 | 1 | 1 |
| 合计 | | | | | | | | | 35 | 485 | 148 500 | 16 650 | | | | | | | | |

说明：1. 本培训计划中的外聘讲师费用均以目前一般企业聘请讲师的行情预估，为 800～1 000 元/小时，实际执行中以议定价格为准，但不得高于此单价的 20%。

2. 内聘讲师课程仅计算行政费用，讲师费用不计；每天课程时数以 6 小时为标准计算。

3. 凡注明“外训”的均属于派外培训课程，时间的安排以实际执行为准。

4. 本表中时数、人数、班次、费用、时间安排等均根据今年需求调查状况预估，实施过程中以实际状况为准，合理调动与安排。

5. 本表所涉及的培训项目均须按照公司新制定的培训制度及相关规定执行。

6. 在“培训时间”一栏中，“1”表示公司内部培训课程，“2”表示派外培训课程。

## ××彩电有限公司员工计算机培训计划

根据项目开发需要，现决定对全体开发组成员进行技术培训。

### 培训内容

培训内容见表 3－2。

表 3－2 培训内容

| 课程名称 | 课时数小时 | 讲课老师 |
|---|---|---|
| Windows 操作系统 | 24 | 罗× |
| 常用办公软件 | 24 | 章× |

续表

| 课程名称 | 课时数小时 | 讲课老师 |
| --- | --- | --- |
| 数据库概述 | 24 | 赵× |
| 互联网概述 | 20 | 李× |

**培训时间**

1. 以一天4课时计算，共需23个工作日。
2. 建议时间：初步定于3月20日开课。
3. 具体日程安排：
   8:30～9:30 讲课
   9:30～10:00 技术讨论或休息
   10:00～11:00 讲课
   11:00～11:30 技术讨论或休息
   14:00～15:00 讲课
   15:00～15:30 技术讨论或休息
   15:30～16:30 讲课
   16:30～17:00 技术讨论或休息

**培训形式**

1. 讲课形式：集中授课。
2. 考试形式：由于该培训是集中培训，并且是面向所有数据分析开发人员的，所以不应根据岗位区分考试难度，建议每门课程授课结束时采取一次性笔试（类似于学校考试）。考试成绩分为优秀、良好、及格和不及格四类，与当月绩效考评挂钩。

**授课准备**

1. 教材。
2. 教学工具：投影或白板。

**费用**

1. 教材费：以20人、每人150元计算，需教材费3 000元。
2. 授课补助：以每课时50元计算，共92课时，需补助4 600元。

合计：7 600元。

## 二、团队合作完成训练任务

学生6～7人为一组，每组选出组长（学生轮流当组长，组长负责记录并担任小组的陈述代表）。组长带领小组成员根据学习情境，运用以上相关知识对训练任务进行讨论和分析，制订相关学院学生会成员的年度培训计划及单项培训课程的培训计划。

# 训练任务完成效果评价

本任务完成提示：该任务需在后面培训计划各分项内容完成的基础上完成，最后整合完成年度培训计划和单项培训课程计划。

## 一、小组代表陈述与教师点评

各小组派代表陈述本小组制订的相关学院学生会成员的年度培训计划和个人单项培训课程计划。教师根据各小组代表的陈述内容进行点评。

## 二、小组内互评

小组成员根据完成任务过程中个人的表现，按表 3-3 的评价项目和分值、指标对每个成员进行评分，课后上交小组成员内部评价表和相关学院学生会成员的年度培训计划和单项培训课程的计划。

表 3-3　小组成员内部评价表

| 小组成员 | 评价项目和分值、指标 | | | | 总成绩 |
|---|---|---|---|---|---|
| | 与人交流的能力（25 分） | 与人合作的能力（25 分） | 解决问题的能力（25 分） | 职业态度（25 分） | |
| | 围绕主题，恰当清楚地表达意思的表现 | 与他人协同工作，处理合作过程中的矛盾的表现 | 提出对策或方案的质量 | 完成任务的主动、认真程度 | |
| 组长 | | | | | |
| 组员 1 | | | | | |
| 组员 2 | | | | | |
| 组员 3 | | | | | |
| 组员 4 | | | | | |
| 组员 5 | | | | | |
| 组员 6 | | | | | |

## 三、教师评价

教师根据小组评分参考表（见表 3-4）的评价项目和分值、指标给个人评分。

表 3-4　小组评分参考表

| 组别 | 评价项目和分值、指标 | | | | | 总成绩 |
|---|---|---|---|---|---|---|
| | 内容结构（50 分） | 计划的合理性（20 分） | 文字表达（10 分） | 完成的效率（10 分） | 组员参与程度（10 分） | |
| | 培训计划内容的完整性 | 培训计划的可操作性 | 语言是否简洁、流畅 | 是否能按时或提前完成任务 | 参与讨论的成员数量 | |
| 第一组（个人） | | | | | | |
| 第二组（个人） | | | | | | |
| 第三组（个人） | | | | | | |
| 第四组（个人） | | | | | | |
| 第五组（个人） | | | | | | |
| …… | | | | | | |

## 四、最终成绩计算方式

最后，教师可按以下公式计算个人最终成绩：

个人最终成绩＝小组成员个人成绩×10%＋所在小组成绩×10%
＋教师给出的个人评分×80%

# 任务 2

# 确定培训目标

## 知识目标

了解培训目标的分类和层次；掌握确定培训目标的步骤。

## 能力目标

能够根据企业和员工的要求、条件确定培训目标。

# 情境和任务

## 一、学习情境

奉行“人才第一原则”的韩国三星集团，始终坚信企业的成败在于员工的素质。三星集团最具特色的是对销售人员的培训，培训中要求每两个人一组，身上不准带钱，只带三星的产品。出门没钱，他们必须设法卖掉随身带的产品。在培训规定的 10 小时内能最早并以最高价格卖出产品的员工，将得到最高成绩；如果卖不出产品，这一天将没钱坐车、没钱吃饭。

**思考：**三星集团采用这样的方法对销售人员进行培训的目标是什么？

## 二、训练任务

以小组为单位，根据已掌握的学校某一学院学生会成员的培训需求确定学生会成员的培训目标。

# 相关知识

## 一、培训目的与目标

培训目的与目标为培训计划提供了明确的方向和依据。有了目的和目标，才能确定培训对象、内容、时间、方法和教师等具体的内容以及培训效果的评估方法。培训目的和目标也是激励培训者和受训者的重要手段。

在实践中，人们常常将培训目的和目标等同起来，或者只提目标而不提目的，或者只提目的而不提目标。但事实上，培训目的和目标这两个概念有所不同。目的是对一个意图的综合表述，目标则是用精确的语言或数据指标来表达受训者应该做些什么以及要达到什么样的程度。如果用“道路地图”来比喻，目的即告诉我们需要前往哪个城市，而目标则告诉我们需要在何时到达哪条街以及那条街的路面状况如何。

## 二、培训目标的分类

培训目标可以分为三大类。

### （一）提高员工在企业中的角色意识

只有当员工完全融入企业时，才能充分履行其职责。这一点对于新员工尤为重要。为了使新员工尽快熟悉具体规定的各个方面、消除陌生感，应该以一种良好的方式开始工作，从而在企业和员工之间建立默契和承诺。

可口可乐的基础培训目标是：通过培训，辅以个人激励培训，让员工以可口可乐为荣，新员工尽快地投入工作中，老员工调整心态，重新燃起工作激情。同时可使员工拥有远大的目标和抱负、乐观进取的心态、持久的耐性、强大的自信心、优良的品质、强烈的责任心和坚持学习的态度。他们是一张白纸，在可口可乐公司的工作经历

可以让他们在这张纸上描绘出精彩的人生。①

### （二）提高知识和技能

通过培训，提高员工在工作中必需的知识、技能水平。这种知识与技能分为以下几类。

#### 1. 基本知识

如语言、数学等。对某些工作而言，这些知识是必需的。如对会计工作者来说，必须掌握一定的数学知识。

#### 2. 人际关系技能

这些技能主要指工作中普遍需求的技术与技能，如沟通技巧、合作能力。

#### 3. 专项知识和技能

这些知识和技能是做好企业中某一项具体工作所必需的，如机床工必须掌握机床操作技能、销售员必须掌握销售技巧等。员工运用所学的专项知识和技能可以在实际工作中提高绩效。

#### 4. 高层次整合的技能

这类技能主要针对企业的中高层管理人员而言，要求其能适应复杂多变的情况，如领导、战略规划、经营决策、组织分析等。

### （三）转变态度和动机

通过培训，提高员工对企业与工作的认知，改变态度，形成良性动机，进而改善绩效。

## 三、培训目标的层次

培训目标可分为若干层次，从某一项培训活动的总体目标到某个学科的目标，直到每堂课的具体目标，越往下越具体。一般而言，培训目标可以分为五个层次，见表3-5。

表3-5　培训目标的五个层次

| 类型 | 示例 |
| --- | --- |
| 知识 | 受训者应能在入职培训之后清楚地了解本组织的创始人、主要发展历程、组织结构，初步了解组织的财务报销、休假、晋升、绩效评估等各项制度，并能准确地了解各部门的工作与沟通关系。 |
| 态度 | 所有的受训者应明确：有效的入职培训能减少新进员工的麻烦，提高其对组织的归属感，并能从全局层面认识其工作的重要性。 |
| 技能 | 受训者应能准确使用工作手册和员工手册，了解在遇到设备故障时，如何按规定的流程操作。 |
| 工作行为 | 受训者能将其所了解的组织使命、员工基本行为规范、工作安全等知识运用到处理同事、客户关系的工作行为中去。 |
| 组织成果 | 通过入职培训，使员工在试用期间的流失率降低5%。 |

① 周俊宏．世界500强企业培训精粹．武汉：华中科技大学出版社，2012.

## 四、制定培训目标的步骤

### （一）提出目标

在课程设计工作开始之前，就应为培训提出明确的目标。但要注意，这一工作并不是一次完成的，它是一个根据对目标人群的不断了解而不断修改完善的过程。

### （二）分清主次

在需求调查中，组织者可能会了解到受训者有很多需要。在确定目标时，对这些需求要分清主次、区别对待，确定哪些是受训者必须掌握而且可能掌握的、哪些是受训者最好掌握而且可能掌握的。只有完成了“必须掌握”的目标之后，才能考虑“最好掌握”的目标。

### （三）检查可行性

根据受训者的情况、时间等条件，检查是否能完成目标并做出调整。知识目标通常容易实现，而且不需要花很多时间，只要“告诉他们”就行了，或者是做一次测验。技能目标则需要较长的时间，因为要通过大量的实践才能使受训者掌握。态度目标需要更多的时间，这涉及改变人们的观念。因此，要根据不同的目标采取不同的课程设计方法。

### （四）设计目标层次

在实施这一步骤时需考虑两个问题：第一，这次培训需要哪些预备知识？第二，哪些目标要在其他目标之前完成？

对第一个问题的回答可以帮助组织者确定如何开始。对第二个问题的回答可以帮助组织者构建目标层次。

通常人们会把知识目标放在首位，受训者只有懂得了知识才能去做。这样做有一个弊端，就是会导致在开始时用大量的时间讲授而用于实践的时间却很少，结果是受训者知道了怎么做却做不好。例如，在经理培训课上，讲了如何做决策、如何激励员工、如何增加员工的凝聚力等理论，但如果没有足够的练习，受训者还是不能将掌握的理论运用到工作中去。

这一阶段的最终结果是简要列出工作目标。一天的培训目标以不超过 4 个为宜。

一个好的培训目标会通过指导员工进行精力、注意力的分配激励其为达到目标而进行战略开发来影响员工的行为方式，从而激发其高水平的培训绩效。因此，在确立培训目标时应注意以下几点：

（1）要和组织长远目标相符合。

（2）一次培训的目标不要太多。

（3）要从学习者的角度出发，明确说明预期课程结束后学员需要掌握哪些知识、信息和能力等。

## 训练任务完成

### 一、研究应用案例

某公司培训计划的目标如表 3-6 所示。

表 3-6　某公司培训计划的目标

| 向基层管理者提供 | 受训者应能做到 |
|---|---|
| 1. 连贯的人力资源实践知识和价值。<br>2. 均等就业机会（EEO）法律要求的目的。<br>3. 应用这些法律所要求的能力。 | 1. 指出受 EEO 法律中关于歧视内容影响的管理区域。<br>2. 根据 EEO 法律识别哪些是可接受行为、哪些不是。<br>3. 说明如何得到 EEO 法律有关内容的帮助。<br>4. 说明为什么会有惩罚和申诉程序。<br>5. 叙述惩罚和申诉程序，包括涉及哪些人。 |

目标设定的窍门如表 3-7 所示。

表 3-7　目标设定的窍门

| 应该这样做 | 不该这样做 |
|---|---|
| 使用精确的描述性语言，如：<br>● 3 天内回答客户的问题<br>● 第一季度 20%时间用于测试设计 | 使用形容词/副词（对不同人有不同意义），如：<br>● 对待客户表现专业<br>● 加深对×××软件的了解 |
| 使用积极的动词，如：<br>● 增加、取得 | 使用被动的动词，如：<br>● 了解、熟悉 |
| 保证说明明确，如：<br>● 每两周更新一次人头报告 | 使用长篇泛泛而谈的话语，如：<br>● 在团队中增加客户满意度的意识 |
| 使用简单、有意义的衡量标准，如：<br>● 减少 10%的预算 | 使用复杂、模糊的衡量标准，如：<br>● 把部门固定花费控制在预算之内 |

### 二、团队合作完成训练任务

学生 6～7 人为一组，每组选出组长（学生轮流当组长，组长负责记录并担任小组的陈述代表）。组长带领小组成员根据学习情境，运用以上相关知识对训练任务进行讨论和分析，确定相关学院学生会成员培训项目的培训目标。

______________________________

______________________________

______________________________

## 训练任务完成效果评价

### 一、小组代表陈述与教师点评

各小组派代表陈述本小组对相关学院学生会成员培训项目的培训目标的分析。教

师根据各小组代表的陈述内容进行点评。

## 二、教师评价

教师根据课后上交的相关学院学生会成员单个培训项目的培训目标，按照小组评分参考表（见表 3－8）的评价项目和分值、指标给各个小组评分。

表 3－8　小组评分参考表

| 组别 | 评价项目和分值、指标 | | | | | 总成绩 |
|---|---|---|---|---|---|---|
| | 知识、技能目标（30 分） | 态度目标（30 分） | 组织成果目标（20 分） | 完成的效率（10 分） | 组员参与程度（10 分） | |
| | 目标的准确性 | 目标的准确性 | 目标的准确性 | 是否能按时或提前完成任务 | 参与讨论的成员数量 | |
| 第一组 | | | | | | |
| 第二组 | | | | | | |
| 第三组 | | | | | | |
| 第四组 | | | | | | |
| 第五组 | | | | | | |
| …… | | | | | | |

# 任务 3
# 确定培训对象和内容

## 知识目标

了解培训对象的分类和确定培训对象的原则；掌握主要的培训内容、培训内容确定的依据和分析方法。

## 能力目标

能够针对不同的培训对象设计不同的培训内容。

## 情境和任务

### 一、学习情境

总体来看，可口可乐的培训主要分为三个阶梯：基础培训、业务技能培训和管理技能培训。除此之外还有团队协作方面的培训。可口可乐一直以来提倡员工和企业要同步发展，不能偏重于任何一个方面，二者是相辅相成的。可口可乐注重让员工主动提交培训需求，目的是让员工的自身发展不受局限，这同时也是企业发展不受局限的一种表现。

在基础培训中，入职培训、公司规章制度培训、公司企业文化培训和个人激励培训一应俱全，通过这些，可口可乐希望员工能够了解公司的发展历史、发展状况、企业精神、管理系统、质量系统、生产系统、检验系统、公司文化等。可口可乐的这种传统意义上的培训，目的是让新员工尽快投入工作中，让老员工重燃工作的激情。

在业务技能培训中，可口可乐会根据各个岗位的工作需求对在岗人员进行业务技能培训。"干什么，学什么；缺什么，补什么"是这一培训的方针，目的是让员工的在岗实际工作能力和劳动技能得到提升，以满足岗位要求，适应公司的发展需求。可口可乐十分重视业务技能培训，培训计划做得极为细致、全面。业务人员接受金字塔培训、业务拜访培训、谈判技巧培训、开发技能培训和客户心态及市场学培训后，可熟练掌握基本销售技巧，从而最大限度地促进公司利润目标的实现，也能清楚如何去把握机会、提高工作效率。对待新业务人员如此，那么对待老业务骨干呢？可口可乐会把老业务骨干分批送到上层管理部门进行培训，不断让他们在实践中总结经验，让理论来指导他们的实际工作，让他们的业务技能更上一层楼。

在管理技能培训中，可口可乐把专业人员当作主要的培训对象，并根据需求的不同把培训分为两大类型：一类是知识扩大型，目的是改变人才知识结构和培养复合型人才；另一类是知识更新型，目的是让新员工适时地更新知识体系，走在时代的前面，让可口可乐公司成为时代的领跑者。

**思考：**可口可乐公司主要开展了哪些针对不同培训对象的培训？

## 二、训练任务

以小组为单位，在已掌握的学校某一学院学生会成员的培训需求的基础上，设计一份相关学院学生会成员培训项目的具体内容。

# 相关知识

在企业中，从普通工人到最高决策者，员工是千差万别、各不相同的。企业的培训活动要充分考虑他们的特点，做到因材施教。也就是说，要针对员工的不同文化水平、不同职务岗位、不同要求和其他差异区别对待。只有这样，才能最大限度地发挥培训的功能，使员工的能力在培训活动中得到挖掘和提高，并在企业的生产经营中发挥作用。

## 一、确定培训与开发的对象

### （一）培训与开发对象的分类

从广义上说，培训与开发的对象包括企业各个层次、各个类别的所有员工。但是，

由于不同类别的员工在工作性质、工作方式等方面大相径庭，所以培训与开发的侧重点也有所不同，由此可以划分不同的培训与开发的对象。

### 1. 按员工加入企业的先后顺序划分

按员工加入企业的先后顺序分为新员工和老员工。企业录用的新员工很难在一开始就具备完成规定工作所必需的知识和技能，也缺乏在特定集体中进行协作的工作态度和行为规范。为使新员工尽快地融入企业中，尽快地掌握必要的知识、技能和应具备的行为方式，必须对他们进行培训。

同时，企业是在一个不断变化的环境中生存和发展的，这就需要不断调整，以适应内外环境，否则就会被无情地淘汰。企业员工的知识、技能和行为方式也必须同不断变化的外部环境、企业的发展相适应，不断更新知识、提高技能，这样才能使企业保持较强的竞争力。因而，企业对老员工也要经常不断地进行培训。

### 2. 按员工在企业中的地位和作用划分

按员工在企业中的地位和作用分为企业决策层、专业人员、基层管理人员和一般员工。

（1）企业决策层。

企业决策层的职责是对整个企业的经营管理全面负责，因而其知识、能力和行为方式对企业经营状况会产生极大的影响。一般来说，企业决策层的管理者都有丰富的工作经验和杰出的才能，因而对其进行培训就具有特殊的目的。

企业决策层是决定企业命运的关键人物，对他们的培训应该从提高其决策能力和战略眼光入手。可采用中短期的学习或研讨、国内参观考察及专家论坛等方式，使他们了解本行业生产技术的最新进展、市场动向和最新的经营管理知识。

（2）专业人员。

企业一般有会计师、工程师等各类专业技术人员。这些人都有自己的业务范围，掌握着一定的专业知识和技能。培训的目的就是让他们了解别人的工作，促使各类人员之间沟通协调，使他们能从企业的整体出发开展工作。同时，让他们紧跟时代的发展，不断更新专业知识，及时了解各自领域内的最新动态和最新知识，与社会经济技术发展相适应。

（3）基层管理人员。

基层管理人员在企业中处于一个特殊的位置，他们既是企业整体利益的代表，又是其下属员工利益的代表，起着承上启下、沟通上下级关系的桥梁与纽带的作用，因此在工作中很容易引起角色冲突和矛盾。如果基层管理人员不具备必要的人际关系沟通技能，管理工作就难以开展。从实际情况看，大多数基层管理人员过去都从事业务性、事务性的工作，在管理方面往往缺乏经验。因此，对他们进行培训的目的是使其尽快掌握必要的管理技能，明确其职责，改变自己的工作观念，熟悉新的工作环境，习惯新的工作方法。

（4）一般员工。

对于一般员工的培训，主要是提高他们的基础文化知识和技术操作水平，通过培训使他们成为有经济头脑、讲经济效益、精通技术、一专多能的人才。

虽然人人都可以被培训，所有职工都需要培训，而且大部分人都可以从培训中获得收益，但由于组织的资源有限，不可能提供足够的资金、人力、时间做漫无边际的培训。因此，不可能要求对所有员工的培训都达到同一层次、同等程度或安排在同一时间，而应当制订一个详尽的培训计划，根据组织目标的需求挑选培训人员。

决定对组织内哪些人进行培训，可以采取以下几种方法：个别面谈；问卷调查；分析个人的一贯工作表现和绩效情况；观察员工工作时的行为表现；对其工作与岗位职责进行分析；考评；外部咨询；组织发展协作会议。

在选择被培训人员时，必须考虑两个问题：这样的培训是否能使组织受益？这样的培训是否能帮助员工提高素质、发展技能，使其成为组织难能可贵的有用人才？

#### （二）确定培训对象的原则

1. 急需原则

企业迫切需要一部分员工改进目前的工作或掌握新的知识和技术，以尽快提高组织的效率。对这部分员工的培训应优先考虑，以尽快满足企业对人力资源的需求。

2. 关键性原则

企业对关键岗位的技术人员和管理人员应优先予以培训。这些关键人员是企业人力资源的重要组成部分，直接关系到企业未来的发展。因此，应优先考虑这些关键人员的培训，以增强企业的发展动力，从而提高企业在市场上的竞争地位。

3. 长远原则

为了保证企业长远的发展趋势，根据企业中长期人力资源的需求分析，对企业在将来发展中需要的合适人才可先期进行培训，使他们掌握一些新技能和新知识，以适应长远发展的需要。

### 二、确定培训与开发的内容

培训与开发的内容应服务于其所要达到的目的和目标。每一次培训都是为了使培训对象掌握所需的知识或技能，提高胜任能力或发展潜力。为了达到这一目的，培训的内容就必须具有科学性、系统性、适用性，还要具有一定的前瞻性，并且要根据不同的对象和不同的时期而有所变化。

#### （一）目前主要的培训内容与项目

目前比较流行和受欢迎的管理培训课程有以下几类。

1. 高效管理培训

这是提高管理效率的培训课程，尽管费用较高，但仍很受某些高层职业人士的欢迎。

2. 时间管理培训

此类课程传授的不仅是工作时间的管理方法，还包括生活时间的科学管理和利用方法。由于时间管理是提高工作效率的关键，因此不论是公司还是个人都很喜欢此类培训。

3. 团队精神培训

受西方现代企业文化的影响，越来越多的中国企业意识到员工整体协作对企业的

发展起着重要的作用。因此，团队合作逐渐成为企业文化的重要组成部分。

4. 营销技巧培训

市场竞争的日趋激烈要求企业更加主动、积极地开拓市场；营销人员要想提高业绩，也需要参加专业的培训课程。

5. 客户服务技巧培训

客户是上帝，只有充分满足客户的需要，才能为企业提高经济效益。因此，越来越多的企业把客户服务作为重点考虑的内容之一。

6. 沟通技巧培训

沟通协助技巧、谈话技巧、客户接待技巧等都属于沟通技巧的范畴。

7. 项目管理培训

项目管理包括对质量、时间、人员、进度、项目成本等几方面的管理，其在整个项目实施过程中起着科学协调的作用。项目管理可以帮助企业保证项目的进度和质量、控制项目的成本等，因此备受关注。

8. 薪酬设计培训

市场经济要求企业实行市场化薪酬制度。薪酬已成为员工能力差异的一种体现，也是企业吸引人才的重要手段。但目前国内大部分企业缺乏薪酬设计的能力，此类培训正好满足了这方面的需求。

9. 战略性人力资源管理培训

此类培训的内容包括人力资源规划、招聘、培训、绩效考核、薪酬福利以及员工关系等各方面的整体综合设计，能帮助企业建立从一线员工到高职位员工的科学的、标准的人力资源管理体系，帮助企业有效管理、发挥和挖掘员工人力资源潜力。

10. 领导艺术情景培训

此类培训形式灵活、内容实用，从日常工作中可能碰到的一些小案例出发，教给培训对象实用的处理问题的方法。

### （二）确定培训内容与项目的依据

1. 以工作岗位标准为依据

员工都有岗位任职标准和要求，这些标准和要求是员工上岗的基本条件。如果员工不具备企业所需要的岗位标准和要求，就需要通过培训来达到上岗标准。

2. 以生产/服务质量标准为依据

质量是组织的生命，不同的生产/服务质量标准对组织有着不同的人力资本结构和等级的要求。在当今科技迅猛发展的时代，生产/服务质量标准也在不断地更新和提高，使组织的生存和发展始终处于一种不断变化的经济技术环境之中。作为组织人力资本的员工，当然也脱离不了组织所处的环境，在知识、技能和工作态度方面必须与这种不断变化的内外部环境相适应，不断更新知识、提高技能，以满足企业的要求。

3. 以组织发展的目标为依据

组织发展目标的确立必然对组织人力资本结构和等级提出要求。这一点可以从两个方面来看：一是当某项工作的目标要求与员工现有的知识、技能、工作态度出现差距时，就有必要进行培训；二是当组织的目标与实现这一目标所必需的人力资本条件出现差距时，也需要组织培训。

### （三）确定培训内容与项目的分析方法

#### 1. 任务分析法

该方法通过对某项任务进行系统分析，找出工作难点或质量控制点，以此来确定相应的培训内容提要、项目和方法。采用这种方法，首先要把一个任务进行分解，逐项分析，判断各项的难度和重要性，然后，根据企业或某单位人力资源现状进行模拟操作分析，确定完成这项任务的质量控制过程和环节，这些质量控制过程和环节就是要培训的内容和项目。

#### 2. 缺陷分析法

如果组织在生产/服务过程中，某项工作易发生事故、缺陷较多，那么，通过对工作中的事故和缺陷所产生的原因分析，找出哪些因素与人力素质有关，然后，以组织的岗位标准和生产/服务标准为依据，结合组织现有的人力资源现状，对员工的知识、技能、工作态度进行对比分析来确定培训项目，确定培训哪些知识和技能等。

#### 3. 技能分析法

通过对员工任职岗位要求和工作过程的详细分析，找出要求与实际状况的差距来确定培训项目和内容。

#### 4. 目标分析法

当一个组织确定其发展目标后，为实现这个目标，必然对组织人力资源提出标准和要求，即期望状态的人力素质。对期望的理想状态的人力资本的结构和等级与现实组织状态进行比较分析，找出差距，从而确定培训项目及内容。

## 三、不同类型员工的培训

### （一）新员工培训

新员工培训又称岗前培训或职前教育，是一个企业所录用的员工从局外人转变为企业人的过程，是员工从一个团体融入另一个团体的过程，是员工逐渐熟悉、适应组织环境并开始初步规划自己的职业生涯、定位自己的角色、发挥自己的才能的过程。

#### 1. 新员工面临的问题

（1）是否会被群体接受。

每个人都会有这样的疑问——进入一个新环境，是否会被一个小群体接纳？经常听人这样说："我很担心，不知道同事们会不会喜欢我，我的生活会不会被别人过分干扰。听说工作之初有不少人都是因为难以与同事们相处而换工作的。"不难发现，只有当这些人的上述疑虑完全烟消云散之后，才能以一种愉快的心情来充分展示他们的才智。

（2）企业当初的承诺是否会兑现。

有不少企业为了能吸引优秀的人才，在招聘时许以美好的承诺，而一旦员工受聘之后便不履行其承诺。相对于员工的工作准则、企业的发展及目标来说，员工更加关心自己的工资、福利、假期、发展前景等。只有其切身利益得到保障之后，员工才可能从心理上接受企业文化，融入企业的群体中；否则会表现消极，即使一时是积极的，

也是在为工作经验丰富之后的跳槽做准备。

（3）工作环境怎么样。

这里所说的工作环境既包括工作的条件、地点，又包括企业的人际关系、工作风格等。新的环境是吸引新员工的还是排斥新员工的？同事们是否会主动与新员工交往并告诉他们必要的工作常识和经验？新员工的第一项工作有人指导吗？新员工是否完全明白自己的工作职责？为了完成工作，新员工得到必要的工作设备或工作条件了吗？上述问题直接关系到新员工对企业的评价和印象，更关系到其能否与企业同舟共济、为企业的发展贡献力量。

**案例阅读**

## 华为新员工培训

**华为新员工入职培训的“721 法则”**

华为对员工培训进行了大刀阔斧的改革，将授课式培训、网络化授课方式全部取消，采用“721 法则”进行员工培训。所谓“721 法则”，即 70％的能力提升来自实践，20％来自导师的帮助，10％来自课堂的学习。这一培训法则的变革与确定，是华为根据各方面变化做出的调整，并据此合理安排各个阶段的培训内容和时间，强调“实践出真知”，强调实践对新员工未来成长的重要性，也给新员工明确了一个信号：要想有所作为，就必须扑下身子实干。华为的这一观点，也反映了华为的务实态度。

**华为新员工入职培训的“三个阶段”**

华为公司新员工入职培训主要分为三个阶段：从入职前的引导培训，到入职时的集中培训，到最终的岗前实践培训。这三个阶段的培训流程实实在在走下来，一般需要 3～6 个月。

1. 第一个阶段：入职前的引导培训

华为的校园招聘一般安排在每年的 11 月份，对拟录用的大学生，在他们入职之前，华为会提前为每个人安排一位员工导师。为了能更好地管控由于大学生还未入职所带来的风险，华为要求员工导师定期给他们打一次电话，通过电话进行沟通，了解他们的个人情况、精神状态、毕业论文进展、毕业离校安排等。如果毕业生确实想进华为，在这个过程中员工导师会给他们安排一些任务，提前让他们了解一些岗位知识、看一些书籍和材料，向他们提出岗位知识学习要求等，让他们做好走上工作岗位的思想准备。

2. 第二个阶段：入职时的集中培训

这个阶段主要是围绕着华为的企业文化来展开，包括规章制度的设立等，时间通常为 5～7 天。

3. 第三个阶段：岗前实践培训

在这个培训阶段，新员工要在员工导师的带领下在一线真实的工作环境中锻炼和提高自己。不同岗位新员工的培训内容和方式有很大差别。比如要派往海外的营销类员工，必须首先在国内实习半年到一年，掌握公司的流程和工作的方式方法、熟悉业务，然后再派到海外去。对于技术类员工，公司会先带他们参观生产线，了解生产线上组装的机器，让他们看到实实在在的产品。研发类员工在上岗前，会被安排做很多模拟项目，以便快速掌握工作工具和工作流程。

**华为新员工入职培训的“导师制”**

华为在实行“导师制”方面颇有心得。华为对导师的选拔有两个条件：第一，绩效必须好；第二；要充分认可华为文化。同时，一名导师名下不能超过两个学生，以保证传承的质量。在华为，导师也被称为“思想导师”，因为他们不仅要负责指导新员工的工作，而且要定期与新员工进行沟通，了解他们的思想状况，对于外地员工还要帮助他们解决吃住等生活问题。

2. 新员工培训的内容

对刚进入企业的新员工，重点是向他们传授企业精神，培养他们对企业的感情和集体主义、团结合作的作风。新员工首先要了解企业的概况和历史传统、创业精神、经营方针、业绩等。新员工培训的内容主要有以下几方面：

（1）企业文化培训。

所谓企业文化，实际上就是指企业的经营思想和作风。每个企业都有自己的企业文化，如果员工不能正确理解和继承它，就不能形成良好的工作氛围和积极向上的团队精神，那么企业的经营方针和战略目标就难以实现。企业文化培训包括以下层次：

1）企业文化精神层次的培训，包括：介绍企业的组织机构发展规划、战略目标和发展方向；参观厂史展览，或请先进人物讲解企业的传统；请负责人讲解企业任务、企业宗旨、企业哲学、企业精神、企业作风、企业道德。通过培训，让新员工清楚地了解企业提倡什么、反对什么，应以什么样的精神风貌投入工作，应以什么样的态度待人接物，怎样看待荣辱得失，怎样做一名优秀员工。

2）企业文化制度层次的培训，包括：组织新员工认真学习企业的一系列规章制度，如考勤制度、请假制度、奖励制度、惩罚条例、报酬福利和财务报销制度、人员进出制度、人员培训制度、人员考评制度、职称评定制度、晋升制度、岗位责任制度、工作安排与工作规则、安全及紧急情况处理、与生产经营有关的业务制度等；另外还要学习行为规范，如怎样接电话、怎样接待客户、怎样站立、怎样行走等。

3）企业文化物质层次的培训，包括：让新员工了解企业的内外环境、厂容厂貌、工作场所、工作群体、部门或单位的地点和性质；了解企业的主要产品、设备、品牌、商标；了解厂旗、厂标、厂徽、厂服及其含义；了解企业环境内的纪念建筑（雕塑、纪念塔、纪念碑等）和纪念品（有纪念意义的奖杯、礼品杯、纪念册、锦旗）及其反映的企业精神和企业传统。

（2）业务培训。

其内容如下：1）参观企业生产的全过程，请熟练技师讲解主要的生产工艺和流程；2）请企业的总工程师给新员工上课，讲解企业生产中最基本的理论知识。

根据各人的不同岗位，分类学习与其岗位有关的业务知识、工作流程、工作要求及操作要领。

(3) 开展对新员工的“传、帮、带”活动。

无论在生产岗位、技术岗位还是职能部门的机关岗位，都应该派素质高、有经验的老员工一对一地以师带徒的形式对新员工给予具体的、细致的、系统的辅导和指导，不但要教技术、工艺、操作、服务技巧、办事方法，而且要教思想、带作风、讲传统，使新员工在耳濡目染之中形成良好的作风，树立敬业精神、职业道德，并且尽快熟悉工艺技术、业务内容和工作方法。

(4) 上岗试用。

通过岗前培训，新员工对本单位的基本情况已有所了解，对组织安排的工作也有了一定的感性认识。至此，新员工可进入上岗试用期。

上岗试用期可根据岗位要求而定，一般为一个月到半年不等。试用期结束后，经考评合格者与人力资源部签订聘任合同书，正式成为组织的员工，同时享受正式员工的一切薪资及福利待遇。

**实务指南**

**让新员工对第一天印象深刻的办法**

1. 举办一个招待会，备好咖啡或者茶点，邀请公司的每一位员工与新员工见面。

2. 帮助新员工做好工作准备，看看其办公桌上的办公用品是否完备，如果需要的话，为新员工准备一份台历，并为其印好名片和桌子上的姓名牌。

3. 在显著的位置上放置一个欢迎新员工的条幅。

4. 送给新员工一件公司的纪念品，如印有公司标识的水杯、T恤衫、钢笔或计算器等。

5. 邀请新员工共进午餐。

6. 给新员工准备一个“急救包”，里面放一些有创意的小东西，从中也可以反映出公司的文化特色。例如新员工的工作是接待顾客投诉，常会遇到顾客发火，那么“急救包”里可以装有创可贴，以备员工被顾客“伤害”时使用。

7. 用公司的行话写一封欢迎信给新员工。当他读信时，为他解释这些行话的意思。

8. 让老员工介绍公司独一无二的“特点”。例如，有人可能会谈到一位古怪的顾客，有人可能会谈到星期五可以穿便服，也有人会谈到每年过年时会聚餐等。当老员工介绍完之后，新员工也就掌握了公司和公司员工的信息。

### (二) 技术人员培训

在企业中，各类专业技术人员通常都需要定期培训。在科学技术飞速发展的时代，专业知识和技能不断更新，各种先进的技术手段层出不穷，如果忽视对专业技术人员

的持续不断的培训，就不能使其适应组织发展的需要。在专业技术人员的培训中，尤其要重视培养他们解决实际问题的能力和处理人际关系的能力，帮助其将知识运用于生产与经营过程，使其在组织中与同事互相协作、多出成果。

技术人员的培训应集中在专业领域，主要是进行专业知识的培训，今后应扩展到其他方面，要最大限度地发挥技术人员的潜力。对技术人员培训的主要目的有以下几点：

（1）开发出适应市场需求的产品。对专业技术人员进行培训，使他们不断掌握先进的技术知识，紧跟时代的发展，开发出满足人们实际需要的产品。

（2）主动为企业的战略目标做贡献。只有掌握先进技术知识的专业技术人员，才能在企业制定战略目标时对其起到指导作用。

（3）更好地指导员工操作。专业技术人员是企业的精髓，只有他们不断地接受培训才能更好地指导其他员工的操作。

（4）完成企业各项技术工作。技术人员在企业中的作用就是完成各项技术工作，提高企业在市场中的竞争力，使其处于不断发展的过程中。

根据技术人员的特点，对技术人员培训的主要项目有：计算机编程，程序和网络维护、操作，新设备的维护、维修与操作，安全常识，产品知识，全面质量管理，目标管理，管理信息系统，市场营销，财务管理，新产品研制，材料替代，生产管理，工业工程，品质工程等。对技术人员的培训是多方面的，也就是说，企业所需要的技术人员应该具有较全面的能力和素质。

### （三）操作人员培训

操作人员培训是指对一线员工的培训。一线员工是企业人力资源的重要组成部分，他们的素质、能力以及操作技能直接关系到所生产出来的产品的质量、性能以及其他一些关系到企业兴衰成败的大事。所以，加强对操作人员的培训是十分重要的。

#### 1. 操作人员培训的目的

对操作人员进行培训的目的包括以下几项：

（1）培养积极的心态。通过培训，使操作人员能够在对本企业充分了解的基础上对自己所从事的一线工作产生浓厚的兴趣，以积极的心态来面对工作，这样会大幅度地提高工作效率。

（2）全面完成各项工作任务。操作人员完成任务的程度直接关系到企业的效益，因此对操作人员进行培训就是要使其能够全面地完成各项工作任务。

（3）掌握正确的工作程序。做什么事情都要讲程序，对一线工作的操作人员更应该要求其正确掌握所从事的工作的程序，并按操作规程来工作。

（4）掌握正确的操作方法。操作人员只有掌握了正确的操作方法，才能更好地进行工作，避免事故的发生。

（5）提高工作效率。对操作人员进行操作方法培训，可以使其不断熟练起来，从而提高工作效率，为企业创造更多的效益。

#### 2. 操作人员培训的主要项目

操作人员培训的主要项目有作业指导、安全与事故预防、减少浪费、全员质量管理、设备操作与一般保养、产品知识、5S 知识、ISO9000 质量体系常识等。

### （四）管理人员培训

#### 1. 管理人员培训的对象

管理人员培训的对象就是主管人员。这似乎是不言自明的，但这样说未免太笼统。主管人员作为培训对象，根据其培训特点的不同，可以分为两大类：一类是任职的主管人员；另一类是刚刚选拔出来准备任职的主管人员，虽然其现在也可能在任职，但却是准备提升到更高的职务上的。第二类又可细分为两个小类：一是准备立即提升的；二是还须进一步锻炼之后才能提升的。

人们往往认为第一类任现职的主管人员不应该是培训的主要对象，而应该把较低层次的主管人员作为培训的主要对象，特别是那些基层的主管人员。实际上，这种看法是片面的。每一个任现职的主管人员，无论是高层的、中层的还是基层的，为了更好地履行职责、做好现任工作，都有提高自己各方面素质和能力的必要。因此，培训的对象不应该只是中下层的主管人员，还应该包括高层的主管人员，而且后者还应该首先接受培训。这是由其所在的重要岗位决定的，同时也是因为在整个培训过程中其负有培训下级主管人员的责任。作为教员，其必须对管理学的基本原理有比较深刻的理解，率先学习和运用管理的一些新观点、新方法和新技术，理论联系实际，这样才有可能培训好下级主管人员。

此外，作为高层的主管人员，还要在理论上总结自己的经验，不断地丰富管理理论的内容，从而促进管理学这门学科的发展。总之，无论高层、中层还是基层，凡是任现职的主管人员，其培训的重点都是提高现有的各方面的素质和能力，圆满地完成现任工作。

对于第二类新选拔出来并且将被提升的主管人员来说，他们即将离开熟悉的现任职位，奔赴新的、责任更重大的、风险和机会也更多的职位。所以，其培训的重点应是尽快地了解和熟悉新的环境，以便能够迅速地胜任新的本职工作。而对于那些也是新选拔出来的但目前还不具备提升条件的主管人员来说，其培训重点则是分别根据各自的弱点和不足，通过各种方式尽快地补课，以达到拟提升职务的要求。

#### 2. 管理人员培训的内容

管理人员培训一般包括以下四个方面的内容：

（1）管理方面：要清楚地了解组织的目标、政策和管理原则。

（2）实务操作方面：要明白工作程序、工作标准和工作细节。

（3）人际关系方面：要了解员工并能够影响他们的工作态度和行为。

（4）思想意识方面：要能设想用不同的工作方法并预见其所带来的结果。

对不同层次的管理人员，在知识和技能方面的要求并不相同。一般说来，在管理和思想意识培训方面，越是高层，就越要加强；在实务操作方面，越是高层，要求就越低；在人际关系方面，不论是对哪一个层次的管理人员，都有同样的要求。

因此，在对管理人员进行培训时，应加强其在计划、组织、指挥、协调和控制等方面的管理知识的培训，努力提高他们的管理水平。同时，要着重培训和开发其作为管理者应具备的多种工作能力，这些能力主要体现在沟通技能、倾听技能、反馈技能、授权技能、训导技能、冲突管理技能、激励技能、时间管理技能等方面。

## 训练任务完成

### 一、研究应用案例

目前热门培训课程如表 3-9 所示。

表 3-9 十大热门培训课程

| 课程 | 说明 |
|---|---|
| 1. 时间管理 | 时间管理包括工作时间和个人时间的管理。<br>时间管理可以提高工作效率，因此企业和个人都很喜欢这类课程。 |
| 2. 沟通技巧 | 沟通技巧包括谈话技巧、客户接待技巧以及演讲技巧等。<br>沟通技巧培训的对象一般是接触客户的人员，如销售员等。 |
| 3. 团队管理 | 团队协作对公司的发展具有很重要的作用，因此现在公司很重视员工的团队意识培训。 |
| 4. 销售技巧 | 由于市场竞争越来越激烈，企业要想开拓市场、提高销售人员的工作业绩，专业的销售培训课程是必不可少的。 |
| 5. 客户服务技巧 | 在买方市场背景下，只有满足客户的需要，才能实现企业的发展，因此相关的培训课程很受企业的欢迎。 |
| 6. 薪酬设计 | 合适的薪酬是留住员工的主要因素，但是目前大多数企业缺乏薪酬设计的能力，这类课程正好可以满足企业这方面的需求。 |
| 7. 项目管理 | 项目管理主要是对质量、时间、费用等方面的管理。<br>项目管理可以帮助企业保证项目实施质量、控制实施时间、降低费用等，因此备受公司青睐。 |
| 8. 高效培训 | 这类主要是提高效率的培训课程，费用较高，但很受高层职业人士的欢迎。 |
| 9. 战略人才资源管理 | 这类课程包括招聘制度、员工关系、激励制度等方面的整体设计。<br>这类课程能帮助企业建立从一线员工到高职位员工的科学的标准化监控制度，因此很受企业的欢迎。 |
| 10. 领导力及战略 | 这类课程面向高层人员，收费很高。 |

### 二、团队合作完成训练任务

学生 6～7 人为一组，每组选出组长（学生轮流当组长，组长负责记录并担任小组的陈述代表）。组长带领小组成员根据学习情境，运用以上相关知识对训练任务进行讨论和分析，确定相关学院学生会成员单个培训项目的具体内容。

# 训练任务完成效果评价

## 一、小组代表陈述与教师点评

各小组派代表陈述本小组对相关学院学生会成员年度培训和单个培训项目具体内容的设计。教师根据各小组代表的陈述内容进行点评。

## 二、教师评价

教师根据课后上交的相关学院学生会成员单个培训项目具体内容，按照小组评分参考表（见表 3－10）的评价项目和分值、指标给各个小组评分。

表 3－10　小组评分参考表

| 组别 | 评价项目和分值、指标 | | | | 总成绩 |
|---|---|---|---|---|---|
| | 内容设计（50 分） | 内容的可行性（30 分） | 完成的效率（10 分） | 组员参与程度（10 分） | |
| | 培训内容设计的完整性 | 培训内容的可操作性 | 是否能按时或提前完成任务 | 参与讨论的成员数量 | |
| 第一组 | | | | | |
| 第二组 | | | | | |
| 第三组 | | | | | |
| 第四组 | | | | | |
| 第五组 | | | | | |
| …… | | | | | |

# 任务 4

# 选择培训师和培训机构

## 知识目标

掌握筛选培训机构和培训师的流程；了解不同类型培训师的优缺点。

## 能力目标

能够根据培训目的和内容选择培训师；能够起草培训合同。

## 情境和任务

### 一、学习情境

人力资源部丁经理要求培训专员拉拉必须在一个月内物色一个好的培训师，对新市场一线经理进行渠道及客户管理培训，使他们在奔赴一线之前能对渠道运作心中有数，能按照一定的方法进行招商并与经销商沟通，从而有力地开拓市场，在市场运作之初就建立好规范的运作体系，为业务可持续发展打下基础。

**思考**：请你帮助拉拉选择一位合适的培训师来开展培训。

### 二、训练任务

以小组为单位，每位小组成员根据已设计的相关学院学生会成员单个培训项目的具体培训内容来选择合适的培训师和培训机构。

## 相关知识

培训效果取决于三个因素：培训师、培训内容和培训方式。在这三个因素中，起决定作用的应当是培训师。

培训管理者在工作过程中应当积累培训师的资料，不管是聘请外部的培训师还是开发内部的培训师，只有选择合适的培训师才能保证培训的效果。

### 一、选择培训师

#### （一）决定选择内部培训师还是外部培训师

在决定从企业内部选择培训师还是从外部聘请培训师之前，要了解外部培训师和内部培训师的优点和缺点。

##### 1. 外部培训师的优缺点

企业从外部聘请培训师（包括专业知识培训师，职业培训专家，经验丰富的管理者培训师，网络培训师，客户、供应商培训师）的优点和缺点如下：

（1）优点：选择范围大；能带来新理念；对培训对象具有吸引力；能提高档次、引起重视；容易营造气氛、促进培训效果。

（2）缺点：对企业缺乏了解；对培训对象缺乏了解；学校教师缺乏实际工作经验；成本高。

##### 2. 内部培训师的优缺点

企业内部开发培训师（包括技术、操作骨干培训师，企业培训专员，老员工培训师）的优点和缺点如下：

（1）优点：了解内部情况，有针对性和效果；熟悉培训对象，有利于交流；实际工作经验丰富；培训易于控制；成本低。

（2）缺点：不利于树立威望；选择范围小；教师主观上可能受环境影响和限制；培训技巧不够专业。

#### 3. 选择依据

如何决定从外部还是从内部选择培训师？应根据培训的内容和教学手段，还要兼顾经济性和培训对象的适应性来决定。

（1）专业知识理论等要求较高的培训或前沿技术的培训适合从外部聘请专家。

（2）规模较小的企业或没有专门培训职能的企业可以从外部聘请专家。

（3）具有成熟培训体系的企业可开发内部培训师资源。

（4）成熟的课程或专业知识水平较低的课程适合从企业内部选择培训师。

（5）企业文化、行为规范方面的培训适合选择内部培训师。

（6）比较培训师开发成本和聘用成本，以决定外聘还是内聘。

### （二）不同类型培训师的培训效果比较

决定培训师水平高低的因素有三个：知识和经验、培训技能、个人魅力。据此可以将培训师分为八种类型（见表 3－11）。

表 3－11　培训师的分类和效果比较

| 知识和经验 | 培训技能 | 个人魅力 | 类型 | 效果分析 |
|---|---|---|---|---|
| 丰富 | 熟练 | 富有 | 卓越型 | 培训效果极佳。 |
| | | 欠佳 | 专业型 | 培训效果较好。 |
| | 不足 | 富有 | 演讲型 | 口若悬河，妙趣横生，善于利用现场的效果，但往往培训效果欠佳。 |
| | | 欠佳 | 讲师型 | 常常使培训对象昏昏欲睡，前听后忘，效果欠佳。 |
| 缺乏 | 熟练 | 富有 | 技巧型 | 培训对象的感觉很好，但实际效果不一定最佳。 |
| | | 欠佳 | 肤浅型 | 培训流于形式，不能达到应有的目的。 |
| | 不足 | 富有 | 敏感型 | 培训中不断地提问，让培训对象回答，但又不做任何指导，结果使培训对象不知所措，效果很不理想。 |
| | | 欠佳 | 无能型 | 使培训对象浪费时间、精力，效果极差。 |

### （三）培训师的选配标准

（1）具备相关的专业理论知识。

（2）具有实际工作经验。

（3）具有培训经验和技巧。

（4）能熟练运用教材和培训工具。

（5）具有良好的交流与沟通能力。

（6）具有引导学员学习的能力。

（7）善于在课堂上发现和解决问题。

（8）积累了丰富的案例和资料。

（9）掌握培训内容的一些前沿问题。

（10）拥有教学热情和愿望。

我们可以根据不同的培训项目和内容参考选配标准来选择合格的培训师，例如：

技能和态度方面的培训，要求培训师采用多种培训技巧，必须具备丰富的知识和个人魅力，最好选择卓越型培训师；若找不到卓越型培训师，也可以选择专业型培训师。这类培训选择培训师应该更多地偏重其授课技能，尤其是其训练学员行为的能力以及在培训中引导学员真正地演练自己的能力。帮助学员看到自己在真实案例中的行为，就能使其对自己的行为有深刻的认识，深入了解自己在日常工作中的行为对他人的影响，从而发现自己在真实工作案例中的有效行为和需要改进的行为。

知识方面的培训，宜选择演讲型培训师。这类培训是以增长学员知识为主的，选择培训师要注重培训师本人的知识深度。因为在这种情况下，学员希望听到“新观点”、了解“新做法”，开拓思维；传授知识时，只要培训师讲得有趣，使大家听得津津有味，就可达到培训的目的。

### （四）培训师的素质

#### 1. 身体素质

（1）身体健康，精力充沛。

健康的身体和充沛的精力不仅是培训师完成其培训工作的基本保证，也是鼓舞受训者士气的重要条件。如果培训师在培训的时候无精打采，那么培训效果就不可能好。据说在美国总统的竞选活动中，选民往往青睐身材高大、风度翩翩的候选人。所以，培训师应该根据自己的条件和爱好，参加合适的运动和活动，以提高自己的身体素质，适应培训工作的需要。

（2）思维敏捷，记忆良好。

良好的记忆能力是培训师个人素质中的重要内容，是思维敏捷的基础。作为一位培训师，拥有良好的记忆能力可以从容应对有关问题，进而使培训进展顺利。

#### 2. 政治与思想素质

（1）政治素养。

政治素养主要指政治立场、政治方向、政治信念及政治责任感等。在我国，坚决拥护中国共产党的领导，坚决贯彻执行党的各项方针政策，坚决同反党、反社会、反人民的腐朽思想做斗争，把国家和人民的利益放在首位，认真履行作为一名公民的义务，是每一位培训师应该具有的政治素养。

（2）理论素养。

培训师应该时刻提高理论素养，始终坚持用辩证唯物主义的世界观来看待世界、发现问题、分析问题和解决问题。

（3）品德修养。

品德修养一般包括思想品德和职业道德等方面的修养。培训师不仅要在所培训的内容方面比培训对象强，还应该在品德修养方面成为培训对象的典范。

对思想品德修养的基本要求是：爱祖国、爱人民、爱科学、爱社会主义，坚决反对损人利己、损公肥私、金钱至上等不良思想和行为。同时，培训师还应该不断提高自己的职业道德修养，热爱自己的职业，时刻严格要求自己，为人师表，成为遵守职业道德的模范。

### 3. 业务素质

（1）科学文化修养。

科学文化修养一般包括知识结构、思维方式和智能等。

知识化和专业化是培训师的必备条件。作为一名培训师，其知识结构应该广博、综合、专业。每个培训师除了应该具备专业知识以外，还应该有领导管理知识、历史知识及广泛的社会知识等。培训行业是一个特殊的行业，它要求培训师用大部分时间通过语言与受训者沟通，如果培训师没有广博的知识和丰富的阅历，那么他所说出来的话只能是空洞的专业理论，很难令人接受。

对培训师的专业知识要求：培训师应该掌握的专业知识有经济管理类知识、心理学方面的知识等。培训师不一定对培训课程所涉及的问题有实际的工作经验，但是应该有能够解答这些问题的理论知识。培训师还应该有培训授课方面的经验和技巧。

（2）才能修养。

培训师的才能修养是一个综合性的概念，主要指培训师的组织指挥才能、沟通才能和创新才能。

1）组织指挥才能。将培训方案付诸实施的才能就是培训师的组织指挥才能。培训师应该善于分工协作，善于选择工作中的突破口，能运用科学的组织手段、系统的思维方法将培训工作的实施组织得有条不紊、协调一致。

2）沟通才能。沟通才能可分为语言沟通和非语言沟通两个方面。沟通的效果对于培训的成败起着很重要的作用，所以沟通才能对于培训师来讲是必不可少的。

3）创新才能。培训师应该不断创新，要有强烈的进取心，积极开动脑筋，想方设法把培训工作做好，因循守旧、墨守成规绝不会有什么建树，必须要敢于标新立异、敢于冲破旧的传统观念甚至是体制的束缚。所以，培训师必须加强心理修养，对意志、气质和性格等方面进行锻炼和提高，要有自信心，相信自己的能力，不为困难所吓倒。

## 实务指南

### 培训者常犯的 20 个错误

| 错误 | 错误 |
|---|---|
| 准备不充分 | 缺乏计划的表达 |
| 内容不充实 | 不恰当的幽默 |
| 材料不规整 | 不适当的穿着 |
| 使学员经常厌烦 | 拖堂 |
| 信息过多 | 迟到 |
| 误解组织 | 缺乏眼神交流 |
| 步骤简单 | 总是背对大家 |
| 遗漏练习 | 低效地使用多媒体 |
| 奇怪和令人困惑的言行表现 | 缺乏感染力 |
| 对问题把握不准 | 没有结论 |

### （五）筛选外部培训师的流程

筛选外部培训师的流程如图 3－4 所示。

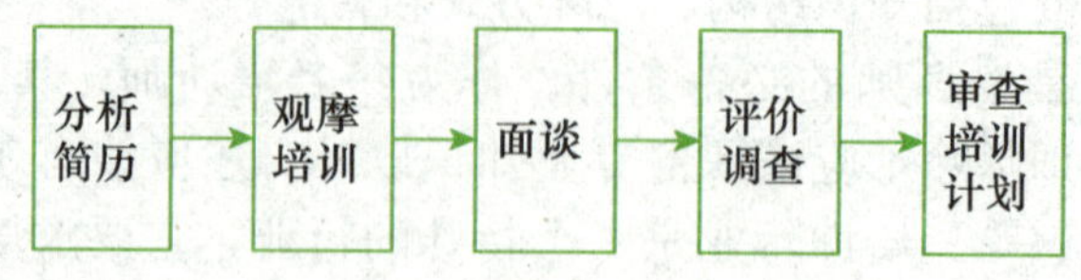


图 3－4　筛选外部培训师的流程

#### 1. 分析简历

通过简历，可以知道培训师受过什么教育、有什么经验、从事过什么工作、主持过什么培训。

（1）培训师最好有本行业的经验或类似本公司类型的企业背景。如果一位培训师一直是做电器产品销售的，那么无法想象他来给快速消费品行业的销售人员讲课会怎样；如果培训师一直为世界 500 强企业服务，他就不可能对家族式民营企业的问题把握得好。

（2）不要迷信培训师的学历或社会地位，只有那些有真才实学的培训师才会有自己的东西。没有做过或者做得不透的培训师一般是创造不出自己的东西的。很多培训师为了包装自己，声称出过不少书。写书不难，但真正要拥有自己的东西却不是一件容易的事。现在有许多人标榜自己是“中国培训第一人”“培训大师”“某某传奇人物”……但其实他们最擅长的只是自我吹嘘。

#### 2. 观摩培训

有条件的话要去旁听培训师的培训，旁听的时间最好在 2～3 小时，半小时的旁听是听不出什么的。如果没有条件旁听，可以让培训公司或培训师提供授课录像。这样可以了解培训师的知识、经验、培训技能和个人魅力。

#### 3. 面谈

在与培训师面谈中，培训管理者可以提出一些企业现存的问题，看培训师的对策如何。有经验的培训师能注意倾听对方的问题，有很好的分析能力，能提出适合企业需求的建议。差的培训师是做不到这些的，他们只会推销现成的东西。

#### 4. 评价调查

让培训师提供 2～3 家类似公司情况的客户的联系方式，给这些客户打电话了解他们对培训师的评价；本公司有些员工在之前可能听过一些培训师的课，也可以听取他们的意见。

#### 5. 审查培训计划

在可能的情况下，请培训师到企业里进行实地考察，让其先对企业进行简单的诊断，拿出初步的培训计划。从计划中，可以知道其是否熟悉培训、是否掌握培训技能、是否善于通过培训达到组织目标。如果各方面都不错，则这个培训师在能力上应该是合格的，可以考虑进行签约的谈判。需要注意的是，由于中小型咨询培训公司往往只有几个能力过硬的顾问，因此在合同上要特别注明才有可能获得货真价实的培训服务。

### (六) 企业内部培训师的甄选和培养

企业内部培训师的甄选需要一个过程。首先是个人自荐和组织推荐，其次是对候选人进行相关培训，最后根据培训结果综合考查确定最终人选。内部培训师一定是先培养后使用的。

对企业内部培训师的培养应循序渐进地完成，除了给他们安排相应的培训课程外，也要协助他们开发与讲授课程，直至他们可以独立操作课程为止。

## 二、选择培训机构

### (一) 选择培训机构的原则

选择外部培训机构的标准因组织的不同而不同，但有一些原则是普遍适用的，如表 3－12 所示。

表 3－12　选择培训机构的原则

| 原则 | 说明 |
| --- | --- |
| 成本 | 价格要与培训项目的内容和质量相称 |
| 资格证明 | 包括资格认证、学历和其他能证明培训提供者专业能力的资料 |
| 行业背景 | 在相关领域从事经营的时间 |
| 经验 | 培训提供者以前有哪些客户，与这些客户的合作是否成功，能够提供哪些证明人 |
| 经营理念 | 培训提供者的经营理念是否与组织相符 |
| 实施培训的方法 | 培训提供者采用哪些培训方法和技术 |
| 培训内容 | 培训项目与资料的主题和内容如何 |
| 现实的产品 | 包括培训项目的外在感观、示范材料是否提供中试项目 |
| 结果 | 预期的结果如何 |
| 支持 | 项目实施和售后服务方面的支持力量如何 |
| 对项目计划书的要求 | 外部培训机构提供的培训项目是否与组织希望对方在项目计划书中体现的内容一致 |

### (二) 选择培训机构的流程

外部培训提供者为组织在培训、人力资源开发项目设计实施方面提供了广泛的选择。如果组织在人力资源开发上的现有职能比较狭窄，需要接受培训的人不多，而且项目涉及的内容也不具有专利保密价值，就可以考虑外包人力资源培训与开发项目。但是，无论组织大小，一旦决定外包培训服务和项目，都必须首先进行需求分析，因为只有这样才能做出明智的决定。

培训外包的流程如图 3－5 所示。

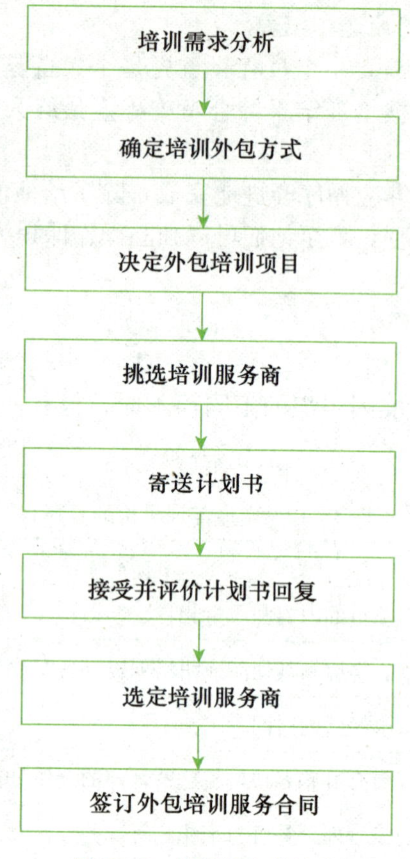


图 3－5　培训外包的流程

1. 培训需求分析

人力资源部门应对汇总的企业培训的各类需求进行分析，根据具体培训项目要求，结合内外部培训费用的对比分析，商讨选择何种培训方式。

2. 确定培训外包方式

人力资源部门经过讨论决定选择外包方式后，报送上级部门审核和认可，根据领导的审批意见确定是否选择外包培训方式。

3. 决定外包培训项目

（1）培训外包申请经领导审批通过后，人力资源部门根据现有工作人员的能力、培训预算、培训内容等商议将哪些项目外包。

（2）确定了外包培训项目后，负责培训的人员起草培训项目计划书。

4. 挑选培训服务商

培训项目计划书编写完成后，人力资源部门根据项目的具体要求和公司的具体培训情况，评估并挑选适合的培训服务商。

5. 寄送计划书

人力资源部门将培训项目计划书寄送给挑选出的培训服务商。

6. 接受并评价计划书回复

培训服务商回复培训项目计划书后，人力资源部门结合自身培训外包预期，对其回复进行评价。

7. 选定培训服务商

人力资源部门根据培训服务商回复的内容及事前了解的培训服务商的信誉、报价等，最终确定培训服务商并发出合作意向。

8. 签订外包培训服务合同

双方经过协商、谈判，达成共识，对合同条款进行修订后签订外包培训服务合同，双方按照合同要求履行各自的义务。

### （三）培训外包合同

以下展示了外包培训服务合同的样本。

**外包培训服务合同**

甲方：

乙方：

一、总则

1. 甲方自愿接受乙方的培训服务，参加＿＿＿＿＿＿＿＿＿＿培训。

2. 乙方是经过国家教育机关批准设立的合法的培训机构，具备甲方要求提供的培训项目（课程）的办学资质。

3. 甲方已经对乙方提供的课程、师资、教材、学习时间、学习形式、结业成果形式、收费、退费等有关事项进行了详细咨询，并表示认可；乙方也了解了甲方参加培训的目的和要求。

4. 甲方缴费注册时，甲、乙双方共同签订培训合同，作为双方今后解决争议纠纷的依据。

二、甲方权利及义务

1. 甲方缴费项目及缴费金额：＿＿＿＿＿＿＿＿；缴费方式：＿＿＿＿＿＿＿＿。

2. 自觉遵守乙方的规章制度，尊重培训教师和管理人员，对同学团结友爱，相互帮助。

3. 根据课程安排按时参加培训，因故不能参加的需提前请假。

4. 爱护培训物品，使用培训仪器设备应严格遵守操作规程。

5. 未经乙方同意，甲方不得复制、传播乙方提供的自编教材、讲义等学习资料，也不得在授课过程中擅自使用任何录音、录像设备。

6. 在培训过程中，未经甲方同意，乙方擅自改变培训内容、时间、方式等合同规定的内容，或乙方管理混乱、师资调换异常等严重影响授课，损害甲方权益的，甲方有权要求乙方改正，若乙方拒不改正的，甲方有权解除合同，责任由乙方承担。

三、乙方权利及义务

1. 乙方提供的培训项目：＿＿＿＿＿＿＿＿＿＿＿＿＿＿＿＿；教学课时：＿＿＿＿＿＿＿＿＿＿＿＿＿；培训日期：＿＿＿＿＿＿＿＿＿＿＿＿＿＿＿＿；

教学成果形式：______________。另外，乙方提供具体教学计划作为合同附件。

2. 乙方根据教学需要提供场地、设施设备、师资、教材等教学服务。

3. 在不损害甲方合法权益的前提下，经与甲方商议后，乙方可以根据需要调整教学时间、地点及改进教学服务，但乙方应在变更事项决定后提前通知甲方。

4. 认真执行培训计划，保证按时按量完成教学任务，并积极听取学生意见，努力提高管理水平和教学质量。

5. 未经甲方同意，乙方不得将甲方转给其他培训机构或者交由其他培训机构实施教学。

6. 若甲方违反乙方的规章制度，经劝告无效并造成恶劣影响的，乙方有权解除合同，勒令退学，培训费不予退还。

四、违约责任

1. 甲方因自身原因要求终止合同，或因甲方原因被培训机构终止合同，以及因不可抗力造成合同终止的，按照相关规定办理退费。

2. 乙方因自身原因要求解除培训合同，或没有按照合同约定提供教育服务的，按照《×××培训机构收费退费管理办法》办理退费，造成经济损失的，依法承担赔偿责任。

五、附则

1. 本合同未尽事宜，经双方协商达成一致意见，作为合同附件，与本合同具有同等法律效力。

2. 本合同一式两份，甲、乙双方各执一份，自甲方缴费并签字后生效，至培训结束时终止。

甲方：　　　　　　　　　　　　　　　　乙方：

年　月　日　　　　　　　　　　　　　　年　月　日

## 训 练 任 务 完 成

### 一、研究应用案例

有一个客户考虑为他的销售人员选择一门演讲培训课程，他要求培训师有销售经验。他认为，没有销售经验的培训师所讲授的演讲技巧是不会被他的销售人员所接受的。

我试图影响这个客户，向他说明演讲技巧的训练事实上是对一个人向多个人有效传递信息并在其中影响听众的能力训练。这种能力，并不取决于演讲所需要传递的信息本身。如果演讲者对所需要向听众传递的信息了解不足，其弥补方式不应该是演讲培训，而应该是一个专业知识型的培训。但客户坚持自己对培训师的选择标准，于是我只能建议他去找一个曾经做过销售的人做培训师，最好这个人现在还在与销售相关的高级岗位上。

## 二、团队合作完成训练任务

学生 6～7 人为一组，每组选出组长（学生轮流当组长，组长负责记录并担任小组的陈述代表）。组长带领小组成员根据学习情境，运用以上相关知识对训练任务进行讨论和分析，每位小组成员根据已设计的相关学院学生会成员单个培训项目的具体培训内容来选择合适的培训师和培训机构。

# 训练任务完成效果评价

## 一、小组代表陈述与教师点评

各小组派代表陈述本小组人员对选择适合的培训师和培训机构的分析。教师根据各小组代表的陈述内容进行点评。

## 二、教师评价

教师根据课后学生上交的培训师和培训机构的具体资料，按照评价项目和分值、指标给各个成员评分（见表 3－13）。

**表 3－13　学生评分参考表**

| 小组成员 | 评价项目和分值、指标 | | | | 总成绩 |
|---|---|---|---|---|---|
| | 选择培训师和培训机构（40 分） | 提供证据（30 分） | 培训师联系情况（20 分） | 完成的效率（10 分） | |
| | 培训师选择的针对性 | 提供资质等证据的有效性 | 培训师交流记录 | 是否能按时或提前完成任务 | |
| 组长 | | | | | |
| 组员 1 | | | | | |
| 组员 2 | | | | | |
| 组员 3 | | | | | |
| 组员 4 | | | | | |
| 组员 5 | | | | | |
| 组员 6 | | | | | |

# 任务 5
# 选择培训方法和形式

## 知识目标

了解常用的员工培训方法和形式的特点、优缺点、适用条件。

## 能力目标

能够根据培训目的、内容及对象选择培训方法和形式。

## 情境和任务

### 一、学习情境

IBM公司的销售人员和系统工程师要接受为期一年的培训，主要采用现场实习和课堂讲授相结合的教学方式，75%的时间在各地分公司中实习，20%的时间在公司的教育中心学习。

IBM公司市场营销培训的一个基本组成部分是模拟销售角色，让学员们在课堂上扮演销售角色，教员扮演用户并向学员提出各种问题，以考核他们解决问题的能力。

**思考：**IBM公司还可以采用哪些培训方法来开展市场营销技巧的培训？

### 二、训练任务

以小组为单位，根据已设计的相关学院教师的培训内容及培训目标选择合适的培训方法和培训形式。

## 相关知识

### 一、常用的培训方法

企业培训的方法有多种，如讲授法、研讨法、案例研究法、模拟训练法、角色扮演法等，各种培训方法都有其自身的优缺点。为了提高培训质量、达到培训目的，在培训时可根据培训方式、培训内容、培训目的选择一种或多种配合起来，灵活使用。

#### （一）直接传授型培训

直接传授型培训适用于知识类培训，主要包括讲授法、专题讲座法、研讨法。

1. 讲授法

讲授法是指教师按照准备好的讲稿系统地向受训者传授知识的方法。教师是讲授法成败的关键因素。它适用于各类学员对学科知识、前沿技术等的系统了解。

讲授法的优点：传授内容多，知识系统、全面，有利于大规模培养人才；对培训环境要求不高；有利于教师发挥；学员可利用教室环境相互沟通；平均培训费用低。

2. 专题讲座法

专题讲座法适用于管理人员或技术人员了解专业技术发展方向或当前热点问题。它在形式上与讲授法相同，内容上有差异。它是针对一个专题知识，一般只安排一次培训。

专题讲座法的优点：培训不占用大量时间，形式灵活；可随时满足员工某一方面的培训需求；讲授内容集中于某一专题，培训对象易于加深理解。

3. 研讨法

研讨法分两类：

(1) 以教师或受训者为中心的研讨，即教师指导，受训者围绕一个或几个主题进行交流讨论、相互启发的培训方法。

它的优点是：多向式信息交流；要求受训者积极参与，有利于培养受训者的综合能力，加深受训者对知识的理解；形式多样，适应性强，可针对不同的培训目的。

以教师或受训者为中心的两种方法：一是由教师提出问题或任务，受训者独立提出解决办法；二是不规定研讨的任务，受训者就某议题进行自由讨论、相互启发。

(2) 以任务或过程为取向的研讨。

### (二) 实践型培训

实践型培训又称实践法，适用于以掌握技能为目的的培训，经济有效，易于测评。实践型培训主要有以下几种类型。

1. 工作指导法

工作指导法又称教练法、实习法，是指由一位有经验的工人或直接主管人员在工作岗位上对受训者进行培训的方法。这种方法应用广泛，既可用于基层生产工人的培训，也可用于管理人员的培训。

培训要点：一是关键工作环节的要求；二是做好工作的原则和技巧；三是须避免、防止的问题和错误。

2. 工作轮换法

工作轮换法是指让受训者在预定时期内变换工作岗位，使其获得不同岗位的工作经验的培训方法。这种方法适用于一般直线管理人员的培训。

工作轮换法的优点：能丰富受训者的工作经验，增加其对企业工作的了解；使受训者明确自己的长处和弱点，找到适合自己的位置；能改善部门间的合作，使管理者更好地理解相互间的问题。

3. 特别任务法

特别任务法是指企业通过为某些员工分派特别任务对其进行培训的方法。它适用于管理培训。

具体形式：

（1）委员会或初级董事会。这是为有发展前途的中层管理人员提供的，培养其分析全公司范围问题的能力，提高决策能力。一般选 10～12 名受训者，主要为这些管理人员提供分析公司高层次问题的机会。

（2）行动学习。4～5 人一组，为受训者提供解决实际问题的真实经验，可提高他们分析、解决问题及制订计划的能力。

#### 4. 个别指导法

个别指导法是指通过资历较深的员工的指导使新员工能够迅速掌握岗位技能的培训方法。这是“师傅带徒弟”“学徒工制度”“传帮带”式培训方式。

个别指导法的优点：新员工在师傅指导下开始工作，可以避免盲目摸索；有利于新员工尽快融入团队；可以消除刚从高校毕业的受训者开始工作时的紧张感；有利于企业传统优良工作作风的传递；新员工可从指导人处获取丰富的经验。

### （三）参与型培训

参与型培训通过互动学习，可以调动受训对象的积极性，使其在活动参与中获得知识、技能，掌握正确的行为方式，开拓思维，转变观念。

#### 1. 案例研究法

案例研究法是一种信息双向性交流的培训方式，将知识传授和能力提高融合在一起，非常有特色。它可分为案例分析法和事件处理法。

（1）案例分析法，又称个案分析法，是围绕一定的培训目的，把现实中的场景加以典型化处理，形成供学员思考分析和决断的案例，通过独立研究和相互讨论的方式来提高学员的分析及解决问题的能力。案例需满足：内容真实；其中应包含一定的管理问题；分析案例必须有明确的目的。它有两种类型：描述评价型和分析决策型。

1）描述评价型，即描述解决某种问题的全过程，包括其实际后果，学员对案例中的做法进行分析并提出亡羊补牢性的建议。

2）分析决策型，即只介绍某一待解决的问题，由学员去分析并提出对策，能有效培训学员分析决策、解决问题的能力。

（2）事件处理法，指让学员自行收集亲身经历的案例，将其作为个案进行分析讨论，用结果警戒日常工作中可能出现的问题，使企业信息充分利用和共享，同时形成一个和谐、合作的工作环境。

案例研究法的优点：适宜各类人员；参与性强，变学员被动接受为主动参与；将学员解决问题的能力的提高融入知识传授中；教学方式生动具体，直观易学；学员之间能相互交流。

案例研究法的缺点：案例准备的时间较长且要求高；对学员能力要求高，对培训顾问能力要求也高；无效的案例会浪费学员的时间和精力。

#### 2. 模拟训练法

模拟训练法是以工作中实际情况为基础，将实际工作中可利用的资源、约束条件和工作过程模型化，学员参与情境中学习从事特定工作的行为和能力，提高其处理问题的能力。其适用于对操作技能要求较高的员工的培训。

它有两种基本形式：人与机器共同参与；人与计算机共同参与模拟活动。

模拟训练法的优点：学员的工作技能会获得提高；通过培训有利于加强员工的竞争意识；可以带动培训中的学习气氛。

此种方法与角色扮演类似，不同之处是它更侧重于对操作技能和反应能力的培训，解决实际工作中可能出现的各种问题。

3. 头脑风暴法

头脑风暴法又称研讨会法、讨论培训法，其特点是培训对象在培训活动中相互启迪、激发创造性思维，最大限度地发挥参与者的创造能力，提供更多、更好的解决问题的方案。

其要点是：只规定一个主题；事后评议。其关键是排除思维障碍，消除心理压力，让参加者轻松自由、各抒己见。

头脑风暴法的优点：培训过程中可为企业解决实际问题，大大提高了培训的收益；可帮助学员解决工作中的困难，学员参与性强；小组讨论有利于加深学员对问题理解的程度，可集中集体的智慧，达到相互启发的目的。

4. 自学法

自学法适用于知识、技能、观念、思维、心态等多方面的学习，适用于岗前培训、在岗培训，并且新老员工都适合。

自学法的优点：费用低；不影响工作；学习者自主性强；可体现学习的个别差异；有利于培养员工的自学能力。

5. 管理者训练法

管理者训练法又称 MTP 法，是产业界最为普及的管理人员培训方法，适用于中低层管理人员掌握管理的基本原理、知识，提高管理能力。

一般采用专家授课、学员间研讨的培训方式；企业可进行大型的集中训练，以脱产方式进行。

操作要点：指导教师是管理者训练法的关键，一般外聘专家或由企业内部曾接受过此训练法的高级管理人员担任。

6. 敏感性训练法

敏感性训练法又称 T 小组法，简称 ST。敏感性训练要求学员在小组中就参加者的个人情感、态度及行为进行坦率、公正的讨论，相互交流对各自行为的看法，并说明其引起的情绪反应，目的是提高学员的洞察力。

敏感性训练法适用于组织发展训练、晋升前的人际关系训练、中青年管理人员的人格塑造训练、新进人员的集体组织训练、外派工作人员的异国文化训练等。常采用集体住宿训练、小组讨论、个别交流等方式。日程由指导者安排，内容可包括问题讨论、案例研究等。

**（四）态度型培训**

态度型培训主要针对行为调整和心理训练，具体包括角色扮演法和拓展训练法等。

1. 角色扮演法

角色扮演法是在一个模拟真实的工作环境中，让参加者按他在实际工作中应有的权责来担当角色，模拟性地处理工作事务，从而提高处理各种问题的能力。其精髓在于“以动作和行为作为练习的内容来开发设想”，是一种难度很高的培训和测评方法。

行为模仿法是一种特殊的角色扮演法，适用于中层管理人员、基层管理人员、一般员工的培训。可使学员的行为符合其职业、岗位的行为要求，提高学员的行为能力，可根据具体对象确定培训内容。

角色扮演法的优点：

（1）学员参与性强，学员与教师之间的互动交流充分，可以提高学员培训的积极性。

（2）角色扮演中特定的模拟环境和主题有利于增强培训效果。

（3）在角色扮演过程中，学员之间需要进行交流、沟通与配合，因此可增加彼此之间的感情，加强其沟通、自我表达、相互认知等社会交往能力。

（4）在角色扮演过程中，学员可以互相学习，及时认识自身存在的问题并进行改正，明白自己的不足，使各方面能力得到提高。

（5）可提高学员的业务能力，同时加强其反应能力和心理素质。

（6）具有高度的灵活性，实施者可以根据培训的需要改变受训者的角色，调整培训内容，同时，角色扮演对培训时间没有任何特定的限制，可视要求而决定培训时间的长短。

#### 2. 拓展训练法

拓展训练法指模拟探险活动进行的情境式心理训练、人格训练、管理训练，以外化型体能训练为主，包括野外拓展训练和场地拓展训练两种。

（1）野外拓展训练借助自然地域，轻松自然；提供了真实模拟的情境体验；使参与人员拥有开放接纳的心理状态；使参与人员拥有与以往不同的共同生活经历。

（2）场地拓展训练是指需要利用人工设施的训练活动，包括高空断桥、空中单杠、缅甸桥等高空项目和扎筏泅渡、合力过河等水上项目。

拓展训练法的优点：有限的空间，无限的可能；有形的游戏，无形的思维；简便、容易实施。

### （五）科技时代的培训

科技时代的培训通常包括网上培训法与虚拟培训法等。

#### 1. 网上培训法

网上培训法是基于网络的培训，是指通过企业的内网或互联网对员工进行培训的方式。

网上培训法的优点：无须聚集，节省培训费用；易修改，及时，成本低；可充分利用网络资源，有声音、图片和影音文件，增加了趣味性，从而可提高学习效率；进程安排灵活，员工可利用空闲时间学习。

#### 2. 虚拟培训法

虚拟培训法是指利用虚拟现实技术生成实时的、具有三维信息的人工虚拟环境，学员通过运用某些设备接受和响应环境的各种感官刺激，并可通过多种交互设备来驾驭环境、操作工具和对象，来达到提高技能与认知的目的。

虚拟培训法的优点：具有仿真性、超时空性、自主性、安全性，学员可从中获得感性知识和实际经验。

此外，还有函授、业余进修、读书、参观访问等方法，这些要通过员工自身努力、自我约束才能够完成，企业只起鼓励、支持和引导作用。

### （六）企业大学式的培训

所谓企业大学，就是企业常设的员工培训基地，被誉为企业自制人才的“黄埔军

校”。西门子、海尔、联想等一批国内外知名企业都建有企业大学，近年来，中国国内的企业大学大量增加。企业大学的体系如图 3－6 所示。

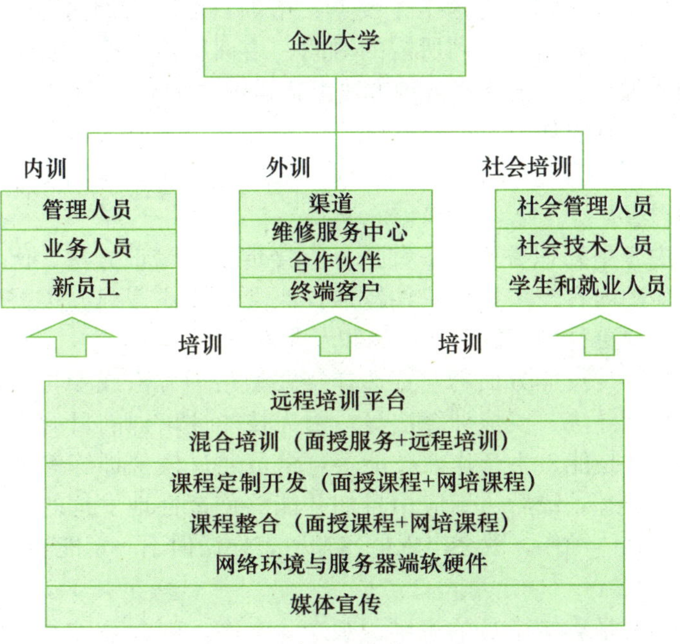


图 3－6　企业大学体系

## 实务指南

### 培训方法的对比

| 序号 | 培训方法 | 培训内容 | | | | | | | | | | | |
|---|---|---|---|---|---|---|---|---|---|---|---|---|---|
| | | 知识 | | 态度 | | 分析能力 | | 人际关系 | | 学员接受度 | | 知识保留 | |
| | | 名次 | 平均值 | 名次 | 平均值 | 名次 | 平均值 | 名次 | 平均值 | 名次 | 平均值 | 名次 | 平均值 |
| 1 | 案例研究法 | 2 | 3.56 | 4 | 3.43 | 1 | 3.69 | 4 | 3.02 | 2 | 3.80 | 2 | 3.48 |
| 2 | 研讨法 | 3 | 3.33 | 3 | 3.54 | 4 | 3.26 | 3 | 2.21 | 1 | 4.16 | 5 | 3.42 |
| 3 | 模拟训练法 | 6 | 3.00 | 5 | 2.73 | 2 | 3.58 | 5 | 2.50 | 3 | 3.78 | 6 | 3.26 |
| 4 | 网上培训法 | 4 | 3.16 | 6 | 2.50 | 7 | 2.24 | 6 | 2.19 | 5 | 3.44 | 7 | 2.67 |
| 5 | 自学法 | 1 | 4.03 | 7 | 2.22 | 6 | 2.56 | 7 | 2.11 | 7 | 3.28 | 1 | 3.74 |
| 6 | 角色扮演法 | 7 | 2.93 | 2 | 3.56 | 3 | 3.27 | 2 | 3.68 | 4 | 3.56 | 4 | 3.37 |
| 7 | 虚拟培训法 | 8 | 2.77 | 1 | 3.96 | 5 | 2.98 | 1 | 3.95 | 6 | 3.33 | 3 | 3.44 |
| 8 | 讲授法 | 5 | 3.10 | 8 | 1.99 | 8 | 2.01 | 8 | 1.81 | 8 | 2.74 | 8 | 2.47 |

## 二、选择培训方法

选择合适的培训方法需要考虑七个要素：培训目的、培训内容、培训对象的自身特点、参加培训的员工数量、培训所需的时间、培训所需的费用及企业具备的培训资源。为提高培训质量，往往需要将各种方法配合运用。

选择培训方法的程序如下。

### （一）根据培训目的、内容初步选择培训方法

#### 1. “方法为内容服务”是选择培训方法的基本原则之一

如果培训的内容是知识方面的，宜选择直接传授型培训方法，比如讲授法等。由于知识性课程涵盖的内容较多且理论性较强，课堂讲授式培训方法更能够体现其逻辑相关性，使培训对象更易理解概念性内容和专业术语。

如果培训的内容是技能方面的，宜选择实践型培训方法或参与型培训方法，比如工作轮换法、个别指导法、模拟训练法等。因为技能性培训的目的是要求学员掌握实际操作能力，如销售技能、生产作业技能等，学员通过模拟训练等可以使本来不会做的事情经过模仿、熟悉，最后达到应用自如并能够创造性地发挥的程度，若仅仅通过课堂讲授而不参与具体操作，就会出现虽然知道怎样做但不一定能够做好的现象。

#### 2. 培训内容的选择取决于培训目的

如果培训的目的是影响学员的思维、观念、态度，则宜采用参与型培训方法或态度型培训方法，比如案例研究法、角色扮演法等。因为通过共同参与活动或者游戏，学员能在轻松快乐的气氛中得到启发，并能通过培训师在方法上面的引导将所学很快转化为自主行动。倘若采取课堂讲授法，则易使学员感觉是在空谈大道理。如果培训的目的是开发学员的创造性，则可以采用头脑风暴法等。

### （二）通过分析参训者的群体特征及人数进一步筛选培训方法

#### 1. “因材施教”是确定培训方法时必须把握的重要原则

在实际培训工作中，培训对象往往差别很大，有新员工与老员工之分，有基层员工与高层员工之分等。每种培训对象具有不同的特点，如果采用同样的培训方法来培训不同的对象，其效果一定不理想。

如果条件许可，应该利用成人学习风格测试问卷对培训对象进行调查，根据培训对象中占主导地位的学习风格选择培训方法。

#### 2. 参训人数的多少也影响培训方式的选择

参训人数的不同会使同一种培训方法的培训效果不同。参训人数不多时，小组讨论或角色扮演将是不错的培训方法；参训人数较多时，演讲、多媒体教学、大型的研讨会可能比较适合。

### （三）根据企业对达成培训目标所需资料的满足情况确定培训方法

不同的培训方法对培训师、设备、费用、场地、时间等的要求不同，这可能会影响某些培训方法在具体企业的应用，企业最后还需要根据可获取的培训资源确定培训方法。最终选择的培训方法应既有比较好的培训效果又有能力实施。

#### 1. 培训所需时间

有的培训方法需要较长的准备时间，如多媒体教学等；有的培训方法则实施起来

时间较长，如自学法。这就需要根据组织、培训对象以及培训师个人所能投入的时间来选择适当的培训方法。

2. 培训所需场地

不同的培训方法对场地的要求不同，比如拓展训练法等所需要的场地比讲授法、研讨法等所需要的场地要大得多。是否具备合适的场地会影响培训方法的选择。

3. 培训所需费用

讲授法、头脑风暴法、研讨法等方法所需的经费一般不会太高，差旅费和住宿费是主要的花费；而影音互动学习等教学则花费较多，如购买各种设备等需要投入相当多的资金。因此选择培训方法需要考虑组织的费用承受能力。

4. 相关科技的支持

有的培训方法需要相关的科技知识或技术工具的支持。如企业内部网上培训法要求企业建立良好的网络培训系统，多媒体教学则需要更多的声光器材的支持。所以，组织能否提供相关的技术和器材将直接影响着高科技培训方法的采用。

## 三、选择培训形式

各种员工培训形式各具优缺点，企业应根据不同的目的、不同的对象、不同的内容、不同的要求等采用不同的培训形式。

### （一）在职培训

在职培训指不离开自己的工作岗位而进行的各种培训。例如，利用业余时间、节假日或占用一部分工作时间进行培训。其主要优点是：比脱产培训更容易实施，可一边工作一边培训；费用较低；培训是实际而非抽象的，可因材施教。其主要缺点是：很难做到工作流程优化与培训两不误；培训内容无法统一，不利于传授专门的高程度的知识；培训员工的数量少。在职培训的内容如下。

1. 文化知识

这主要是针对文化水平较低的员工的。例如，在我国的企业中，中小学文化水平的员工所占的比例还不小，对这部分人应有计划地进行培训，以提高他们的文化素质。

2. 专门技术

如某一技术的操作程序、会计人员的会计知识、管理人员的管理技能、科技人员的知识更新等都需要采取在职培训的方法。就其培训的形式来看，又有自学与辅导相结合、讲座、研讨和案例分析等方法。

### （二）脱产培训

脱产培训是指员工离开工作岗位去接受培训。其主要优点是：可对大量的员工同时进行培训；员工可以在专家指导下专心接受培训，并能够学习高度专业化的知识和技能；员工可相互学习增强培训效果，容易培养员工的团队意识。其主要缺点是：培训费用较高；培训成果无法及时运用；培训会影响工作进度。脱产培训又分为短期培训和长期培训。

1. 短期培训

短期培训可以是几天至三个月以内的培训，有的在本单位内进行，有的则送到国内外有关的教育或专业培训机构进行。这种短期培训的好处是能使受训者在一定的时期内集中精力于某一特定专题的学习。

2. 长期培训

长期培训一般是指三个月以上的学习培训，如送入大学进修本科、研究生、MBA或出国进修等，都属于长期的脱产培训。这种形式对培养年轻有为的科技人员或管理人员较为有效。西方许多企业与大学建立了定向培养的关系。这种形式也已在我国企业和学校之间得到了较广泛的实践。

### （三）交换培训

交换培训是指在企业内部或在相关企业之间进行员工岗位的互换，并进行有针对性的培训。交换培训作为一种培训形式，在一些企业尤其是一些制度完善的跨国公司很受重视，它们每年都安排相当数量的员工进行交换培训并取得了很好的效果。

### （四）自我培训

自我培训是指员工具有强烈的上进心，严格要求自己，根据自己的特点不断地进行自我学习。它是一种主动的行为。

此外，按培训时是否离开组织划分，可分为企业内训和外派培训；按培训时是否要把学员聚集在一起划分，可分为集中培训和分散培训。

# 训练任务完成

## 一、研究应用案例

**宝钢NET-5M新员工通用培养模式**

宝钢通过“NET-5M新员工通用培养模式”培养了大批新员工，使他们从大学生快速成长为职业人。

NET-5M新员工通用培养模式具体由以下5个模块组成。

1. 入司培训模块（M1模块）

让新员工快速熟悉公司基本情况，尽快调整心态、规范行为，初步树立与宝钢价值观相一致的价值取向，约为两周时间。

主要由集团公司、股份公司与宝钢分公司人力资源部联合实施。一般采取集中封闭培训的方式，对新员工开展公司概况、企业文化、生产工艺流程、规章制度、工作方法、行为礼仪等内容的培训，同时穿插简短而又隆重的新员工欢迎大会以及精英面对面交流、职业心态适应讲座等活动。这不仅可以让新员工对公司有一个比较全面的了解，而且可以在较短时间内为新员工营造一种归属感，帮助他们树立正确的价值取向。该模块的考核方式主要为集中测试与部门小结。

2. 岗位认知培养模块（M2模块）

帮助新员工尽快了解岗位要求，知晓工作内容，熟悉相关制度、工作业务流程等，约为两个月时间。

主要由各部门组织实施，采取岗位培训与师带徒相结合的培养方式。培训内容包括部门职责、岗位说明书、管理文件、三大规程、相关工艺流程或设备情况以及历史资料（如科研项目、故障记录、专题报告等）等方面。通过这一模块的培养，可以使新员工清晰知晓即将从事的岗位对自身知识和技能的要求，进而明确自己的努力方向。该模块的考核方式为部门测试和撰写小结。

3. 工作文化培养模块（M3 模块）

让新员工全面了解和深入体会公司的管理文化，掌握公司推行的工作方法以及一些必要的工作技能，约为半年时间。

采取集中封闭培训、岗位轮换培训、业余自学、师带徒以及绩效辅导等培养方式。集中封闭培训主要由公司人力资源部组织实施，内容包括六西格玛精益运营思想与方法、综合体系标准、专项工具以及深入系统的工艺、设备与产品知识等。岗位轮换培训则由各部门组织实施，既包括工艺人员与设备人员之间的交叉学习，又包括上、下道工序间的穿插流动培训。

通过这一模块的培养，在帮助员工全面融入公司文化和管理要求、提升自身岗位适应能力的同时，还可以拓展其相关技能和素质，为员工以后的长足发展奠定坚实的基础。

此外，强制性翻班是这一阶段的一项重要举措。这也是钢铁制造业的行业特点，从事钢铁制造技术工作需要积累丰富的感性经验，才能在此基础上进行创新。这项举措不仅可以让新员工更细致地了解现场工作内容、锻炼自身的毅力和耐力，而且可以培养他们的同情心，进而加速人际关系的改善。

4. 军事训练培养模块（M4 模块）

提升新员工的执行力，培养他们的团队协作能力以及吃苦耐劳的作风，约为两周时间。

以集中封闭、正规化军事化训练的精神，设计形式多样的拓展训练作为培训方式。军训内容主要包括队列、步伐、军纪以及军事会操等，以培养新员工不折不扣的执行能力和吃苦耐劳的顽强作风。户外拓展训练内容包括信任背摔、团队桥、高空抓杠、电网等，通过寓教于乐、张弛交替的户外活动来培养新员工敢于挑战自我、积极参与团队协作的意识和素养。

5. 项目引导培养模块（M5 模块）

培养新员工解决实际问题的能力，并快速提升其综合素质，约为一年半时间。

由各部门组织实施，培训方式为“项目育人”，即让新员工单独负责或作为主要成员参与一个科研或质量攻关项目，使其在实战中深入了解工作内容及相关要求，熟练运用所学知识、方法和技能，全面熟悉工作流程，增强团队协作意识，在适度压力下体验自我成长的快乐。

经过 NET-5M 系统的培养，新员工不仅能清晰地知道公司的基本情况、部门的工作流程、自己的工作职责，树立与公司完全一致的价值观，而且能在“学中干、干中学”的过程中提升自身的综合实力，掌握专业技能、六西格玛工具与方法、体系管理知识、职业生涯规划方法，并培养较强的外语能力以及良好的团队合作、吃苦耐劳的意识和精神。这些素质将促使他们在未来的工作中创造出不可估量的效益。这种培训模式自实施以来，新进公司的员工100%通过了两年培养期考核，不仅全部顺利上岗，而且大多数已经成为所在部门的骨干，担当了解决现场问题、项目攻关、科研管理等方面的重任，并产生了一批专利、技术秘密和较为可观的经济效益。

### 二、团队合作完成训练任务

学生6～7人为一组，每组选出组长（学生轮流当组长，组长负责记录并担任小组的陈述代表）。组长带领小组成员根据已设计的相关学院学生会成员单个培训项目的培训内容及培训目标，选择合适的培训形式和培训方法。

## 训练任务完成效果评价

### 一、小组代表陈述与教师点评

各小组派代表陈述本人对相关学院学生会成员单个培训项目的培训形式和方法的选择。教师根据各小组代表的陈述内容进行点评。

### 二、教师评价

教师根据学生课后上交相关学院学生会成员单个培训项目的培训形式和方法，根据评分参考表的评价项目和分值、指标给各个学生评分（见表3-14）。

表3-14　学生评分表

| 小组成员 | 评价项目和分值、指标 | | | |
|---|---|---|---|---|
| | 培训方法的选择（60分） | 培训形式的选择（30分） | 完成的效率（10分） | 总成绩 |
| | 选择培训方法的合理性 | 选择培训形式的合理性 | 是否能按时或提前完成任务 | |
| 组长 | | | | |
| 组员1 | | | | |
| 组员2 | | | | |
| 组员3 | | | | |
| 组员4 | | | | |
| 组员5 | | | | |
| 组员6 | | | | |

# 任务6 确定培训经费

## 知识目标

掌握确定培训经费的常用方法；了解培训成本的内容。

## 能力目标

能够核算培训经费，编制培训预算方案。

## 情境和任务

### 一、学习情境

花露食品有限公司地处杭州郊区，其经过多年的开拓，周边地市的市场潜力已基本开发完毕。为了拓展国内其他省市的市场，公司在广西等地新招聘了10名有行业经验的业务经理，期望利用他们在当地的商业关系打开当地市场。元旦即将到来，公司决定利用假期对新招聘的10名业务经理进行一次为期3天的培训。小王负责这次培训的全程组织安排工作，所有费用由公司负担。

培训时间是12月27日至12月29日，参训人员必须在12月26日晚餐之前到达公司总部，最早在12月30日上午早餐之后离开，在途时间每人每天交通和伙食补助80元，平均每张机票800元；参训人员住宿安排为两人标准间，每间房费为260元/天；培训期间的伙食标准是早餐15元、中餐30元、晚餐40元；3天的培训由公司销售部、技术部、人力资源部的经理各负责1天，每个部门经理每天的工资平均为600元，每个业务经理每天的基本工资（不含销售提成）为150元，小王的平均工资为每天100元；资料费合计约300元；公司的场地维护及水电费用等约500元。

**思考：**请计算这次培训项目的总预算。

### 二、训练任务

根据前期设计的学校相关学院学生会成员单个培训项目的培训内容、聘请的培训师、选择的培训方法和形式等，完成培训的预算。

## 相关知识

国内一般企业培训总预算中，50%用于企业内部培训，40%用于外部培训，10%

为机动。

培训公司的成本分割大致如下：培训师费用占 20%，开发教材或支付版税占 20%，市场营销费用、交税和管理费用占 20%，操作费用占 10%，利润占 10%。

国内培训公司费用每人每天 500～2 000 元，国际培训公司费用每人每天 100～1 000 美元。

## 一、确定培训经费常用的方法

企业的培训活动必须要有充足的培训经费做保障。那么如何确定培训经费呢？确定全年的培训经费常用的方法有以下几种。

### （一）比例法

对有固定培训经费的企业而言，一般是根据一个基准值确定一定的比例，如以员工数量或全年销售额确定一定的比例。例如，某公司是以总销售额的 2%～3%来确定培训经费的，以 5%为上限。

### （二）人均预算法

首先确定企业内员工的人均培训费数额，再乘以员工人数，得到总值。

### （三）推算法

根据往年的培训经费，参考新培训变化来确定今年的培训经费。

### （四）需求预算法

在已确定年度培训计划的基础上，先计算每一项的预算，再计算出总的预算。

## 二、培训成本

确定单个培训项目的经费时，一般通过成本计算来确定总的培训费用。培训成本包括以下几项。

### （一）培训项目开发成本

包括培训师开发课程的成本、招聘和选拔内部培训师的成本、内部培训师的培训成本、咨询专家的费用、购买课程的费用、参加行业协会的会员费等。

### （二）向受训者和培训师提供的资料成本

包括印刷教材的费用、有版权材料的使用费、培训杂志的订购费等。

### （三）固定资产使用费

包括外部培训场地租赁费用，内部培训教室或培训大楼分摊的利息、房租、水电费和清洁费等，培训设施费用等。

### （四）交通及住宿成本

包括差旅费和住宿成本等。

### （五）培训师及辅助人员工资

包括外聘培训师的费用，内部培训师在培训期间的工资福利和其他费用，培训经理、行政人员和办事员的雇用成本等。

### （六）培训的机会成本

包括员工在培训期间的工资和费用、聘请替代受训员工的临时工的工资、员工参

加培训损失的生产率等。

### （七）其他培训成本

包括员工参加外部培训或教育时的学费和开支等。

## 实务指南

如果有一个培训可以有两种选择：一是在豪华的五星级酒店里举行，餐饮条件好，灯光好，气氛也很好；二是在公司内部的培训教室里举行。你认为应选哪一种？

分析参考：最贵的不一定是最好的，最合适的才是最好的。如果这次培训是一个有客户、各公司、各分销商总经理参加的培训，该培训有助于树立企业的良好形象，那么这个培训就应花大价钱在五星级酒店举行。如果只是公司内部的技术人员参加的培训，大家对环境的要求并没有那么高，就应在公司的培训教室举行，因为培训的目的是学习技术，而且可以节约成本。

培训成本并没有一个固定的标准，而是要“对症下药”，最合适的才是最好的。

## 训练任务完成

### 一、研究应用案例

培训成本分析表如表 3－15 所示。

表 3－15　培训成本分析表

| 项目 | 费用明细 | 费用分析情况 |
|---|---|---|
| 培训要素费用分配 | 培训场所及相关物品费用 | A①_____元 |
| | 培训设备费用 | A②_____元 |
| | 要素总分配费用（A） | A①＋A②＝_____元 |
| 培训需求分析费用 | 专家分析费用 | B①　　元/小时×　　工作小时数＝_____元 |
| | 助理分析费用 | B②　　元/小时×　　工作小时数＝_____元 |
| | 差旅费支出 | B③_____元 |
| | 咨询协商费用 | B④_____元 |
| | 其他开支 | B⑤_____元 |
| | 全部分析费用（B） | B①＋B②＋B③＋B④＋B⑤＝_____元 |

续表

| 项目 | 费用明细 | 费用分析情况 |
|---|---|---|
| 培训实施成本分析 | 1. 外部培训费用＝应交培训费用＋交通花费＋在岗培训费用<br>其中：在岗培训费用(C)＝学员人数(N)×培训天数×8×学员每小时平均工资 | |
| | 2. 内部培训费用(D)＝在岗培训费用＋教材费用＋消耗费用＋管理费用＋教师报酬＋证书费用＋其他杂费<br>其中：<br>教材费用＝课程设计总费用/教材重复使用次数<br>消耗费用＝材料消耗＋教学设备消耗＋教学设备折旧费<br>管理费用＝设备维护费用＋管理人员每小时工资×8×培训天数<br>教师报酬＝教师每小时工资×8×培训天数＋课程价值费<br>课程价值费分为技能培训价值费、管理培训价值费两部分，有着不同的价值标准。技能培训价值费一般为 10 元/天・人；管理培训价值费可分为初、中、高三个级别：初级一般为 30 元/天・人，中级一般为 50 元/天・人，高级一般为 100 元/天・人。 | |
| 培训评估费用 | 专家评估费用 | E①____元/小时×____工作小时数＝______元 |
| | 助理评估费用 | E②____元/小时×____工作小时数＝______元 |
| | 咨询协商费用 | E③______元 |
| | 估计全部评估费用（E） | E①＋E②＋E③＝______元 |
| 费用汇总及分摊 | 估计全部费用（F） | A＋B＋C（或 C＋D）＋E＝______元 |
| | 每个学员费用 | F/N＝______元 |

### 二、团队合作完成训练任务

学生 6～7 人为一组，每组选出组长（学生轮流当组长，组长负责记录并担任小组的陈述代表）。组长带领小组成员根据学习情境，运用以上相关知识对训练任务进行讨论与分析，编制出相关学院学生会成员单个培训项目的培训预算，并整合成为整个年度培训预算。

______________________________________________

______________________________________________

______________________________________________

## 训练任务完成效果评价

### 一、小组代表陈述与教师点评

各小组派代表陈述本小组制定的相关学院学生会成员单个培训项目的培训预算。教师根据各小组代表的陈述内容进行点评。

### 二、小组内互评

小组成员根据完成任务过程中个人的表现，按表 3－16 的评价项目和分值、指标对每个成员进行评分，课后上交小组成员内部评价表和相关学院学生会成员单个培训项

目的培训预算和年度培训预算的预算表（分项目进行预算再汇总成为年度培训预算）。

表 3－16　小组成员内部评价表

| 小组成员 | 评价项目和分值、指标 | | | | |
|---|---|---|---|---|---|
| | 与人交流的能力（25 分） | 与人合作的能力（25 分） | 解决问题的能力（25 分） | 职业态度（25 分） | 总成绩 |
| | 围绕主题，恰当清楚地表达意思的表现 | 与他人协同工作，处理合作过程中的矛盾的表现 | 提出对策或方案的质量 | 完成任务的主动、认真程度 | |
| 组长 | | | | | |
| 组员 1 | | | | | |
| 组员 2 | | | | | |
| 组员 3 | | | | | |
| 组员 4 | | | | | |
| 组员 5 | | | | | |
| 组员 6 | | | | | |

## 三、教师评价

教师根据小组评分参考表（见表 3－17）的评价项目和分值、指标给各个小组评分。

表 3－17　小组评分参考表

| 组别 | 评价项目和分值、指标 | | | | |
|---|---|---|---|---|---|
| | 预算项目分析（50 分） | 培训费用计算（30 分） | 完成的效率（10 分） | 组员参与程度（10 分） | 总成绩 |
| | 项目分析的准确性 | 计算的准确性 | 是否能按时或提前完成任务 | 参与讨论的成员数量 | |
| 第一组 | | | | | |
| 第二组 | | | | | |
| 第三组 | | | | | |
| 第四组 | | | | | |
| 第五组 | | | | | |
| …… | | | | | |

## 四、最终成绩计算方式

最后，教师可按以下公式计算个人最终成绩：

个人最终成绩＝小组成员个人成绩×40％＋所在小组成绩×60％

# 项目 4　组织和实施培训

**【引导任务】**

小张参加了某研究机构组织的一次培训，回来后到经理办公室汇报，讲完培训内容的重点后，他忍不住对培训管理评价了一番。

小张说："如果从培训管理的角度来看，实在是太不专业了！早晨去的时候还行，教室环境很好，多媒体器材也很新，茶水也准备了，还有人负责签到、发材料。可是上课时间推迟了半小时，培训师说是负责人给错了地址，他在院子里转了半天才找到教室。好不容易开始上课了，培训师水平很高，内容也很精彩，大家正听得起劲呢，音响坏了。负责签到的小姑娘找来维修人员检查了一下，维修人员说是有根电线出了问题，然后找了个梯子爬到天花板上找故障，大家一会儿看培训师，一会儿看维修人员，都搞不清谁是主角了。最后音响还是没修好，培训师只好提高嗓门，到下午嗓子都哑了。中午订的盒饭多了很多份，都浪费了。下午压根就没见到管理人员，直到快结束的时候才来了一个人，给大家讲了几句。培训完了，我们都在互相留名片，但培训师却没人管了，他就自己走了。"

学生 6～7 人为一组，讨论后派代表陈述这次培训为什么会乱糟糟的。

---

---

---

**【教师点评】**

培训的组织和实施是将设计好的培训计划、方案付诸实践的过程。如果前期的培训需求调查和培训计划做得好的话，培训实施就相对顺畅得多。但是，培训的实施涉及的人、部门和设施较多，容易在细节上出问题，因此，在这个过程中最重要的就是要求培训管理者做到周密、细心。

培训的实施管理工作可分为内部培训管理和外部培训管理，具体实施管理内容如图 4-1 所示。

培训专员在组织和实施培训阶段，有时既是培训活动的管理者，又是实施授课的培训师。作为培训管理者，需要为培训师和参训者提供培训前支持、培训中支持和培训后支持；作为培训师，需要熟练运用各种培训技能。

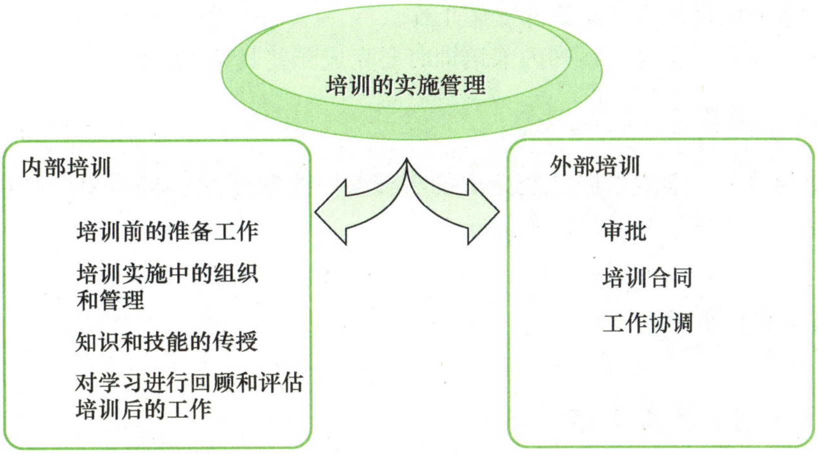

图 4-1　培训实施管理内容

# 任务 1

# 组织和实施内部培训

## 知识目标

了解培训实施前所需要完成的各项具体准备工作；了解培训实施中的注意事项及培训后的善后管理工作。

## 能力目标

掌握培训实施前的各项准备工作的要领；能开展培训中的具体事项的组织和管理；能完成培训后的各项善后事宜。

## 情境和任务

### 一、学习情境

为了提高企业的竞争力，香露饮料公司正在全公司内建立和推行 ISO9000 质量管理体系。为了通过 ISO9000 质量管理体系认证，香露饮料公司请某专业培训机构对全公司近 1 000 名员工进行一系列 ISO9000 质量管理体系相关知识培训；同时公司还送 20 名骨干员工脱产外出参加 ISO9000 质量管理体系内审员的学习和考证。培训专员拉拉负责这一系列内部培训的组织和实施工作。

**思考：**拉拉在负责这一系列内部培训时要完成哪些具体工作？

## 二、训练任务

以小组为单位，学生根据已经完成的学校某一学院学生会成员单个内部培训项目的培训计划，来完成培训的组织和实施方案。

## 相关知识

## 一、培训前的准备工作

### （一）确认并通知培训对象

培训对象经过申请批准后，管理者应当准备一份详细的培训对象的名单，注明个人资料以及联系方式，在培训开始以前把培训通知发到每个人。培训通知的内容包括培训的日程安排、交通路线和联系人等，并确保在培训开始以前所有培训对象都给予回复。如果有变动，应当及时通知培训对象。

### （二）确认培训场地和设备

#### 1. 确认培训场地

内部培训场地应尽量与工作场所保持隔离，避免互相干扰。

如果有专门的培训教室最好，如果没有专门的培训教室或者培训必须在工作岗位上进行，则应当严格规定培训日程和管理制度，保证完成培训项目。

内部培训课程需要培训管理者或培训师自己布置培训教室。布置培训教室时首先要最大限度地保证舒适和参与度，同时还应当考虑座位心理效应，使参与培训的人不要太拥挤，也不要过于疏远。

常见的培训教室布置方式有以下几种：

（1）传统式布置。

传统式布置（见图4-2）适用于参加的人数较多、以知识讲授为主的培训。这种教室布置使得培训环境较为封闭，形式比较正式；缺点是培训师与学员的沟通交流较少，对课堂的控制较差。

图4-2　传统式布置

（2）U形布置。

U形布置（见图4-3）适合人数在20人左右的研讨、游戏等培训形式。这种座位安排有利于学员与培训师、学员与学员之间的沟通和讨论，是一种比较有利的布置方式。但是这种方式占用空间较大，不适于人数较多的培训。

图 4-3　U 形布置

（3）圆桌式布置。

圆桌式布置（见图 4-4）使学员可以彼此观察，适合进行游戏等开放式的培训；但会使培训师与学员之间的沟通不够，而且学员之间容易互相影响，容易分散学员的注意力。

图 4-4　圆桌式布置

（4）小组式布置。

小组式布置（见图 4-5）一般用于小组讨论，不适合知识传授。这种座位布置方式不利于小组间的沟通，对培训师的集中讲解也不利。

图 4-5　小组式布置

2. 确认培训设备

首先检查开关、插座是否满足要求，灯光照明是否正常。电化教学设备包括多媒体（投影仪、电脑、音响）、录像设备等，培训前需要检查并调试好。

### （三）确认培训时间

培训时间要同学员与培训师确认，如果有变动，要及时通知并为相应的参与人员留出路上的时间。

培训时间的长度，原则上以白天 8 小时、晚上 3 小时为宜；要了解员工的工作状况，尽量不与正常上班时间冲突。

### （四）确认培训资料

1. 准备培训课程使用的材料

如果培训时学员需要使用教材、活动资料、培训讲义或考试卷等，培训组织者必须在培训之前准备好。

2. 准备白板、白板笔

培训组织者应该至少准备两种颜色的白板笔，比如黑色和红色。

3. 准备受训人员用的纸和笔

如果培训通知中没有要求学员自带纸和笔，培训组织者应为学员准备好。

4. 准备表格、证书

培训组织者应设计并打印好“培训前准备核查表”“培训签到表”“课程调查表”“受训人员满意度调查表”等培训过程中要使用的各类表格。对于比较正式的培训，还需要准备结业证书。

5. 准备其他物品

培训组织者需要准备好水、饮料和杯子等。如需就餐，还要做好就餐安排。如果培训师有要求，培训组织者还需按照培训师的要求准备相应的道具。

### （五）确认培训师

培训需要哪方面的专家要在培训实施前尽早确定，然后把希望讲授的内容、培训要求、用何种方法授课等明确地传达给培训师，并请其提供培训大纲，以便进行审核。

了解培训师的准备情况，包括培训师对课题的理解、对学员的了解，培训形式的设计是否符合课题和学员的特性。

安排和培训师见面，沟通培训的内容，及时解决培训师提出的问题。

确认培训师的个人资料以及培训师是否会变动。

## 二、培训实施中的组织和管理

### （一）课前准备

在开课之前，应当再次进行确认，尤其应当把所有培训可能用到的设备和器材一一试用，以保证它们能正常运行。应当指定一个场地设施的负责人，并保持同设备维护人员的联系，以应对培训过程中的突发情况。

### （二）营造培训氛围

根据培训内容安排合适的音乐，为培训营造适宜的氛围。

### （三）学员签到

学员报到时应在专门的签到表上签到，签到表的设计应包括姓名、部门等简单的个人信息。安排专门人员负责学员的签到，以便掌握学员的出勤情况。

### （四）学员心态引导

引导学员从工作状态转入到培训状态，在心态上有一个调整的过程，可以通过培训前的会议、讨论等形式帮助学员尽快完成这个过渡，为开始培训做好心理准备。

### （五）课前介绍

要介绍培训课程的内容、目标以及培训师的个人情况，要着重介绍培训师与培训内容相关的资历，以帮助培训师树立威信、增加学员对培训师的信心。

### （六）后勤安排和管理

包括住宿安排、交通安排、学习用品的提供等。

### （七）培训纪律

向参加培训的人员宣布培训纪律，包括考勤制度、课堂纪律、请假方法等。

### （八）培训日程安排

向受训者简单介绍已发放的培训日程安排表，使受训者对培训内容、时间和地点有比较清楚的了解。如果没有日程表，要把联系人或日程咨询方式向受训者说清楚，方便他们有问题随时询问。

### （九）破冰游戏

通过一些“破冰游戏”，激发学员的热情和兴趣，增进学员之间的了解，使学员尽快进入培训所需的状态。

### （十）学员自我介绍

如果学员人数不太多，尽量给每个学员自我介绍的时间和机会，帮助学员互相熟悉，也便于培训师和管理者熟悉学员的情况。自我介绍可以规定内容，也可以让学员自由发挥。

## 三、知识和技能的传授

知识和技能的传授是培训的重点，在这个过程中，培训管理者要注意观察培训师的教学表现、学员的课堂反应，对出现的问题要及时与双方沟通协调，帮助培训师顺利完成培训任务。具体管理内容包括以下几项：

（1）与培训师的沟通。包括授课方式是否需要调整；教材的适用性；态度的调整；与学员的互动状况如何，是否沟通不足或过多。

（2）与学员的沟通。包括进度沟通——课程的进度是否太快或太慢；内容沟通——课程的内容难度是否合适、是否需要调整，理论与实践的内容比例是否合适等；与培训师的互动是否不足或过多、方式是否得当等。

（3）协助培训师进行上课和休息时间的控制。

（4）培训记录工作。主要可通过纸笔、录音、录像等方式将课程过程记录下来。

## 四、对学习进行回顾和评估

### （一）对培训知识的总结

应当把总结内容的重点放在培训内容在以后工作中的运用上。培训管理者要协助培训师鼓励学员运用所学新知识、新方法和新技能，或把新的心态和行为带到自己的实际工作中去。

### （二）对培训课程的评估

一般对知识性培训采用测验的形式来进行评估，无法直接评估的内容可将培训后绩效和行为的改变作为评估成绩。

## 五、培训后的工作

### （一）服务工作

培训结束时，培训管理者应向培训师表示感谢，就培训工作征求培训师的意见，并将培训师的费用结清。如果有后续工作，应和培训师保持联系。

### （二）学员考核

根据事先准备好的测试工具对学员进行测试考核。

### （三）结业证书

如果有结业证书，可安排发放仪式，为学员的合影、通讯录的制作等提供帮助。

### （四）设备和场地整理

培训管理者应安排专人对培训场地、培训使用的器材进行整理、清洁。所有外租的场地和设施应办理相应的手续。

# 训 练 任 务 完 成

## 一、研究应用案例

**实施培训前的准备内容范例**

培训通知书

人力资源部：

我公司培训中心________年第________期中层经理人________培训将于________月________日正式开始，计划于________月________日结束。拟安排以下部门经理参加培训，请将以下要求通知参训人员。

1. 参训人员名单（略）

2. 培训时间：________年________月________日至________年________月________日（全封闭）。

3. 集合时间：________年________月________日上午7:30～8:00。

4. 培训地点：____________________。

5. 学员需带物品：身份证、换洗衣服、洗漱用品、备用药品、笔。

6. 如遇特殊情况，请联系培训负责人________，联系电话：________________。

××公司培训中心
年　月　日

培训签到表范例见表4-1。

**表4-1　培训签到表**

| 培训班名称 | | | | 培训班主办单位 | | | |
|---|---|---|---|---|---|---|---|
| 培训负责人 | | | | 培训起止时间 | | | |
| 签到名单 | | | | | | | |
| 1 | | 2 | | 3 | | 4 | |
| 5 | | 6 | | 7 | | 8 | |
| 9 | | 10 | | 11 | | 12 | |
| 13 | | 14 | | 15 | | 16 | |

## 二、团队合作完成训练任务

学生6～7人为一组，每组选出组长（学生轮流当组长，组长负责记录并担任小组的陈述代表）。组长带领小组成员根据学习情境，运用以上相关知识对训练任务进行讨论与分析，完成相关学院学生会成员具体内部培训项目的组织和实施方案。

______________________________

______________________________

______________________________

# 训练任务完成效果评价

## 一、小组代表陈述与教师点评

各小组派代表陈述完成的相关学院学生会成员具体内部培训项目的组织和实施方案。教师根据各小组陈述内容进行点评。

## 二、教师评价

教师根据学生课后上交的相关学院学生会成员具体内部培训项目的组织和实施方案，按评价表的项目和分值、指标给学生评分（见表4-2）。

表 4－2　学生评分参考表

| 小组成员 | 评价项目和分值、指标 | | | | |
|---|---|---|---|---|---|
| | 方案的合理性（30 分） | 方案的可操作性（30 分） | 方案的完整性（30 分） | 任务完成的效率（10 分） | 总成绩 |
| | 内部培训组织实施过程设计的合理性 | 具体方案的可执行性 | 内部培训组织实施过程的完整性 | 是否能按时或提前完成任务 | |
| 组长 | | | | | |
| 组员 1 | | | | | |
| 组员 2 | | | | | |
| 组员 3 | | | | | |
| 组员 4 | | | | | |
| 组员 5 | | | | | |
| 组员 6 | | | | | |

# 任务 2

# 组织和实施外部培训

## 知识目标

理解外部培训的组织和管理工作的具体要求、注意事项。

## 能力目标

能够操作外部培训中的各项事宜；会签订培训合同。

## 情境和任务

### 一、学习情境

为了提高企业的竞争力，香露饮料公司正在全公司内建立和推行 ISO9000 质量管理体系。为了通过 ISO9000 质量管理体系认证，香露饮料公司请某专业培训机构对全公司近 1 000 名员工进行一系列 ISO9000 质量管理体系相关知识培训；同时公司还送

20 名骨干员工脱产外出参加 ISO9000 质量管理体系内审员的学习和考证。培训专员拉拉负责外部培训的组织和实施工作。

**思考：**拉拉负责外部培训时具体的工作事项有哪些？

## 二、训练任务

以小组为单位，学生根据已经完成的学校某一学院学生会成员外部培训项目，来完成相关学院学生会成员外部培训的组织和实施。

# 相关知识

## 一、组织和实施外部培训的流程

组织和实施外部培训的流程如图 4－6 所示。

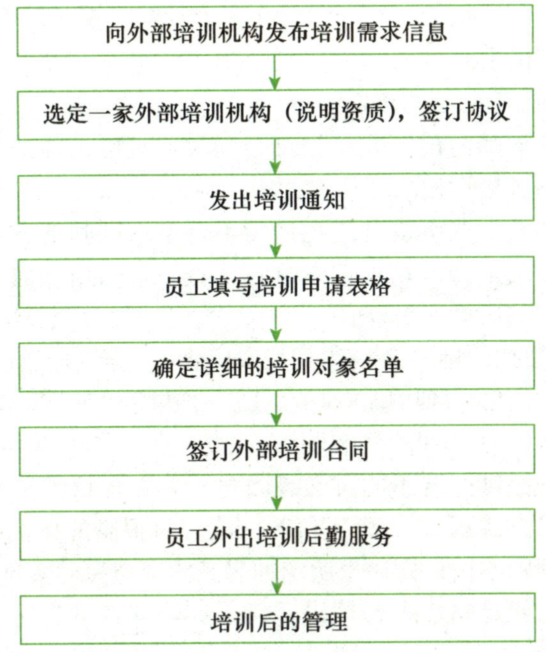


图 4－6　组织和实施外部培训的流程

## 二、组织和实施外部培训的注意事项

### （一）外出培训员工的管理

（1）员工自己提出申请，填写有关外出培训申请表格，经部门同意后交人力资源部征求意见，按管理权限呈企业领导审批，最后由人力资源部备案。

（2）签订员工培训合同，合同规定双方的权利、义务。

（3）要注意外出培训最好不要影响工作，没有什么特殊情况，不宜提倡全脱产学习。在工作日参加外出培训，视同在公司上班，但要提供学习考勤记录、学习成绩单。

### （二）向外部培训机构发布培训需求信息

培训管理者如果打算从专业的培训公司或教育机构购买培训课程而不是自行开发，那么首先要向相应公司或教育机构发布需求信息。一般来说，可以选择的培训供应商包括对应专业的专家、管理顾问公司、专业培训公司和各大专院校等。

发布的需求信息一般应当包括以下内容：

（1）概括说明企业所需要的培训种类。例如：需要房地产销售人员客户维护方面的培训。

（2）所需参考资料的类型与数量。例如：培训需要管理顾问公司提供相关的书面培训资料，保证人手一份以及人力资源部门的备份。

（3）接受培训的人数。例如：培训共有 20 人参加。

（4）项目资金。例如：培训企业预算为 2 000 元。

（5）服务水准和流程。详细列出需要对方提供什么样的服务、对服务评价的方式、双方洽谈合作的工作流程。

（6）项目完成的时间。例如：培训预计在两个月内完成，最长不超过三个月。

（7）公司接受申请的截止日期。

### （三）怎样避免请到不合格的培训师

（1）要在与外部培训师的供应公司签订合同时，对培训师的教学效果提出明确的要求，并约定对培训师的培训效果评估的方法。

（2）考查培训师的教学资历也是避免请到不合格培训师的方法。既要对培训师的资历进行考查，也要对培训师的培训记录进行考查，包括培训效果评估资料、学员的反馈、培训录音或录像的历史资料等。

（3）为了保证公司的培训需求能够得到真实反映，一定要向培训机构提出和培训师直接沟通的要求，而这一般也能得到培训机构的同意。如果条件允许，最好能请培训师到公司进行交流，让其实际感受一下公司的文化、运行状况，真正实现零距离的双向沟通。

（4）要求培训师先提供上课用的讲义或教材，并在与培训机构的合作协议中加上“必须按照双方商定的讲义授课，否则不付款（或只付很少的比例）”之类的限制性条款。这样可以避免培训师不按事先讨论所定的讲义内容与课时安排来讲课。

（5）最有效的方法就是请培训师试讲，或培训管理者试听培训师的相关课程，从而得到比较准确的评价。

### （四）对自学项目进行管理

除了由企业组织的培训项目外，员工也可以自己选择自学课程，主要方式有以下几种：

（1）学校教育。如国家承认学历的广播电视大学、在职研究生课程、成人高考、自学考试、函授等。

（2）政府部门组织的职业资格（如人力资源管理师）、专业资格（如会计）和专业水平（如英语四、六级）的考试培训。

（3）行业协会组织的证书考试培训。

（4）社会培训课程，如普通话培训、计算机培训等。

企业应当鼓励员工进行自学并尽可能地提供时间和费用上的帮助。培训管理者不

能因为员工的自学项目在培训计划之外而不闻不问，也要将其纳入管理的范畴。

1. 对学习内容的管理

（1）员工可以根据自己的喜好选择自学的内容。但是培训管理者应当鼓励员工从自己的职业生涯规划出发，选择有助于自己的职业发展的学习项目。

（2）培训管理者可以帮助员工挑选学习资源，为员工提供学习菜单。员工可以从学习菜单上挑选学习项目，公司可以在时间和费用上给予帮助。

（3）培训管理者可以为员工提供专业的培训咨询，帮助员工了解自己的知识水平，帮助其选择与自身知识水平相符的学习项目及适合自己的学习方法。

2. 对学习费用的管理

从原则上讲，企业可以不必为员工报销学习的费用，但为了鼓励员工自学以提高自己的能力，可以按照一定的标准为员工提供学费上的资助。

（1）参加学位教育的员工，在拿到学位证后给予报销全部或部分学费。这个规定一般用于高学历教育，如硕士或博士学位教育。有时也可以为企业急需的专业人才报销学费。

（2）参加证书教育的员工，在拿到证书后给予报销全部或部分学费。这个规定一般用于与工作或行业相关的证书，而且应当是国家资格或行业资格证书。

（3）少数员工如果确实需要参加企业培训计划之外的外部培训课程，在经过审批后，企业给予报销费用。

3. 对学习过程的管理

员工参加自学项目的时间比较长，尤其是学历教育，可能需要 2～4 年，因此对员工自我管理能力的要求也比较高。培训管理者应当介入员工的自学过程，向其提供支持，同时还要起监督与促进的作用。

（1）培训管理者可以要求员工提供学习计划和日程，定期对其学习进度进行检查。

（2）培训管理者可以要求员工提供培训评估成绩，并记入培训档案。

（3）培训管理者应对员工的学习成绩给予肯定，并帮助员工在工作中运用所学知识，以激励员工的学习热情。

（4）培训管理者可以组织学习小组，让参与自学的员工通过学习小组交流自己的学习心得，互相促进、互相激励。

## 训练任务完成

### 一、研究应用案例

拓展训练项目实施计划表见表 4-3。

表 4-3　拓展训练项目实施计划表

| 具体工作 | 完成时间 |
|---|---|
| 企业拓展训练需求的调查分析 | |
| 根据需求分析结果，制定、提供培训方案 | |

续表

| 具体工作 | 完成时间 |
| --- | --- |
| 探讨、完善并确认培训方案 | |
| 确认参训人数，签订培训协议，预付部分培训经费 | |
| 填写培训班预订单 | |
| 根据参训人数安排培训师 | |
| 安排住宿、餐饮 | |
| 将学员房间号、路线图传真或 E-mail 给参训企业 | |
| 下发“拓展培训通知”给每一位学员 | |
| 培训前的细节确认 | |
| 为参训学员上保险 | |
| 接待学员报到、安排住宿 | |
| 拓展训练实施 | |
| 确认培训班结算单 | |
| 学员对培训进行评估 | |
| 企业培训组织者对方案设计、培训效果进行评估 | |
| 付清培训费 | |

### 二、团队合作完成训练任务

学生 6～7 人为一组，每组选出组长（学生轮流当组长，组长负责记录并担任小组的陈述代表）。组长带领小组成员根据学习情境，运用以上相关知识对训练任务进行讨论与分析，完成相关学院学生会成员具体外部培训项目的组织和实施方案。

## 训练任务完成效果评价

### 一、小组代表陈述与教师点评

各小组派代表陈述完成的相关学院学生会成员具体外部培训项目的组织和实施方案。教师根据各小组陈述内容进行点评。

### 二、教师评价

教师根据学生课后上交的相关学院学生会成员具体外部培训项目的组织和实施方案，按评价表的项目和分值、指标给学生评分（见表 4－4）。

表 4-4　学生评分参考表

| 小组成员 | 评价项目和分值、指标 | | | | |
|---|---|---|---|---|---|
| | 方案的合理性（30 分） | 方案的可操作性（30 分） | 方案的完整性（30 分） | 任务完成的效率（10 分） | 总成绩 |
| | 内部培训组织实施过程设计的合理性 | 具体方案的可执行性 | 内部培训组织实施过程的完整性 | 是否能按时或提前完成任务 | |
| 组长 | | | | | |
| 组员 1 | | | | | |
| 组员 2 | | | | | |
| 组员 3 | | | | | |
| 组员 4 | | | | | |
| 组员 5 | | | | | |
| 组员 6 | | | | | |

# 项目 5　评估培训效果

【引导任务】

远方公司是上海一家股份制公司，按公司制订的培训计划，该公司人力资源部三月份要派人去深圳某培训中心接受一次培训。当时人力资源部的人员都想参加，因为此次培训的内容十分精彩，培训师都是在大公司工作且有丰富管理工作经验的专家，经过此次培训，一定会受益匪浅。但很不凑巧，当时人力资源部的工作特别忙，所以主管权衡再三，最后决定由手头工作比较少的小刘和小王去参加此次培训。

人力资源部主任把培训时间、地点、费用等事项跟小刘和小王做了简单交代，并将二人的工作做了暂时安排，两人就高高兴兴地去深圳参加培训了。培训期间的课程安排很紧张，内容也很丰富、很充实，小刘和小王听课很认真，对培训师所讲的内容进行了认真记录和整理。在课间与课后两人几乎总在一起，很少与其他学员或培训师进行交流。

培训结束回到公司后，只有主管简单地询问了一些培训期间的情况，小刘和小王没有与其他同事详细讨论过，由于工作仍然很忙碌，他们俩便急忙投入自己的工作了。过了一段时间后，同事们都觉得小刘和小王在培训后并没有什么明显的变化，还有人开玩笑说公司为两人培训花了一万多元只是给他们俩提供了一次公费旅游的机会。小刘和小王觉得有些委屈，因为培训时间紧张，他们压根儿就没有时间在深圳游玩，而且由于惦记工作，培训结束就赶紧回来了。此外，当时在听课的时候觉得内容很精彩，心里很受触动，但是对实际工作却并没有实质性的帮助，他们也想不明白是怎么回事。

学生 6～7 人为一组，讨论后，派代表陈述这是不是一次成功的培训，并说明理由。

______________________________________________________________

______________________________________________________________

______________________________________________________________

【教师点评】

从案例描述的内容看，这不是一次成功的培训，因为员工培训前后的工作行为与工作绩效并没有发生变化。出现这样的结果是不理想的，而出现这种结果的原因也是多方面的。本项目中，我们将就培训效果的评估与转化问题进行分析。

# 任务 1

# 设定培训效果评估目标

## 知识目标

理解培训效果评估在培训评估环节中的重要意义；理解培训效果转化的含义；掌握基础的培训效果评估的目标。

## 能力目标

能表述培训评估工作的主体工作内容；能确定简单的培训效果评估目标。

## 情境和任务

### 一、学习情境

在由公司举办的基层主管的研讨班上，技术部李主任总是坐在前排。该培训项目的主要内容是关于主管在工作中应如何授权给员工。在培训师上课时李主任非常同意地点头，积极参加讨论，表示他完全理解了为期两天的研讨班中所讲的全部内容。

培训结束后，李主任回到了其所负责的部门进行日常工作，他继续采用他 10 年来一直遵循的管理模式，部门里大事小事都由自己说了算，实际就是除了他自己之外不对任何人授权的模式。虽然他理解了研讨班研讨的内容，拥有了研讨班提供的材料，但是他并没有在工作中应用所学到的任何知识。

**思考：**如何确定李主任的培训效果的评估目标？

### 二、训练任务

以小组为单位，收集学校某一学院学生会成员近 3 年来的培训基本情况数据，选择其中的一次具体培训项目进行培训效果评估，确定此次学生会成员培训效果评估的目标。

## 相关知识

### 一、培训效果与培训评估

培训效果是指企业和受训者从培训当中获得的收益。培训评估是指收集培训成果

以衡量培训是否有效的过程。

企业培训评估的价值与作用在于：培训评估技术通过建立培训效果评估指标及评估体系，对培训是否达到了预期目标、培训计划是否具有成效等进行检查与评价，然后把评估结果反馈给相关部门作为下一步培训计划与培训需求分析的依据之一。

培训评估实质上是对有关培训信息进行处理和应用的过程。由于培训管理者和培训实施者提供的培训产品的好坏并非决定于培训活动的最终环节，而是决定于培训过程中的每一步，因此为了保证培训取得预期的效果，就必须对培训进行全程监控和评估。全程评估可以分为三个阶段，即培训前的评估、培训中的评估和培训后的评估。对培训进行全程监控，可以保证培训活动按照规划进行，保证及时解决培训过程中出现的问题，还能够将各种影响培训效果的因素记录下来，以便在以后的培训中加以改进和提高。

### （一）培训前的评估

对受训者进行培训前的状况摸底，了解受训者在与自己的实际工作高度相关的方面的知识、技能和能力水平，目的是与培训后的状况进行比较以测定培训的效果。如果培训的内容比较单一，摸底就没有必要在很大的范围内进行，只需在与培训内容相关的方面进行即可。

培训前进行评估的主要内容有：

（1）培训需求的整体评估。

（2）培训对象知识、技能和工作态度评估。

（3）培训对象工作成效及行为评估。

（4）培训计划评估。

### （二）培训中的评估

#### 1. 评估受训者与培训内容的相关性

培训要取得预期的效果，就必须保证培训内容与受训者实际需求的合理衔接，即向那些真正需要的人员提供培训。实际运作中的衔接方式有两种：一是先定培训内容再根据培训内容选择受训者，如财会培训班；二是先定受训者再定培训内容，如经理培训班。对前者就要审视受训者的选择是否合理，对后者就要根据培训前的摸底情况审视培训内容的设计是否恰当。

#### 2. 评估受训者对培训项目的认知程度

根据成人教育理论，只有当受训者对培训项目比较了解时，他才可能对培训产生兴趣并积极接受。因此，为了调动受训者的参与意识，培训的组织者就应该采取一些有效的措施，向受训者宣传此次培训活动的内容、进程、方式，让受训者对培训有一定的了解，并相应调整自己的态度和行为。此时就要监测受训者对培训的参与热情和持久性，其表现为受训者在培训过程中的出勤率和教学合作态度等方面。

#### 3. 评估培训内容

评估培训内容的目的是及时发现实际提供的培训内容与规划的培训内容之间的差异，保证实际提供的培训与计划高度一致。差异主要表现为提供了非规划的内容、内

容缺失或不完整、培训内容错位或非标准化。导致出现这种差异的原因可能有如下几点：培训项目的管理机构或人员没有严格按照规划实施培训；规划中的培训内容没有得到受训者的认同，从而在执行中走了样；不同项目之间的交叉或相互影响，使得管理者对培训内容做了调整；外部环境的干扰。一般情况下，应该保证培训按照规划进行，除非有充分的理由证明调整和改变的必要性。

4. 评估培训的进度和中间效果

监控培训进度是为了保证培训项目在时间进度和资源投入进度方面与规划保持一致。监控中间效果是为了评估受训者在不同培训阶段的提高和进步幅度，及时发现受训者取得的进步与规划预期的差距并采取补救措施。如果只是在培训结束后才来检查，即使发现问题也为时已晚。这种监控在大型的培训项目中特别是那些承接性很强的培训项目中非常有用。

5. 评估培训环境

根据学习转换理论，企业在制定培训规划时一般都会使培训的实施环境与受训者的工作环境尽量相似，以保证培训效果得到最大程度的转换。因此，在具体培训实施过程中，就需要及时分析受训者实际工作环境的变化，调整培训的实施环境，以保证培训适应新环境下的新需求。

6. 评估培训机构和培训人员

培训人员包括培训的管理人员和培训师。培训的管理人员和培训师都是培训的具体执行者，培训最终效果的好坏与他们的工作密切相关。此项评估的内容主要是他们的行为表现，如管理人员的工作积极性、合作精神、领导能力、沟通能力以及培训师的教学经验、能力、方法等。此项评估主要是为了保证培训机构和培训人员做好培训，使其满足真正的需要。

### （三）培训后的评估

培训后的评估是指在培训结束后要评估培训究竟发挥了多大作用，培训使企业和受训者的行为发生了多大程度的改变。也叫培训效果评估，是培训评估的重点，主要包括以下几个层次。

1. 学习内容评估

评估受训者究竟学习或掌握了哪些东西。可以以考卷形式或实地操作来测试。这时就需要把测试结果与培训前对受训者的摸底情况进行对比分析。

2. 工作行为评估

评估受训者的工作行为究竟发生了多大的改进。即受训者是否能将在培训中学到的知识和技能有效地运用到工作中。如果受训者在培训中学到的知识和技能未能有效地运用到工作中，培训也就没有发挥作用。

3. 企业绩效评估

评估企业的经营绩效有多大的提高。如果一项培训达到了改进受训者工作行为的目的，那么这种改进是否有助于提高企业的经营业绩呢？提高企业的经营业绩是企业投资培训的真正目的。

一般对培训效果进行评估可以按如图5-1所示的步骤进行。

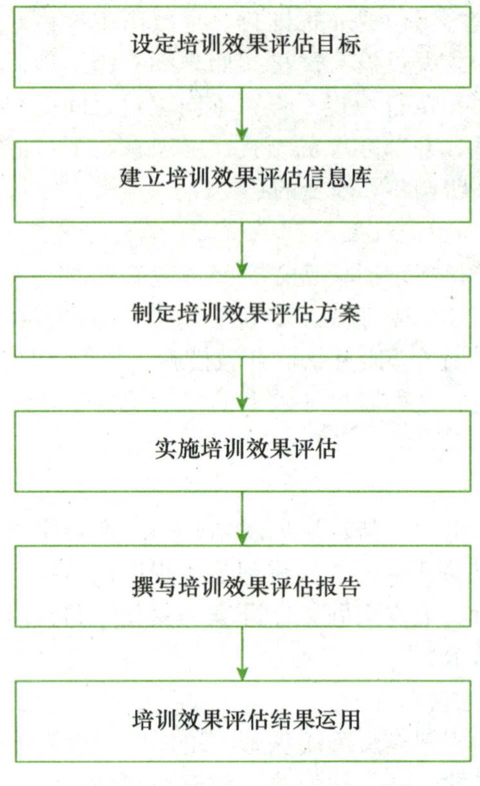


图 5－1　培训效果评估的步骤

## 二、培训成果的转化

### （一）培训成果转化的含义

企业培训的目的之一就是促使受训者持续而有效地将所学的知识和技能运用于工作中，因为培训成果的学习、长时间的维持以及在工作中的应用不单纯是培训活动能够解决的，所以企业必须创造有利的组织氛围，确保培训成果的应用，并防止受训者回到已经习惯的行为方式上。

有许多学者对培训成果转化有过论述。虽然这些定义在字面上有些差别，但归根结底培训成果转化所要强调的是以下两方面的内容：

（1）在什么样的情形和什么样的行为中，我们期望受训者运用他们在培训活动中所获得的知识、技能等。也就是说，培训者要确定三个方面的问题：我们期望受训者在培训之后必须改变什么行为；培训成果转化发生的频率和情境；受训者在面对变化的工作情境时能够应用所学内容的程度。

（2）我们期望受训者学习到的知识、技能和态度能保持多长的时间以及在工作中哪些因素能够加强知识和技能的发展。也就是行为维持的问题和在转化环境当中新行为的保持问题。

综上所述，培训成果转化就是指受训者持续而有效地将其在培训中所获得知识、技能和态度运用于工作当中，从而使培训发挥其最大价值的过程。当人力资源开发成

为企业人力资源管理的核心环节时，培训如何转化成业绩就成为关键问题。当个人的知识、技能和态度的转变与组织的需求紧密地联系在一起时，培训成果转化就成为核心问题。

## 实务指南

### 培训成果转化理论

很多学者认为，培训成果转化失败的原因之一就是培训项目设计很少考虑到学习成果的转化。也就是说，认知学习很可能会发生，但是受训者很可能没有在实际工作中运用培训内容的机会，或者培训过程中并没有教会受训者如何将所学内容运用于实际工作中。因此，我们有必要了解影响培训项目设计（学习环境）的培训成果转化理论，它们是同因素理论、激励推广理论和认知转化理论。通过对这三种理论的了解和运用，可以提高组织培训成果转化的能力。具体内容参见下表。

三种培训成果转化理论比较

| 理论 | 强调重点 | 适用条件 |
|---|---|---|
| 同因素理论 | 培训环境与工作环境完全相同 | 工作环境的特点可预测且稳定<br>例子：设备使用培训 |
| 激励推广理论 | 一般原则运用于多种不同的工作环境 | 工作环境不可预测且变化剧烈<br>例子：人际关系技能培训 |
| 认知转化理论 | 有意义的材料和编码策略可增强培训内容的存储和记忆 | 各种类型的培训内容和环境 |

### （二）培训成果转化的层次

成功的培训能提高员工的知识和技能，改善员工的工作态度，在实际工作中持续有效地进行培训成果转化，不断提高工作绩效，以推动企业向前发展。为了分析影响培训成果转化的因素，可以对培训成果的转化分层次进行分析。从培训接受者的角度来看，培训成果转化可以归纳为四个层次：

第一个层次是模仿式运用，也就是依样画瓢式的运用，即受训者的工作内容、环境条件与培训时的情况都完全相同时，才能将培训学习成果转化，其培训成果转化的效果取决于实际工作环境与培训时环境特点的相似程度。比如，情景模拟培训在这个层次的转化程度就大。

第二个层次是推广性运用，也就是所谓的举一反三，即受训者理解了培训转化的基本方法：掌握了培训目标中要求的最重要的一些特征和一般原则，同时也明确这些原则的适用范围。在工作环境（如操作设备、工作任务、实际问题）与培训时的环境特征有所差异时，受训者也能正确应用所学的知识和技能。这个层次的转化效果可通过培训师在培训时示范关键行为、强调基本原则的多种适用场合来提高。

第三个层次是融通式运用，即受训者在实际工作中遇到的问题或状况完全不同于培训过程的特征时，也能回忆起培训中的学习成果，融会贯通，建立起所学知识能力与现实应用之间的联系，并恰当地加以应用。

第四个层次是自我管理式运用，即受训者能积极主动地应用所学的知识和技能解决实际工作中的问题，而且能自我激励去思考培训内容在实际工作中可能的应用。比如，能较为恰当地判断在工作中应用新掌握的技能会产生正面还是负面作用；为自己设置应用所学技能的目标；对所学内容的运用实行自我提醒、自我监督；对培训内容的应用加以自我强化，以实现扬长避短、熟能生巧，继而进入创新地应用成果的良性循环。

### （三）影响培训成果转化的因素

要成功地完成培训项目，受训员工必须持续有效地将所学的知识和技能应用于工作当中，最好是转化为受训者的习惯行为，成为其自身素质的一部分，这一过程称为培训成果的转化（其实质是一种学习迁移）。如果培训活动结束后便无人过问培训是否起到了作用、受训员工能否把所学的知识和技能应用到实际工作中，从而改变他们的态度或行为、真正改善工作绩效，那么这个培训项目就是失败的。即使是受训者无意识地有所运用，但仍可以说这个培训只是走过场，因为结果无人问津。培训成果转化是培训学习的迁移，培训的目标就是学以致用。因此，培训成果转化这个环节对于提高培训的有效性至关重要。影响培训成果转化的因素包括受训者特点和工作氛围等。

#### 1. 受训者特点

受训者特点包括培训动机、文化水平及基本技能。一方面，受训者的培训态度、动机极大地影响着培训学习的效果和培训成果转化的程度。如某研究所的员工，有的抱着“既然让我去，那么去学学也没什么坏处”的想法，有的希望通过培训获得一个文凭或者证书，以便将来能因此获得晋升，而没有思考学过之后有什么实际价值，这样的动机对于培训的有效性是一大破坏。另一方面，虽然员工主观上积极参加培训学习，但是由于缺乏培训所要求的基本技能，只能进行第一层面的转化，只能照搬照套，情况稍有变化就不能灵活运用了。对以上问题，可以采取以下措施解决：

（1）在分析确定培训对象时应有所选择，应要求受训者具备学习培训项目内容所需的基本技能，即认知能力和阅读、写作能力。选择时，可以对候选人采用书面形式进行测试，测试结果不记入员工个人档案以消除员工的恐惧心理，避免其不愿意参加培训。

（2）要求受训者做好受训准备，端正学习态度和学习动机。

（3）如有必要，让员工就培训内容进行适当的自我学习和提高。

（4）明确告知受训者培训后将进行学习成果和应用情况考核，而且是有奖有惩并与晋升等待遇挂钩。

（5）如果员工不具备基本技能又不得不参加培训，可以将基本技能指导融进培训计划中。

（6）培训实施前可将培训设计的一些资料印发给受训员工，让他们事先阅读理解，这样对提高培训的有效性大有好处。

### 2. 工作氛围

这里的工作氛围是指能够影响培训成果转化的所有工作上的因素，包括管理者的支持、同事的支持、企业的学习氛围等。有利于培训成果转化的工作氛围应该具有以下特征：

（1）受训后员工的工作是按照让他们能够使用新知识、新技能的方式来设计的，这个工作特点能起到督促或提醒受训者应用在培训中获得的新知识、新技能和行为方式的作用。

（2）受训员工的直接主管及其他管理者能与受训者一起讨论如何将培训成果应用到工作当中，他们对受训者在工作中使用培训获得的新知识、新技能是持鼓励、支持的态度，而不是冷嘲热讽或漠不关心。

（3）管理者对刚接受完培训就将培训内容应用于工作中的行为加以表扬，以进行正向强化。当员工在应用培训内容出现失误时，管理者不会当众责难，而是个别指出并帮助其寻找原因和解决方法。

（4）受训员工若在工作中成功应用了培训内容，而且使用频率或改善绩效达到了某一规定标准，那么他们会得到加薪的机会，并将此记入员工个人档案作为全年绩效考核和晋升的依据。

## 三、设定评估目标，建立基本的数据库

### （一）确定评估目标

在开始项目评估时，首先要明确“为什么要评估”，也就是说评估的目标是什么，这是评估的方向性问题，对评估内容、评估标准、评估技术、评估人、评估时间都具有指导性和决定性的意义。例如：管理层要了解“以客户为中心的销售培训项目”是否能提高销售人员的销售技巧，要达成这一目的，那么销售人员访问客户的行为就是评估内容，评估标准就是期望的行为，评估技术可以采用观察法，评估人为销售人员的直接上司，评估时间是销售人员访问客户的过程。

评估目标和培训目标是息息相关的，培训评估的作用一般是考查培训目标是否达到了以及培训目标完成的程度。根据培训评估数据的使用目的，培训效果评估目标包括以下几种：

（1）从总体上对培训投资的有效性进行评价，为以后的培训预算工作提供参考资料。

（2）提高培训管理的效率。培训管理者通过评估过程获得经验和教训，从而提高自己的工作绩效。

（3）提高培训质量。及时的评估可以为改进以后的培训项目提供参考。

（4）提出培训需求。评估本身就是学习过程的一部分，通过培训效果评估可以了解原来的培训目标是否已经达到、达到了什么程度，通过对比差距来寻找新的培训需求。

### （二）明确评估标准

评估培训成果的标准是培训者和企业用来评价培训项目的尺度。无论是培训实践人员还是理论研究人员，都认为需要更全面的培训标准模型。可以将培训成果评估指标（见图 5－2）分成五大类：认知成果、技能成果、情感成果、绩效成果及投资回报率。

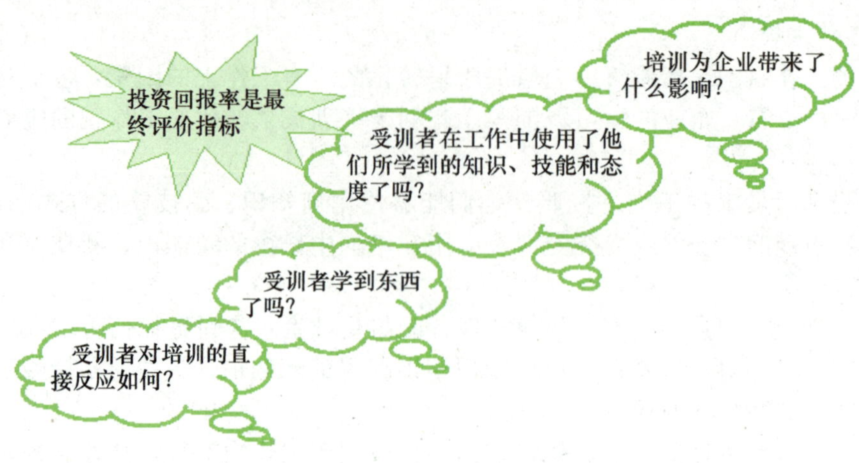


图 5－2　培训成果评估指标

1. 认知成果

认知成果可用来衡量受训者对培训项目中强调的原理、事实、技术、程序或过程的熟悉程度以及从培训中学到了什么。一般应用笔试来评价认知成果。

2. 技能成果

技能成果用来评价技术或运动技能以及行为方式的水平，它包括技能的获得与学习（技能学习）及技能在工作中的应用（技能转换）两个方面。可通过观察受训者在工作抽样中的绩效来评估其掌握技能的水平。技能转换通常是用观察法来判断的。

3. 情感成果

情感成果是包括态度和动机在内的成果。情感成果的一种类型是有关受训者对培训项目的反应。反应是受训者对培训项目的感性认识，包括对设施、培训师和培训内容的感觉。这类信息通常是在培训结束时收集的。其有助于了解受训者的哪些想法对学习有影响。虽然反馈能提供有用的信息，但它们通常与学习和培训转换的关系不大。

评估还需要收集其他一些情感因素，包括对多样化的忍耐力、学习动机、安全态度和顾客服务定位。情感成果可通过调查来进行衡量。

4. 绩效成果

绩效成果决定着企业为培训计划所支付的费用。绩效成果包括由于雇员流动率或事故发生率的下降导致的成本降低、产量提高及产品质量或顾客服务水平的改善。

5. 投资回报率

投资回报率指培训的货币收益和培训成本的比较。培训成本包括直接和间接成本。收益指企业从培训计划中获得的价值。

### （三）建立培训效果评估信息库

培训效果评估的基本前提是正确地收集与培训项目直接相关的数据。评估的数据可以通过不同的工具从培训的不同环节和过程中获得。为了有助于进行有效的测量，需要把数据分为两种基本类型——硬性数据和软性数据。

1. 硬性数据

硬性数据指的是那些容易收集的、理性的、无争议的事实，是评估中最理想的数

据类型。硬性数据可以归结为 4 种类型：产出、质量、成本和时间。硬性数据具有以下特征：

（1）容易测量和量化。

（2）转化为货币价值相对容易。

（3）建立在客观性基础之上。

（4）是组织绩效测量常用的量度。

（5）对管理来说比较可信。

### 2. 软性数据

软性数据指的是态度、激励、满意度、技巧使用等，很难进行收集与分析，因而一般当硬性数据难以得到时才使用。软性数据通常可分为 6 个领域：工作习惯、组织气候、新技能、发展、满意度和创造性。软性数据具有以下特征：

（1）有时难以进行测量或难以直接量化。

（2）很难转化为货币价值。

（3）在许多案例中，是建立在主观性基础之上的。

（4）作为绩效量度可信度较差。

（5）通常是行为主义取向。

### 3. 应收集的信息

数据库中应当收集如下一些培训效果的信息：

（1）培训实施的时间。

（2）培训目标：目标的设立是否能够真正满足企业的培训需求，包括组织需求、任务需求和人员需求。

（3）培训内容：设置的内容是否能够满足培训目标的要求。

（4）教材的信息：教材的选用、编制和内容设置等方面的要求。

（5）培训师的信息：培训师的能力、培训风格和受训者的评价等信息。

（6）培训日程安排：时间的长度安排、工作时间还是业余时间等信息。

（7）场地信息：室内还是室外、环境如何以及座位安排等信息。

（8）受训群体信息：是否适应培训形式、知识技能水平、个人特征以及群体特征等信息。

（9）培训形式信息：培训形式与培训内容的匹配度、与受训者的匹配度等信息。

（10）培训组织管理信息：培训实施过程的管理信息。

# 训 练 任 务 完 成

## 一、研究应用案例

### 康佳集团培训制度（节选）

以下内容为康佳集团培训制度中关于培训效果评估与培训内化（培训效果转化）

部分的内容。

**培训效果评估与培训考核**

26. 康佳学院通过培训效果评估增强培训效果，以决定是否需要更进一步接受培训或改进培训工作方法。

27. 常用的培训效果评估方法有如下几种，效果评估与培训考核可以结合在一起做：

- 培训课堂考核（纪律和态度）
- 培训评估
- 考试、心得报告、工作笔记、案例分析
- 现场操作
- 日常工作应用（有记录或成果）
- 工作改善计划或方案，并组织实施
- 分享、授课或主持研讨会
- 工作业绩

28. 集团组织的各类培训必须进行培训效果评估，由学员填写"课程评估调查表"，征询学员对本次培训课程的安排、培训师的评价，以利于以后的工作。

培训结束后学员应创造性地将在培训中获得的知识、技能在工作中应用，康佳学院将不定期地到各部门了解培训后学员行为的改变程度。

29. 培训评估与考核的主要目的是：促使学员在学习中遵守纪律、认真学习；便于改善培训工作；督促学员应用培训所学的知识和技能。

30. 学员是培训考核活动中的被考核人，培训考核一般由学员的上司负责，康佳学院协助。跨部门学员的考核由康佳学院组织。

31. 康佳学院于每年年中（六月底）对培训效果及要求进行检讨，并通过月/季度培训计划的实施加以修正。

**培训内化**

32. 获得最佳培训效果的关键在于知识、技能的转化、传播、应用和重复。

33. 转化。培训结束，学员应当制定培训内容转化为工作技能的措施，并利用专业知识改善工作的可能着眼点和可能程度。

34. 传播。培训学员应当将培训内容以分享会、研讨会、授课等方式传授给其他同事，传授范围应当包含：本部门同事＋本系统相关人员＋与本人工作流程接口的同事。

35. 应用。学员有责任将培训内容结合企业实际情况持续不断地应用于工作实践，提升本人和同事的工作能力，最终养成良好的工作习惯，改善企业工作。

36. 重复。培训效果好坏的关键是持续不断地重复传播和应用。学员就应自觉不断地结合工作实际应用知识和技能，待有进一步的提升时应当再行传播，与同事分享。

37. 成果。培训内化的成果表现为员工工作能力提升、工作习惯形成、工作改善、业绩提升。

38. 组织。培训内化工作由康佳学院组织，并指定专人督促，有必要的要进行考核。督促人一般为学员的上司；学员跨部门的，康佳学院承担协调任务。

## 二、团队合作完成训练任务

学生 6～7 人为一组，每组选出组长（学生轮流当组长，组长负责记录并担任小组的陈述代表）。组长带领小组成员根据学习情境，运用以上相关知识并参考所给的培训案例对训练任务进行讨论，以小组为单位，调研相关学院学生会成员近 3 年来的培训基本情况，并选择其中一次具体培训项目进行培训效果评估，确定培训效果培训目标。

# 训练任务完成效果评价

## 一、小组代表陈述与教师点评

各小组派代表陈述本小组收集的相关学院学生会成员培训的数据及确定的单次培训项目的评估目标。教师根据各小组陈述内容进行点评。

## 二、小组内互评

小组成员根据完成任务过程中个人的表现，按照表 5－1 的评价项目和分值、指标对每个成员进行评分，课后上交小组成员内部评价表和收集的相关学院学生会成员培训的数据及确定的单次培训项目的评估目标。

表 5－1　小组成员内部评价表

| 小组成员 | 评价项目和分值、指标 | | | | 总成绩 |
|---|---|---|---|---|---|
| | 任务完成的情况（25 分） | 与人合作的能力（25 分） | 解决问题的能力（25 分） | 职业态度（25 分） | |
| | 在小组工作中所承担的任务完成的情况 | 与他人协同工作，处理合作过程中的矛盾的表现 | 提出对策或方案的质量 | 完成任务的主动、认真程度 | |
| 组长 | | | | | |
| 组员 1 | | | | | |
| 组员 2 | | | | | |
| 组员 3 | | | | | |
| 组员 4 | | | | | |
| 组员 5 | | | | | |
| 组员 6 | | | | | |

## 三、教师评价

教师根据小组评分参考表（见表5-2）的评价项目和分值、指标给各个小组评分。

表5-2　小组评分参考表

| 组别 | 评价项目和分值、指标 | | | | 总成绩 |
|---|---|---|---|---|---|
| | 评估目标的内容（40分） | 数据收集的程度（40分） | 任务完成的效率（10分） | 组员参与程度（10分） | |
| | 评估目标设定的有效性 | 数据收集的有效性和完整性 | 是否能按时或提前完成任务 | 参与讨论的成员数量 | |
| 第一组 | | | | | |
| 第二组 | | | | | |
| 第三组 | | | | | |
| 第四组 | | | | | |
| 第五组 | | | | | |
| …… | | | | | |

## 四、最终成绩计算方式

最后，教师可按以下公式计算个人最终成绩：

个人最终成绩＝小组成员个人成绩×40%＋所在小组成绩×60%

# 任务2
# 制定培训效果评估方案并实施评估

### 知识目标

掌握常见的评估工具与评估方法；理解影响评估工具有效性的因素。

### 能力目标

能够制定简单的评估方案；能够运用常见的评估工具和评估方法进行培训效果评估。

# 情境和任务

## 一、学习情境

康兴煤炭股份有限公司为康平县所属的股份制煤矿企业，主要产品为工业用煤，煤的种类以长焰煤为主、褐煤为辅。产品直销清河电厂、铁岭电厂和正在建设的康平坑口电厂。由于运距短、成本低、市场竞争优势大，产品供不应求，数年后达到设计产量时也不会出现产品滞销现象。目前康兴公司的煤炭开采全部采用综合采煤机组，自动化、机械化水平处于国内领先地位，劳动生产率高、单位成本低、效益好，并且安全可靠。

康兴煤炭股份有限公司的人力资源系统比较健全，运转良好。基本工人队伍来源于本地农村剩余劳动力，按条件被录用后经过半年培训并考核合格后上岗工作。专业技术人员一部分来源于从铁法矿务局引进的骨干，其余靠在当地选送高中毕业生到各大学定向培养。公司实行全员合同制，为保证职工一定的流动性和进取性，在每年续签合同时都要解聘10%左右的工人，相当于末位淘汰制。公司工资制度为固定工资加奖励，但是职务、岗位、技术、工龄等固定工资只占工资总额的30%，奖励工资占70%。目前全公司人均年收入是当地企业职工年均收入的2倍以上。公司除按国家规定为职工定期缴纳养老保险、医疗保险、失业保险、住房公积金外，还为井下工作人员购买意外伤害保险。

康兴煤炭股份有限公司的企业文化建设比较先进，公司用了近一年的时间，借助于其相对健全的培训制度体系，运用宣讲、竞赛、测试等培训方式，坚持对全体职工进行企业文化的全面培训。人力资源部经理要求负责培训工作的王主任制定一份评估方案，评估培训效果，并为后续开展的培训工作提出建议。

**思考：**王主任可以运用什么方法进行培训效果的评估？

## 二、训练任务

运用本项目中所学到的相关知识并参考各种资料，以小组为单位，制定一份相关学院教师培训项目效果的评估方案并进行评估。

# 相关知识

## 一、制定评估方案

评估方案的制定包括五个方面：评估层次的选择、评估方法的选择、评估人员的选择、评估对象的确定、评估时间与地点的确定。

### (一) 评估层次的选择

柯氏（Kirkpatrick）四层次模型理论奠定了培训效果评估的理论基础，可以根据评估目的和目标，采用相应的模型对反应层、学习层、行为层和结果层进行部分或全面的评估。

1. 反应评估

反应评估是第一级评估，即在课程刚结束时，了解学员对培训项目的主观感觉或满意程度。第一级评估目标往往包括对培训项目的肯定式意见反馈和既定培训计划的完成情况。

反应层面需要评估培训内容、培训师、所用方法、材料、设施、场地、报名的程序等。对这个层面，首先要有总体的评价，比如询问学员：你感觉这个课怎么样？你会向其他人推荐这个课吗？但是这样容易产生一些问题，比如以偏概全、主观性强、不够理智等，因此还必须采用更细致的评估方法。反应层面评估适合的调查方式主要有问卷、面谈、座谈、电话调查等。

反应层面的评估易于进行，是培训评估中最基本、最普遍的评估方式。但它的缺点显而易见，比如，因为对培训师有好感而给课程全部高分，或者因为对某个因素不满而全盘否定培训课程。

2. 学习评估

学习评估是第二级评估，着眼于学习的度量，即评估学员在知识、技能、态度或行为方式方面的收获。评估的方法很具体，无论是测试、模拟、技能练习还是培训师的评价都是为了评估学习的情况。这个层面的评估往往在培训中或培训后进行，由培训师或培训团队中的辅助人员来负责实施。

学习层面主要采用的评估方法有考试、演示、讲演、讨论、角色扮演等。这个层面评估的优点是：培训学员有压力，能够使他们更加认真地学习；培训师也有一种压力，能够使他们更负责、更精心地准备课程和讲课。学习是行为改善的第一步。但问题在于压力可能是好事也可能是坏事，也许会使报名者不太踊跃。另外，这些测试方法的信度与效度衡量、测试方法难度的适中性等不易把握，因此对工作行为转变来说并不是最好的参考指标。

3. 行为评估

行为评估是第三级评估，即评估学员在工作中的行为方式有多大程度的改变。行为层面的评估主要有观察法、问卷法、主管的评价、客户的评价、同事的评价等方式。这个层面评估的好处是：可以直接反映课程的效果；可以使高层领导和直接主管看到培训的效果，使他们更支持培训。

对于行为评估来讲，其目标涉及更广泛的领域，即培训的应用领域，包括重要的在岗活动。评估的实施时间往往是在培训结束的几周或几个月之后。由于这种评估将涉及几个方面人员的参与，包括培训和开发人员、区域培训师或地方经理的参与，所以在运作的初期就明确行为评估的时间、方式、涉及人员等是很重要的。

但是，行为层面的评估要花很多时间和精力，人力资源部门可能忙不过来；问卷的设计非常重要却比较难做；因为要占用相关人员较多时间，大家可能会不太配合；员工的表现多因多果，如何剔除其他因素的影响而单纯看出培训对行为的影响也是一个问题。

#### 4. 结果评估

结果评估是第四级评估，其目标着眼于由培训项目引起的业务绩效的变化情况，包括对每个项目的度量方法，通过诸如质量、数量、安全、销售额、成本、利润、投资回报率等企业或学员的上司最关注的并且可量度的指标来考查、判断培训成果的转化，与培训前进行对照，看最终产生了什么结果。时间的间隔取决于学员多长时间才能取得持续不变的业务效果，往往是培训后的几个月。收集第四级评估的数据所涉及的责任人包括学员本人、上级主管、区域培训协调员或者外部的评估人员。

### （二）评估方法的选择

评估方法是在人力资源开发的适当阶段实施的收集数据的手段。数据收集的方法形式多样，具体方法包括：观察法、问卷调查法、测试法、情景模拟测试、绩效考核法、360度考核法、前后对照法、时间序列法和收益评价法等。其中，前五种方法应用相对较为简单比较普遍，这里我们着重介绍后四种方法。

#### 1. 360度考核法

这种方法是一种全方位的考核方法，在人力资源管理的各个方面都有应用。一般是通过被考核人的上级、同级、下级和服务的客户对其进行评价，从而使被考核人知晓各方面的意见，清楚自己的优势和缺陷，以达到提高自身能力的目的。

这种方法在用于培训效果评估时，一般采用上级主管评价、自评和同事评价，并按照40∶30∶30的比例组合最后得分。

这种方法对于了解受训者工作态度或培训后行为的改变比较有效，适用于行为层次和结果层次的评估。它虽然实施时间长、成本高，但有利于提高评估的公平性。

#### 2. 前后对照法

选取两个条件相似的小组，在培训前对两个小组进行测验，分别得到两组成绩。一个小组施加培训，另一个小组不进行培训，在培训结束后再对两个小组进行测验，比较每个小组的工作业绩，看培训是否有作用。

这种方法得到的效果数据比较明显，但实施起来比较复杂，涉及影响因素也比较多，因此得到的数据容易有争议。这种方法对培训评估者水平要求比较高，因此由专业公司实施比较好。

前后对照的评估方法通常用在较高层次和比较重要的培训效果评估中。

#### 3. 时间序列法

时间序列法是指在培训实施后定期做几次测量，通过数据对比来准确分析培训效果转移程度的方法。

这种方法对于了解培训效果转化非常有用，但时间较长，影响因素多，受企业、员工和环境的变动制约大，如果管理不善可能会导致数据流失。这种方法一般用于培训的最终结果评估。

#### 4. 收益评价法

收益评价法即把培训成本与收益进行对比的方法。企业的经济性特征迫使企业必须关注培训的成本和收益。收益评价法就是从经济角度综合评价培训项目的好坏，计算出培训为企业带来的经济收益。但并不是所有的培训项目都能直接计算其经济收益，例如，操作性和技能性强的态度行为改变的培训项目就很难计算其经济收益。

培训效果的评估是很复杂的管理活动，企业需要视不同情况选择合适的层次和方法（见表5-3），才能得到真实和客观的评估结果。培训效果评估的层次和方法一般可以多种联合使用。

表5-3　培训效果评估的层次和方法列表

| 层次 | 评估内容 | 评估方法 | 评估时间 | 评估单位 |
| --- | --- | --- | --- | --- |
| 反应评估 | 衡量学员对具体培训课程、培训师与培训组织的满意度 | 问卷调查<br>面谈观察<br>综合座谈 | 课程结束时 | 培训单位 |
| 学习评估 | 衡量学员对培训内容、技巧、概念的吸收与掌握程度 | 提问<br>笔试<br>口试<br>模拟练习与演示<br>角色扮演<br>演讲<br>心得报告与文章发表 | 课程进行时<br>课程结束时 | 培训单位 |
| 行为评估 | 衡量学员在培训后的行为改变是否因培训所导致 | 问卷调查<br>行为观察<br>访谈<br>绩效评估<br>管理能力评鉴<br>任务项目<br>360度考核 | 培训结束三个月或半年以后 | 学员的直接上级 |
| 结果评估 | 衡量培训给公司业绩带来的影响 | 个人与组织绩效<br>生产率、缺勤率、离职率<br>成本效益分析<br>组织气候等资料分析<br>客户与市场调查<br>满意度调查 | 培训结束半年、一年以后 | 学员的单位主管 |

## 案例阅读

### 呼叫中心培训效果评估实务操作

呼叫中心在进行培训效果评估时，往往根据培训种类的不同综合采用多种方法。

1. 考试法

这是在培训结束后对所学习的内容以笔试和面试的方式进行考核，以了解学员对知识的理解程度的一种手段。在笔试时，设计问卷一定要注意技巧性，应以开放式的题目为主，鼓励学员对所学习的课题进行深入的思考，并与实际工作相联系。不鼓励把考题设计成学习考试式的问卷，即许多以检验事实是否被记住的填空、选

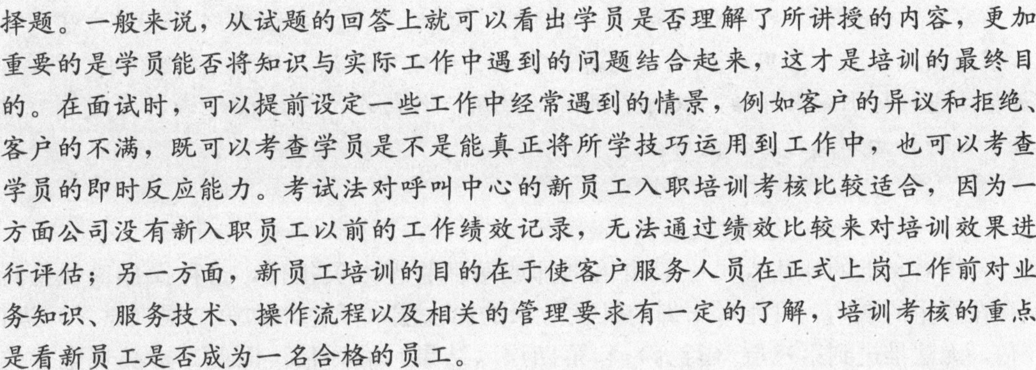

择题。一般来说，从试题的回答上就可以看出学员是否理解了所讲授的内容，更加重要的是学员能否将知识与实际工作中遇到的问题结合起来，这才是培训的最终目的。在面试时，可以提前设定一些工作中经常遇到的情景，例如客户的异议和拒绝、客户的不满，既可以考查学员是不是能真正将所学技巧运用到工作中，也可以考查学员的即时反应能力。考试法对呼叫中心的新员工入职培训考核比较适合，因为一方面公司没有新入职员工以前的工作绩效记录，无法通过绩效比较来对培训效果进行评估；另一方面，新员工培训的目的在于使客户服务人员在正式上岗工作前对业务知识、服务技术、操作流程以及相关的管理要求有一定的了解，培训考核的重点是看新员工是否成为一名合格的员工。

2. 问卷调查法

问卷调查也是呼叫中心评估培训效果时的常用手段。一般来说，主要是让学员对课程的针对性、课程的时间安排、教材的选择、培训内容的逻辑性、培训内容的实用性、培训形式、培训师的培训风格、培训师的专业知识等各个方面进行评分，并对最高分或者最低分给出具体的理由。评分时各选项可以设置不同的权重以反映培训组织者所关注的重点。除了评分之外，问卷中还可以设计一些开放性的问题，例如，你觉得对自己最具意义的培训内容是什么？你对哪部分培训内容印象最深？你觉得培训需要改进的地方是什么？这些问题的答案可以帮助培训组织者积累总结经验。问卷调查法对呼叫中心的日常培训都比较适用。这种方法的主要目的，是使培训组织者通过了解学员对培训的看法，不断地改进培训工作，同时也可以了解学员对培训的真实需求。

3. 绩效评价法

绩效评价法对呼叫中心在岗人员培训比较适用，应在培训结束后的三个月内注意观察学员工作绩效发生的变化，对照以前的绩效记录评估培训效果。例如，某呼叫中心针对疑难问题的处理开展了培训活动，那么培训后就应该对客户服务人员独立解决客户疑难问题的能力进行考查，如A员工在培训前三个月的平均电话转接率为7%，在参加培训后三个月其平均电话转接率下降为5%，这就说明培训产生了良好的效果。

4. 目标分析法

在呼叫中心培训效果评估中也可以使用目标分析法，根据在培训需求调查阶段设定的培训目标对培训效果进行考核。比如一项针对客户信息服务人员的计算机操作与软件使用的培训，在培训开始前设定的目标是使平均事后处理时长在一个月内下降20%，那么在培训结束后主管就应该时刻关注报告中平均事后处理时长的变化，检测在规定的时间内培训能不能达到预期的效果。

5. 主管人员评估法

呼叫中心的培训效果评估还可以使用主管人员评估法。在培训结束后，应在近期内有针对性地对受训学员开展现场监听指导，根据监听的结果对培训效果做出评价。比如，在客户投诉处理技巧的培训之后，可以有目的地对学员进行现场监听，了解学员对所学技巧的掌握程度和运用能力。

启示：培训效果的评估是培训工作非常重要的部分。在该案例中，客户呼叫中心根据实际情况，采用考试法、问卷调查法、绩效评价法、目标分析法和主管人员评估法进行培训效果评估，取得了很好的效果。作为人力资源管理者，实施的关键在于各种评估方法的结合使用。

#### （三）评估人员的选择

传统意义上的评估人员一般由培训师或培训管理人员担任，这种操作简便易行，但存在严重的缺陷，只能对培训与开发效果的第一层（反应）和第二层（学习）进行评估，无法推进到第三层（行为）和第四层（结果）的评估。因此，要实现全方位、多层次的评估，必须将所有和培训与开发利益相关者列为评估候选人，一般包括5个方面：培训项目发起人（高层管理者）；培训部门负责人；培训师；学员的直接上司；学员本身。但是在实际操作中需要注意，并不是每一个项目或每一个指标的评估都需要上述所有候选人同时参加，应该根据具体需要选择相应的人员。

#### （四）评估对象的确定

培训效果评估是对培训与开发整个过程和结果的考查和评价，因此，其评估对象应包括目标、流程和结果、相应的关键事件和人员，即阶段目标的实现程度、流程的有效性、结果与目标的偏差、关键事件发生的条件和频率、人员的反应和表现等。

#### （五）评估时间与地点的确定

对需要即时评估的内容如连续性很强的知识性内容需要随时进行评估，否则会影响后续流程的有效性；对有些评估如综合学习项目的子项目就需要分阶段评估；而对大多数与经济指标相关的效果评估，则必须在项目结束后的半年甚至更长的时间实施。至于评估的地点，可以因地制宜，以方便、灵活为准则。

## 二、实施评估

在实施培训评估这一步骤中，评估者对收集到的需求分析报告、项目计划、课程反馈表、测试答卷、角色扮演记录、学员行动计划等原始资料进行统计、分析，通过问卷、访谈、现场观察等评估方法从不同层面展开对培训的评估，并将结果与评估标准进行对照做出相应评价，得出培训与开发活动的目的是否达到以及达到的程度的结论。

### 案例阅读

#### 360度培训绩效评估的应用

很多企业都越来越重视培训评估工作，以保证培训的实用性和有效性。以下是某纺织企业做培训绩效评估的案例。

**项目背景**

××纺织公司近几年来快速发展，成为集团公司非常重要的生产基地。公司有

将近5万名员工，规模非常庞大，是当地市政府的纳税大户和龙头企业。××纺织公司的业务范围包括了整个纺织行业的产业链，从棉花种植、纺纱、印染、织造到成衣，覆盖了上下游所有的领域。

由于企业做培训工作时间长，具有很好的培训管理基础，企业的培训工作得到了上级领导的大力支持；培训管理人员素质较高，工作的主动性、进取性都比较强；企业培养了一批素质较好的内部培训师队伍，能结合员工需求和企业特点经常开展培训课程；企业把培训管理与绩效管理结合起来，已建立了初步的培训考核制度。

但是，在培训评估中，仍然存在一些不足：

(1) 企业的培训工作仅有上级领导的单方面支持，各级中层、基层管理人员对培训工作重视不够。

(2) 在培训课程的安排上，存在着部门间“大锅饭”平均分配现象，并没有根据企业阶段性的目标战略在培训内容及受训者层次等安排上向需求更迫切的部门、岗位和层级倾斜。

(3) 对培训的评估仅仅局限于课堂现场，没有进一步发挥受训者直接上级主管的作用：在培训后延伸辅导、监督、激励，把培训效果落实到员工的日常工作中从而提升工作绩效。

(4) 在培训效果对绩效改进的评估上，结合点不够明晰。对培训后的部门、员工的业绩提升无明确的衡量标准，培训的投入收益比也尚未衡量。

**引入360度培训绩效评估**

根据上述的现状分析，咨询专家提出了解决方案的总体思路：建立360度培训绩效评估体系。从培训形式来划分，企业的培训有：长期脱产培训、轮岗培训、短期培训、工作中培训（主管、老员工在工作中的“传、帮、带”）等。360度培训绩效评估体系非常适用于企业中的各类短期培训，也就是目前该企业主要实施的培训形式。

360度培训绩效评估，顾名思义，就是全方位地进行评估。在培训过程中，培训师、培训机构、企业培训管理部门、受训者直接主管、受训者本人等，既是培训的参与者、被评估者，同时也是培训的评估者。360度培训绩效评估，就是对同一培训课程多个角色进行评估，对同一评估对象多个维度进行评估。多角色、多维度评估的结果，按不同的评估目的提取不同的要素、确定不同的权重，得出最终的培训绩效评估结果。

1. 培训前期的评估

在培训前期，主要是针对受训者进行评估。首先，由培训组织管理者组织相关人员对受训者的知识、技能等方面进行评估。然后，由受训者的直接上级主管，根据受训者的工作业绩和综合表现，针对受训者的绩效短板或受训者未来职业发展方向提出培训建议。综合所有对受训者的评估来制定企业培训规划，确定各阶段培训计划、目标、内容、师资、教材、场地等。

2. 培训过程的评估

在培训过程中，主要是针对培训对象的参与状况、培训内容、培训进度和效果、培训组织人员的工作质量、培训的沟通协调机制、培训师的能力等方面进行评估。

其具体的评估项目包括：受训者的培训纪律、参与态度；培训的具体内容、培训强度、培训频率、培训时间；培训课堂的时间进度和资源投入进度、对内容的把握程度；培训课堂的组织、沟通、协调；培训师的素质、能力、现场表现等。

做好培训过程评估，可以及时把握培训进程，及时检查培训组织管理者、培训师、受训者的工作、学习情况，排除不利于培训的一切消极因素，对不适用的内容或不称职的培训师及时调整，力保培训目标的实现。

3. 培训后的评估

培训后的评估主要是针对培训数量、培训质量、培训效益等方面系统地考查与评估。

培训数量评估的内容包括：举办培训班次、参加培训人次、达到培训基本要求的人数比例、获得相应合格或资格证书的人数比例、受训者满意/投诉比例等。

培训质量评估的内容包括：受训者参加培训后在知识、技能、工作态度、业绩等方面是否得到了提升。可采用考试、考查、访谈、情景模拟、抽样调查、关键事件法、适应性绩效评估法等方式进行。

培训效益评估的内容包括：培训的成本投入与所产生的效益是否达到或超出了预期等。

在培训评估工作中，从相关数据的提供到各部门主管、员工的培训及培训评估过程的综合组织，均需要人力资源部门强有力的跟进指导。另外，人力资源部门还要根据培训评估的基础数据，核定人力资源成本，确定干部晋升、换岗，规划员工职业生涯乃至规划企业的人力资源战略等。系统、持续地执行是培训评估体系作用能否体现的关键。培训评估能否达到预期效果，关键在于相关数据的连续收集、统计与积累。

## 训练任务完成

### 一、研究应用案例

某外贸企业为提升其竞争力，针对部分业务人员进行了为期三天的商务礼仪培训，希望通过培训使每个学员能运用规范的商务礼仪来进行各种商务活动，塑造良好的企业形象。培训结束后人力资源部门为了了解受训者对培训项目的感性认识，同时也为将来课程的改进收集信息，要求受训者填写培训评估表（见表5-4）。

表5-4　培训评估表

| 培训课程名称 | 商务礼仪 | 培训时间 | |
|---|---|---|---|
| 受训者姓名 | | 培训师姓名 | |
| 受训者岗位 | | 培训地点 | |

续表

<table>
<tr><td colspan="2">受训者部门</td><td colspan="2"></td><td colspan="2">受训人数</td><td></td></tr>
<tr><td colspan="4">您是否在培训前对于本次培训的内容有清楚的了解？</td><td colspan="3">是　　　否</td></tr>
<tr><td colspan="7">培训期间您有哪些感悟？</td></tr>
<tr><td colspan="7">本次培训对您的工作有何帮助？请具体说明。</td></tr>
<tr><td colspan="7">分项评估</td></tr>
<tr><td colspan="2">评估内容</td><td colspan="4">评估标准</td><td>改善意见</td></tr>
<tr><td rowspan="3">课程内容</td><td>1. 课程结构</td><td>好</td><td>较好</td><td>一般</td><td>差</td><td></td></tr>
<tr><td>2. 教材选择</td><td>好</td><td>较好</td><td>一般</td><td>差</td><td></td></tr>
<tr><td>3. 练习活动</td><td>好</td><td>较好</td><td>一般</td><td>差</td><td></td></tr>
<tr><td rowspan="3">培训师表现</td><td>1. 专业水平</td><td>好</td><td>较好</td><td>一般</td><td>差</td><td></td></tr>
<tr><td>2. 讲授技巧</td><td>好</td><td>较好</td><td>一般</td><td>差</td><td></td></tr>
<tr><td>3. 气氛营造</td><td>好</td><td>较好</td><td>一般</td><td>差</td><td></td></tr>
<tr><td rowspan="2">学员参与度</td><td>1. 本人参与度</td><td>好</td><td>较好</td><td>一般</td><td>差</td><td></td></tr>
<tr><td>2. 其他学员参与度</td><td>好</td><td>较好</td><td>一般</td><td>差</td><td></td></tr>
<tr><td colspan="7">请您为本次培训打分（满分为 100 分）：</td></tr>
<tr><td colspan="7">除了本次培训之外，您还期望在哪几个领域得到培训？</td></tr>
<tr><td colspan="7">恳请您对此次培训提出意见或建议：</td></tr>
</table>

### 二、团队合作完成训练任务

学生 6～7 人为一组，每组选出组长（学生轮流当组长，组长负责记录并担任小组的陈述代表）。组长带领小组成员运用本项目中所学到的相关知识并参考各种资料，以小组为单位，制定相关学院学生会成员单次培训项目效果的评估方案并设计完成效果评估表。

______________________________

______________________________

______________________________

## 训练任务完成效果评价

### 一、小组代表陈述与教师点评

各小组派代表陈述本小组制定的相关学院学生会成员单次培训项目效果的评估方案和效果评估表。教师根据各小组陈述内容进行点评。

## 二、小组内互评

小组成员根据完成任务过程中个人的表现，按照表 5－5 的评价项目和分值、指标对每个成员进行评分，课后上交小组成员内部评价表和相关学院学生会成员单次培训项目效果的评估方案和效果评估表。

表 5－5　小组成员内部评价表

| 小组成员 | 评价项目和分值、指标 | | | | 总成绩 |
|---|---|---|---|---|---|
| | 任务完成的情况（25 分） | 与人合作的能力（25 分） | 解决问题的能力（25 分） | 职业态度（25 分） | |
| | 在小组工作中所承担的任务完成的情况 | 与他人协同工作，处理合作过程中的矛盾的表现 | 提出对策或方案的质量 | 完成任务的主动、认真程度 | |
| 组长 | | | | | |
| 组员 1 | | | | | |
| 组员 2 | | | | | |
| 组员 3 | | | | | |
| 组员 4 | | | | | |
| 组员 5 | | | | | |
| 组员 6 | | | | | |

## 三、教师评价

教师根据小组评分参考表（见表 5－6）的评价项目和分值、指标给各个小组评分。

表 5－6　小组评分参考表

| 组别 | 评价项目和分值、指标 | | | | | 总成绩 |
|---|---|---|---|---|---|---|
| | 评估层面（30 分） | 评估方法（30 分） | 评估方案（20 分） | 任务完成的效率（10 分） | 组员参与程度（10 分） | |
| | 评估层面选择的合理性 | 评估调查表设计的有效性 | 评估方案的可行性 | 是否能按时或提前完成任务 | 参与讨论的成员数量 | |
| 第一组 | | | | | | |
| 第二组 | | | | | | |
| 第三组 | | | | | | |
| 第四组 | | | | | | |
| 第五组 | | | | | | |
| …… | | | | | | |

## 四、最终成绩计算方式

最后，教师可按以下公式计算个人最终成绩：

个人最终成绩＝小组成员个人成绩×40％＋所在小组成绩×60％

# 任务3

# 撰写培训效果评估报告

## 知识目标

掌握培训效果评估报告的基本结构与内容。

## 能力目标

能根据评估结果撰写培训效果评估报告。

## 情境和任务

### 一、学习情境

康兴煤炭股份有限公司的企业文化建设比较先进，公司用了近一年的时间，借助于公司相对健全的培训制度体系，运用宣讲、竞赛、测试等培训方式，坚持对全体职工进行企业文化的全面培训。在公司年度工作总结会议上，人力资源部经理在对公司企业文化的全面培训工作进行总结时说道："经过为期一年的企业文化培训，我们发现，现在我们的职工已经牢固树立起了'康兴是我家'的思想观念，全体员工对公司的产量、利润及收入目标坚信不疑，职工队伍稳定，公司的企业文化培训产生了很强的凝聚力和激励作用。"会议结束后，人力资源部经理对负责培训工作的王主任说："总经理对公司的企业文化培训工作的成效非常关心，觉得我们的汇报比较简单，要求我们上交一份详细的报告，你马上将我们前期的评估结果做一份评估报告吧。"

**思考：**请列举评估报告应该包括哪些方面的内容。

### 二、训练任务

运用本项目中所学到的相关知识并参考各种资料，以小组为单位，根据前期实施的培训评估所得出的结果，完成一份相关学院学生会成员培训效果评估报告。

## 相关知识

### 一、评估报告的结构和内容

撰写评估报告的目的在于向那些没有参与评估的人提供评估结论并对此做出解释。通常组织的主管人员会对培训的产出感兴趣，而那些要求对其雇员进行培训的部门领导则关注雇员的培训效果。制作评估报告的目的就是向这些有不同需求的人提供关于培训的有关情况、评估结论及建议。评估报告的基本结构和主要内容如下。

#### （一）导言

首先，说明评估实施的背景，即被评估的培训项目的概况。例如：被评估的培训项目的性质是什么？哪些人掌管培训机构？培训已进行了多长时间？哪些因素阻碍培训的顺利进行？受训者对培训的参与状况如何？撰写者应该通过对这些问题的回答，使阅读者对被评估的培训项目有一个大致的了解。

其次，介绍评估目的和评估性质。评估实施的目的是评定培训参与者的绩效，还是提高培训参与者的参与程度，抑或是为了改善组织关系？评估者着重进行的是需求分析、过程分析，还是产出分析、成本-效益分析？

最后，说明此评估方案实施以前是否有过类似的评估。如果有的话，说明评估者从以前的评估中发现了哪些缺陷与失误。

#### （二）概述评估实施的过程

评估实施的过程是评估报告的方法论部分，撰写者要交代清楚评估方案的设计方法、抽样及统计方法、资料收集方法和评估所依据的量度指标。说明评估实施的过程是为了使阅读者对整个评估活动有一个大概的了解，从而为阅读者对评估结论的判断提供一个依据。

#### （三）阐明评估结果

结果部分与方法论部分是密切相关的，撰写者必须保证两者之间的因果关系，不能出现过程与结果缺乏对应关系的牵强附会现象。

#### （四）解释、评论评估结果和提供参考意见

这部分涉及的范围可以较宽泛，例如：在需求评估中，进行培训的理由是否充足？在总结性评估中，赞成或反对继续培训的理由是什么？在建设性评估中，应该采取哪些措施改善培训？

在成本-效益评估中，报告撰写者应该指明能否用其他培训方案更经济地达成同样的结果。同时，撰写者还可以讨论培训的充分性，例如：培训是否充分地满足了受训者的多方面需求？满足到什么程度？

#### （五）附录

附录的内容包括收集和分析资料用的图表、问卷、部分原始资料等。加附录的目的是让阅读者可以鉴定研究者收集和分析资料的方法是否科学、结论是否合理。

#### （六）报告提要

提要是对报告要点的概括，是为了帮助阅读者迅速掌握报告要点，因而要求简明

扼要。报告在内容上要注意主次有别、详略得当，构成有机联系的整体。为此，在撰写前应当认真拟订写作提纲，按照一定的主题及顺序安排内容。

## 二、评估报告的撰写要求

（1）调查培训效果时必须注意接受调查的受训者的代表性，必须保证他们能代表整个受训者群体回答评估者提出的问题，避免因调查样本缺少代表性而做出不充分归纳。

（2）组织对培训投入大量的时间和精力，必然力图通过评估来证明培训的价值。在这种情况下，评估者（尤其是内部评估者）在撰写评估报告时要尽量实事求是，切忌过分美化和粉饰评估结果。

（3）评估者必须以综合、客观的视角看待培训的整体效果，以免以偏概全。

（4）评估者必须以一种委婉的方式论述培训结果中的消极方面，避免打击有关培训人员的积极性。

（5）当评估方案实施持续一年以上时，评估者需要做中期评估报告。

（6）要注意报告的文字表述与包装。

# 训练任务完成

## 一、研究应用案例

### 2018年计划内普通员工专项培训<br>——××培训评估总结报告

**培训背景**

为了进一步提高员工的工作效率和职业素养，在“计划”期间提供更好的服务和支持，结合2018年培训计划，公司于××月××日在××厅举行了××培训。各职能部门普通员工共××人参加了此次培训。

通过年初的培训需求调查和分析，结合员工的工作绩效和行为表现，人力资源部发现在实际工作中有不少员工常常出现一些问题，总结归纳如下。

1. 角色模糊

个人的自我意识有私我意识和公我意识。私我意识太强就难以理解个人责任、合作意识弱、敬业精神弱；公我意识太强会导致自我发展意愿低、依赖性强。

2. 沟通障碍

组织沟通与一般社会环境的沟通不同，要求有计划性、准确、高效。如果沟通方式和基础概念与组织环境不符，会造成效率低下、合作困难。

3. 情绪障碍

情绪是人的动机和思维的基础，情绪不稳定会造成绩效不稳定，会降低员工工作的主动性和积极性。情绪波动大的员工需要上级更多的情绪性支持，会加大领导的难度和时间成本。

4. 经验导向

工作经验是对任务情景、任务环境、任务条件和任务流程的理解，是企业宝贵的财富。但是如果只凭经验来处理任务，当情景、环境和条件变化时就不能及时向组织传递信息，因而会延误组织调整工作流程的时机，造成组织应对变化的能力下降。

5. 方向模糊

个人的思维导向有无意识冲动导向、情绪导向和逻辑导向。如果思维是非理性导向，个人的工作方向往往与现实环境和现实条件不符合，会降低工作中的积极性和主动性，而且容易把条件理解为问题，表现为过分追求企业和上级的支持、为绩效表现不好找外部原因和借口，从而大大降低组织效率。

**培训反馈**

针对以上问题，人力资源部与培训机构专家进行了有效的分析，提出了此次培训的解决方案，培训的实施在员工中取得了较强烈的反响。以下为此次培训的反馈。

1. 客观问卷反馈情况

培训结束之后，培训服务机构共收回××份有效评估问卷，以下为参训人员反馈情况。

（1）课程与工作的相关度。

- 对课程是否符合我的需要的评价

| 满意层次 | 优良 | 良好 | 尚可 | 较差 | 极差 |
|---|---|---|---|---|---|
| 所占比例 | 37% | 59% | 4% | 0 | 0 |

总体满意度（良好以上）：96%

- 对此次培训实用性的评价

| 满意层次 | 优良 | 良好 | 尚可 | 较差 | 极差 |
|---|---|---|---|---|---|
| 所占比例 | 38% | 50% | 12% | 0 | 0 |

总体满意度（良好以上）：88%

- 对此次课程内容是否清晰、易于理解的评价

| 满意层次 | 优良 | 良好 | 尚可 | 较差 | 极差 |
|---|---|---|---|---|---|
| 所占比例 | 28% | 59% | 13% | 0 | 0 |

总体满意度（良好以上）：87%

（2）培训师的效率。

- 对培训师是否准备充分、组织有效的评价

| 满意层次 | 优良 | 良好 | 尚可 | 较差 | 极差 |
|---|---|---|---|---|---|
| 所占比例 | 38% | 46% | 16% | 0 | 0 |

总体满意度（良好以上）：84%

- 利用各种培训手段，有效引导学员加深对课程的感悟、理解

| 满意层次 | 很好 | 好 | 较好 | 一般 | 差 |
|---|---|---|---|---|---|
| 所占比例 | 20% | 58% | 12% | 10% | 0 |

总体满意度（好以上）：78%

（3）学习效果。

- 对接受培训后对工作的认识水平有提高的评价

| 满意层次 | 很好 | 好 | 较好 | 一般 | 差 |
|---|---|---|---|---|---|
| 所占比例 | 16% | 53% | 16% | 14% | 1% |

总体满意度（较好以上）：85%

- 对此次培训能接触到新的观点、理念和方法的评价

| 满意层次 | 优良 | 良好 | 尚可 | 较差 | 极差 |
|---|---|---|---|---|---|
| 所占比例 | 42% | 48% | 8% | 2% | 0 |

总体满意度（良好以上）：90%

- 对此次培训有助于梳理工作思路和工作流程的评价

| 满意层次 | 很好 | 好 | 较好 | 一般 | 差 |
| --- | --- | --- | --- | --- | --- |
| 所占比例 | 35% | 10% | 50% | 5% | 0 |

总体满意度（较好以上）：95 %

（4）学员自评。

- 在参加课程之前我做了充分的准备

| 层次 | 很充分 | 充分 | 较充分 | 一般 | 不充分 |
| --- | --- | --- | --- | --- | --- |
| 所占比例 | 30% | 30% | 22% | 16% | 2% |

- 培训中我是否能积极参与交流、讨论和分析

| 层次 | 能 | 不能 |
| --- | --- | --- |
| 所占比例 | 78% | 22% |

- 对培训师和其他学员的观点我是否常常深入思考和判别

| 层次 | 是 | 不是 | 没有想过 |
| --- | --- | --- | --- |
| 所占比例 | 75% | 23% | 2% |

- 本次培训内容在工作中运用的机会

| 层次 | 有很多机会 | 有机会 | 没有机会 |
| --- | --- | --- | --- |
| 所占比例 | 23% | 72% | 5% |

2. 主观问卷反馈情况

（1）培训中哪几部分内容对您启发最大？

（略）

统计排名（前三位）

（略）

（2）一句话点评：

××：获益匪浅。

××：无。

××：85%以上满意学习的方法。

××：收获颇丰。

××：无。

××：通过培训进一步提高了情绪控制能力和时间管理的能力，并将其运用到工作中。

××：有些概念的知识个人理解不透彻，总体满意。

××：对今后工作有帮助。

××：无。

××：对于在工作中理性思考有很大的帮助。

××：有必要，有帮助。

××：效果好，自己收获较多。

××：培训效果对于我来讲比较好。

××：内容通俗易懂，培训师讲得精彩，不过大部分内容平时我已经做到了，故收获较小。

××：更加明确了自己的职业发展方向。

××：把这些观点和方法运用到实际工作中有利于工作绩效提高。

××：收获很大。

××：无。

××：如果能够将很好的观点和方法运用到实际工作中，将有利于工作绩效的提高。

××：让我对控制情绪有了更好的认识。

××：无。

××：如果 10 分为满分，应该打 7 分。

××：无。

××：让自己学习到了很多与工作和生活相关的东西。

××：无。

××：好。

××：有较新的理念，实用价值高。

××：生活强者，必是情绪控制的能者。

××：有助于养成良好的习惯。

××：无。

**培训小结**

此次培训是非常有针对性的训练，对提高个人工作的非技术能力和工作绩效有促进的作用。通过分析培训的过程记录，有以下几点值得提出。

1. 做得比较好的方面

(1) 课程内容针对性比较强，与个人生活和工作结合度高，并且难度适中。多数知识点需要学员结合实际工作的具体情况才能更好地理解和运用。所以培训后的回顾和再复习对培训的效果有直接的影响。

(2) 学员反响比较好，纷纷表示此次学习对更好地了解自己、了解他人和群体有较大的帮助，学习到的知识对家庭、婚姻等都有一定的指导作用。

2. 需要改进的地方及改进措施

从此次培训整体来看主要遇到的问题有：

(1) 有相当一部分要求参加培训的员工因为各种原因没有参加此次培训，根据“员工培训管理制度”的要求，人力资源部将对员工参加培训的情况做详细的记录并做相应的处罚。

(2) 员工的活力和积极性有待进一步提高。

综上，人力资源部还有很多基础的工作要继续扎实地开展，接下来还将对此次培训进行持续的调研、跟踪和评估。

人力资源部

××××年××月××日

## 二、团队合作完成训练任务

学生 6～7 人为一组，每组选出组长（学生轮流当组长，组长负责记录并担任小组的陈述代表）。组长带领小组成员运用本项目中所学到的相关知识并参考各种资料，以

小组为单位，根据前期实施的培训效果评估所得出的结果，完成相关学院学生会成员培训效果评估报告。

______________________________________________

______________________________________________

______________________________________________

## 训练任务完成效果评价

### 一、小组代表陈述与教师点评

各小组派代表陈述本小组的相关学院学生会成员培训效果评估报告。教师根据各小组陈述内容进行点评。

### 二、小组内互评

小组成员根据完成任务过程中个人的表现，按照表 5-7 的评价项目和分值、指标对每个成员进行评分，课后上交小组成员内部评价表和相关学院学生会成员培训效果评估报告。

表 5-7　小组成员内部评价表

| 小组成员 | 评价项目和分值、指标 | | | | 总成绩 |
|---|---|---|---|---|---|
| | 任务完成的情况（25 分） | 与人合作的能力（25 分） | 解决问题的能力（25 分） | 职业态度（25 分） | |
| | 在小组工作中所承担的任务完成的情况 | 与他人协同工作，处理合作过程中的矛盾的表现 | 提出对策或方案的质量 | 完成任务的主动、认真程度 | |
| 组长 | | | | | |
| 组员 1 | | | | | |
| 组员 2 | | | | | |
| 组员 3 | | | | | |
| 组员 4 | | | | | |
| 组员 5 | | | | | |
| 组员 6 | | | | | |

### 三、教师评价

教师根据小组评分参考表（见表 5-8）的评价项目和分值、指标给各个小组评分。

表 5-8 小组评分参考表

<table>
<tr><td rowspan="3">组别</td><td colspan="5">评价项目和分值、指标</td><td rowspan="3">总成绩</td></tr>
<tr><td>报告的内容（50分）</td><td>报告的结构（20分）</td><td>文字表述（10分）</td><td>任务完成的效率（10分）</td><td>组员参与程度（10分）</td></tr>
<tr><td>内容的完整性</td><td>结构符合要求的程度</td><td>评估后建议的针对性</td><td>是否能按时或提前完成任务</td><td>参与讨论的成员数量</td></tr>
<tr><td>第一组</td><td></td><td></td><td></td><td></td><td></td><td></td></tr>
<tr><td>第二组</td><td></td><td></td><td></td><td></td><td></td><td></td></tr>
<tr><td>第三组</td><td></td><td></td><td></td><td></td><td></td><td></td></tr>
<tr><td>第四组</td><td></td><td></td><td></td><td></td><td></td><td></td></tr>
<tr><td>第五组</td><td></td><td></td><td></td><td></td><td></td><td></td></tr>
<tr><td>……</td><td></td><td></td><td></td><td></td><td></td><td></td></tr>
</table>

## 四、最终成绩计算方式

最后，教师可按以下公式计算个人最终成绩：

个人最终成绩＝小组成员个人成绩×40%＋所在小组成绩×60%

# 项目6　制定培训与开发管理制度

【引导任务】

## 松下幸之助的培训之道

松下幸之助认为：一个人的能力是有限的，如果只靠一个人的智慧指挥一切，即使一时能取得惊人的进展，也肯定会有行不通的一天。因此，松下电器公司不是仅仅依靠总经理经营，也不是仅仅依靠管理监督者经营，而是依靠全体职工的智慧经营。松下幸之助把“集中智慧的全员经营”作为公司的经营方针。为此，公司努力培养人才，加强员工的教育训练。公司根据长期人才培养计划，开展各种综合性的系统的研修、教育讲座。

松下幸之助认为这样的人是人才：虚心好学的人，不墨守成规而常有新观念的人，爱护公司和与公司成为一体的人，不自私而能为团体着想的人，有自主经营能力的人，随时随地都有热忱的人，能得体支持上司的人，能忠于职守的人，有气概担当公司重任的人。松下公司课长、主任以上的管理者，多数是公司自己培养起来的。为了加强经常性的教育培训，总公司设有“教育训练中心”，下属八个研修所和一个高等职业学校。这八个研修所是：中央社员研修所，主要培训主任、课长、部长等；制造技术研修所，主要培训技术人员和技术工人；营业研修所，主要培训销售人员和营业管理人员；海外研修所，负责培训松下国外的工作人员和国内的外贸人员；东京、奈良、宇都宫和大阪四个地区的社员研修所，分别负责培训公司在该地区的工作人员。松下电器高等职业训练学校负责培训刚招收进来的高中毕业生和青年职工。

松下公司的职工教育是从职工加入公司开始抓起的。凡新招收的职工，都要进行八个月的实习培训才能分配到工作岗位上。为了适应事业的发展，松下公司人事部门还规定了下列辅助办法：

第一，个人申请制度。管理人员工作一段时间后，可以自己主动向人事部门提出申请，要求调动和升迁，经考核合格，可以提拔使用。

第二，内部招聘制度。在职位有空缺时，人事部门可以在公司内部招聘适当人选，不一定非在原部门中论资排辈依次提拔。

第三，内部留学制度。技术人员可以自己申请，经公司批准到公司办的学术或教育训练中心去学习专业知识。公司则根据发展需要，优先批准急需专业的人才去学习。

第四，海外留学制度。定期选派技术人员、管理人员到国外学习，除向欧美各

国派遣留学生外，也向中国派遣留学生，北京大学、复旦大学都有松下公司的留学生。

由于松下公司把人才培养放在首位，有一套培养人、团结人、使用人的办法，所以在松下体制确立以来培养了一支企业家、专家队伍。事业部长一级的管理者中，多数是有较高学历的、熟悉管理的，不少人会一门或几门外语，经常出国考察，知识面广，年纪较轻，比较精干，雄心勃勃，渴望占领世界市场，有在激烈竞争中获胜的志向，这是松下公司能够实现高效率管理的前提。

学生6～7人为一组，讨论后派代表陈述案例中体现了松下公司的哪些培训制度。

【教师点评】

日本松下电器公司相对成熟而完善的企业培训工作是经典范例。本案例中，从培训制度的角度来看，主要体现了公司的岗位培训制度。

岗位培训制度是企业培训制度最基本和最重要的组成部分。岗位培训是企业员工培训的一种基本形式，强调紧密结合职业、实行按需施教的原则，按职务岗位需要进行培训，以确保员工上岗任职的资格和能力为出发点，使其达到本岗位要求，其实质是提高从业人员的总体素质。

岗位培训的制度化包括培训立法及相应的政策，也包括岗位培训各个环节的规范化，其核心是培训、考核、使用、待遇一体化的配套措施的实行。它将人才规划、人才培训、人才使用有机地结合起来，为实现培训与用人在制度上衔接配套创造了有利条件。岗位培训制度由管理制度、教学制度、考核制度、评估制度和劳动制度、人事制度、工资制度以及岗位资格证书制度等一系列配套制度组成。

## 任务

# 起草培训与开发管理制度

### 知识目标

理解员工培训制度的内容及作用；了解培训制度制定的目标及其变化情况；掌握企业培训制度草案的写作内容和写作要求。

## 能力目标

能清晰表述企业培训制度的内容；能说明培训制度制定的目的；能说明培训制度随环境条件变化而发生变化的必要性；能起草员工培训制度文本。

## 情境和任务

### 一、学习情境

张野接到录用通知，成为瑞智管理顾问咨询公司人力资源部的培训主管，他非常兴奋。上班第一天，人力资源部经理和张野进行了一次入职面谈。

经理说："你要尽快熟悉人力资源部目前的培训工作。在此基础上，你目前的工作重点是协助我制定公司的培训制度。公司一直非常重视培训，每年的培训计划和培训预算都很正规，但是现在人力资源部执行的《公司员工培训教育规定》只是人力资源管理制度的一部分，从形式和内容上来看都很不完善。由于制度上的缺失，我们的培训工作也遇到了一些麻烦，如：由于没有严格的培训奖惩制度，有一些员工在培训后跳槽到了咱们的竞争对手那里；培训经费上由于没有制度保障，经常有临时培训抢占了其他培训项目的预算的情况，也曾经出现过随意压缩培训项目造成培训经费剩余，进而导致培训经费被集中消费的情况。所以，建立完善的、科学的培训制度是我们培训管理工作最重要的任务。这对你来说也是一个熟悉公司同事的好机会。"

张野说："我能参与这么重要的工作真是太好了，我会好好去完成的。"

**思考：**张野可以从哪些方面去制定公司的培训制度？

### 二、训练任务

以小组为单位，在调查、掌握相关学院学生会成员培训基本情况的基础上，制定相关学院学生会成员培训制度。

## 相关知识

### 一、培训制度概述

#### （一）培训制度的含义

培训制度是指能够直接影响与作用于培训系统及其活动的各种法律、规章、制度及政策的总和。它主要包括培训的法律和政令、培训的具体制度和政策两个方面。

企业培训的具体制度和政策是企业员工培训工作健康发展的根本保证，是企业在开展培训工作时要求人们共同遵守并按一定程序实施的规定、规则和规范。企业培训制度的根本作用在于为培训活动提供一种制度性框架和依据，促使培训沿着法制化、规范化轨道运行。

### （二）培训制度建立的必要性

企业培训涉及两个培训主体：企业和员工。这两个培训主体参与培训的目的存在一定的差别。在缺乏完善制度依据的条件下，这种差别将导致培训无法达到目的或效果很差。因此，要想提高培训的效率，就必须建立一套完整的培训制度，通过制度来明确双方的权利和义务、利益和责任，理顺双方的利益关系，使双方的目标和利益尽量相容。由于培训制度是由企业制定的，所以其主要目的是调动员工参与培训的积极性，同时也使企业的培训活动系统化、规范化、制度化。

### （三）培训制度的发展

企业的培训制度制定以后并非是一成不变的。培训制度在贯彻、落实过程中会遇到一些问题。产生这些问题的原因可能是制度的某些条款不适合企业的实际情况，也可能是企业的外部环境和内部条件已发生了变化，此时需要对制度做出修改。只有这样，培训制度才能逐步完善，为企业的培训工作发挥必要的作用。

企业生存的内外环境是不断变化的，这些变化对企业的人力资源管理活动会产生重要的影响。影响企业培训活动的因素包括：国家有关劳动人事的法规法令；培训领域理论与培训实践的发展；企业人力资源供给与需求的变化；企业人事计划的变更；企业生产经营方针的变革及技术、设备的更新改造；企业文化的发展；企业内新的培训需求等。因此，根据企业内外环境的变化，推动企业培训制度的变革与创新，及时、有效地进行培训制度的起草与修订工作，才能保证培训制度和政策适应企业经营、市场竞争和国家法律法规的要求，从而促进企业培训活动的健康发展。

企业培训的成功有赖于培训制度的指导与规范，而培训制度的内容必须服从或服务于企业的整体发展战略，其最终目的是实现企业的发展目标。

## 二、培训制度的内容

一般来说，企业的培训制度包括下述内容。

### （一）培训服务制度

对于一些投入较大的培训项目，特别是对于需要一段时间的转岗培训来说，企业不仅投入费用让员工参加培训，还要提供给学员工资待遇，同时企业要损失因为员工离岗不能正常工作的机会成本。倘若参加培训的员工学成后就跳槽，企业投入价值尚未收回，则得不偿失。为防范这种问题的出现，就必须建立制度进行约束，培训服务制度由此而产生并被广泛运用。

培训服务制度是培训管理的首要制度，虽然不同组织有关这方面的规定不尽相同，但目的都是相同的，主要是符合企业和员工的利益并符合国家法律法规的有关规定。

培训服务制度的内容包括两个部分。

#### 1. 培训服务制度条款

培训服务制度条款需明确以下内容：

(1) 员工正式参加培训前，根据个人和组织需要向培训管理部门或部门经理提出申请。

(2) 在培训申请被批准后需要履行的培训服务协约签订手续。

(3) 培训服务协约签订后方可参加培训。

#### 2. 培训服务协约条款

培训服务协约条款一般要明确以下内容：

(1) 参加培训的申请人。

(2) 参加培训的项目和目的。

(3) 参加培训的时间、地点、费用和形式等。

(4) 参加培训后要达到的技术或能力水平。

(5) 参加培训后要在企业服务的时间和岗位。

(6) 参加培训后如果出现违约的补偿。

(7) 部门经理人员的意见。

(8) 参加人与培训批准人的有效法律签署。

### (二) 入职培训制度

入职培训制度就是规定员工上岗之前和任职之前必须经过全面的培训，没有经过全面培训的员工不得上岗和任职。它体现了"先培训，后上岗""先培训，后任职"的原则，适应企业培训的实际需要，有利于提高员工队伍的素质、提高工作效率。

入职培训制度的制定要与人力资源部门有关人员配合进行，并争取与其他各部门经理人员共同商讨，这对于此制度的贯彻执行是非常有利的。

此项制度的主要内容和条款有以下几方面：

(1) 培训的意义和目的。

(2) 需要参加的人员界定。

(3) 特殊情况不能参加入职培训的解决措施。

(4) 入职培训的主要责任人（是部门经理还是培训管理者）。

(5) 入职培训的基本要求与标准（内容、时间、考核标准等）。

(6) 入职培训的方法。

### (三) 培训激励制度

建立培训激励制度的主要目的是激励各个利益主体参加培训的积极性。这个激励包括三个方面。

#### 1. 对员工的激励

培训必须营造前有引力、后有推力、自身有动力的氛围机制，建立培训—使用—考核—奖惩的配套制度，形成以目标激励为先导、竞争激励为核心、利益激励为后盾的人才培养激励机制。

#### 2. 对部门及其主管的激励

建立岗位培训责任制，把培训任务完成的情况与各级领导的责、权、利挂钩，使培训通过责任制的形式渗透到领导的目标管理中，使培训不再只是培训部门的事，而是每一个部门、每一级领导、每一位管理人员的事。

3. 对企业的激励

培训制度实际上也是对企业有效开展培训活动的一种约束。企业培训的目的就是要提高员工的工作素质，改变员工的工作行为，提高企业的经营业绩。因此，要制定合理的制度并严格实施，激发企业的培训积极性，使培训真正满足企业生产发展的需要。

培训的配套激励制度主要包括以下几方面内容：

（1）完善的岗位任职资格要求。

（2）公平、公正、客观的业绩考核标准。

（3）公平竞争的晋升规定。

（4）以能力和业绩为导向的分配原则。

### （四）培训考核评估制度

评估作为培训发展循环的中心环节已经是业内的共识，但培训模式中各环节体现的培训评估目的多是为提高培训管理水平，同时也有对平常的培训效果的评估，而对参加培训人员的学习态度、培训参加情况则关注得少一些。设立培训考核评估制度的目的，既是检验培训的最终效果，同时为培训奖惩制度的确立提供依据，也是规范培训相关人员行为的重要途径。

需要强调的一点是：培训评估考核必须100%进行，并且要标准一致，只有评估考核过程开放、公平，方可达到培训评估考核的目的。

培训考核评估制度需要明确的内容有以下几方面：

（1）被考核评估的对象。

（2）考核评估的执行组织（培训管理者或部门经理）。

（3）考核的标准区分。

（4）考核的主要方式。

（5）考核的评分标准。

（6）考核结果的签署确认。

（7）考核结果的备案。

（8）考核结果的证明（发放证书等）。

（9）考核结果的使用。

### （五）培训奖惩制度

培训奖惩制度是保障前面几项培训管理制度能够顺利执行的关键。如果参加与不参加培训都一个样，培训考核评估好与不好都一个样，企业所有成员就不会对这些制度加以重视，同时也不会对培训本身加以重视。因此非常有必要设立、执行培训奖惩制度。

值得注意的一点是：在制定培训奖惩制度时一定要明确培训可能出现的各种优劣结果的奖惩标准，如果奖惩标准不一或不明确，则会失去此制度的有效性。

培训奖惩制度主要由以下内容组成：

（1）制度制定的目的。

（2）制度的执行组织和程序。

（3）奖惩对象说明。

（4）奖惩标准。

（5）奖惩的执行方式和方法。

### （六）培训风险管理制度

培训是一项生产性投资行为，做投资就必然存在风险。培训风险包括：人才流失及由此带来的经济损失、培养了竞争对手、培训没有取得预期的效果、参加培训人员选拔失当、专业技术保密难度增大等。若企业培训风险较大且找不到合适的防范手段时，就会对培训投资持不积极的态度。只有通过做好培训实施工作来尽量降低培训风险，如维持积极性和保证培训质量等。

通过制度规避培训风险需考虑以下几点：

（1）企业根据《中华人民共和国劳动法》与员工建立相对稳定的劳动关系。

（2）在培训前，企业要与受训者签订培训合同，明确企业和受训者各自负担的成本、受训者的服务期限、保密协议和违约补偿等相关事项。

（3）根据“利益获得原则”，即谁投资谁受益，投资与受益成正比关系，考虑培训成本的分摊与补偿。

企业内存在多种具体的培训制度。除上述各项制度之外，还有培训实施管理制度、培训档案管理制度、培训资金管理制度等，从而给予培训活动自上而下、全方位的制度支持。

## 三、起草培训制度草案

起草某一具体的培训制度，其内容应包括以下几方面：

（1）制定企业员工培训制度的依据。

（2）实施企业员工培训的目的或宗旨。

（3）企业员工培训制度实施办法。

（4）企业员工培训制度的核准与施行。

（5）企业员工培训制度的解释与修订。

## 四、培训制度的修订

根据企业外部环境和内部条件发生的变化，有关部门应及时提出制度修订方案。修订培训制度应体现以下几方面的要求。

### （一）培训制度的战略性

培训本身要从战略的角度考虑，要以战略的眼光去组织企业培训，不能只局限于某一个培训项目或某一项培训需求。因此，制定和修订培训制度时也要从战略角度出发，为企业人才培养建立一个完善有效并有威严的指导性框架，使培训与开发活动走向制度化和规范化。

### （二）培训制度的长期性

培训是一项人力资本投资活动，要正确认识人力资本投资与人才开发的长期性和

持久性。要用“以人为本”的指导思想和管理理念制定和修订培训制度，保证制度的稳定性和连贯性。

### （三）培训制度的适用性

培训制度是开展日常培训工作的指导方针，因此，培训制度应有明确、具体的内容或条款，充分体现管理与实施的需要。这些内容或条款应对培训过程中的每一方面都做出明确的规定，保证在具体实施过程中出现问题时可以照章办理。

## 训练任务完成

### 一、研究应用案例

**××集团人力资源开发与培训管理制度**

**第一章　总　则**

第一条　目的　为了建立和健全事业部人力资源开发与培训管理制度，有计划地组织经理人和员工参加培训，不断地提高经理人和员工的职业化水平与岗位技能，满足事业部可持续经营发展的需要，特制定本管理制度。

第二条　理念　学习是经理人和员工具备持续性价值创造能力的唯一途径，人力资源开发与培训应引导经理人和员工做好个人职业的发展规划，并负责为经理人和员工创造学习环境和机会，推动学习型组织的建立。

第三条　适用范围　本制度适用于事业部及其下属的二级单位所有人员，二级单位可根据单位实际情况参照本制度制定本单位的培训与教育管理办法，并报事业部人力资源部备案。

**第二章　培训职责**

第四条　事业部人力资源部作为事业部人力资源开发与培训的归口管理部门主要负责：事业部培训与学习平台的建立；事业部人力资源开发培训整体方案的设计；相关管理制度体系的制定及培训项目的监控；组织实施针对事业部职能部及二级单位经理人、后备经理人和职能部员工的培训项目；同时负责与集团人力资源开发中心的业务衔接并指导、督促二级单位培训主管开展本部门员工的培训工作。

第五条　二级单位管理部门作为本单位有关员工培训项目的规（计）划、组织和实施的主体责任部门，负责本单位的员工培训工作，并同事业部人力资源部的整体培训工作相衔接。

**第三章　人力资源开发与培训体系**

第六条　事业部人力资源开发与培训体系直接为经理人和员工个人的职业生涯发展服务。根据本宗旨，事业部的培训体系分为以下四部分：

新员工入职训练与发展计划；

员工职业能力发展计划；

后备经理人开发计划；

经理人职业能力发展计划。

**第四章　培训计划**

第七条　年度培训计划

事业部人力资源部每年12月份修订“人力资源开发与培训课程菜单”，在事业部内部网络公布，供事业部、各二级单位相关部门及个人制订年度培训计划参考。

经理人和员工个人根据所在职位工作的需要和个人职业生涯发展的规划，于每年12月份制订好下一年度个人培训与学习计划，经理人、后备经理人及职能部员工的培训计划报事业部人力资源部，二级单位员工的培训计划报各二级单位管理部门。

人力资源部于每年12月份负责事业部下一年度经理人和职能部员工开发与培训计划的制订和审核，总经理审批“年度培训计划表”，报集团人力资源部备案；二级单位管理部门制订本部门员工的开发培训计划，二级单位领导审批，报事业部人力资源部备案。

事业部年度培训计划的调整由人力资源部部长审核，总经理审批；二级单位年度培训计划的调整由单位领导审批。

第八条　月度培训计划

每月人力资源部负责组织月度培训工作计划与总结会议，总结事业部和各二级单位上一个月度培训计划执行情况“月度培训统计表”，同时讨论下一个月事业部和各二级单位的培训计划，事业部培训主管负责汇总形成事业部整体月度培训实施计划，并在事业部内部网络上公布。

**第五章　培训项目实施**

第九条　各部门培训主管根据事业部“月度培训计划表”负责其业务范围内具体培训项目的实施，制定“培训项目实施表”，人力资源部进行监控并协助做好培训项目的实施。

第十条　培训项目实施前应通过事业部内部网络发布信息，培训对象为事业部职能部和二级单位的所有员工，以有效利用培训资源。员工经过本部门的批准可以参加其他单位组织的培训，所需培训费用由本部门划转至培训组织部门。

第十一条　具体培训项目实施形式包括课堂教学、户外拓展、读书与知识分享计划、培训沙龙等。

第十二条　内部讲师课酬按照集团人力资源部制定的标准执行，外聘讲师培训费用审批流程见操作指引。

**第六章　培训效果评估**

第十三条　评估培训效果的方式因培训项目而异，培训组织部门须对每次培训的效果做出相应的评估和追踪，依培训项目的特点由浅入深分别采用以下三级评估方式：

一级评估：针对学员对课程及学习过程的满意度进行评估。所有课程都必须进行，培训主管负责进行问卷调查并形成“培训总结表”，在培训结束后5天内报人力资源部“培训学员意见调查表”。

二级评估：针对员工完成课程后的学习成效，通过组织考试或实地操作等进行评估，结果汇总后报人力资源部。

三级评估：针对员工回到工作岗位后其行为或工作绩效是否因培训而有预期中的改变进行评估。员工在培训结束后制订具体的行动计划和绩效改善计划送直接上司备忘并报本单位培训主管备案，3个月后员工的直接上司负责做相关的绩效评价并提出指导意见，形成“培训效果跟踪反馈表”。

第十四条　培训效果的评估方式必须在培训项目规划时说明并切实执行，人力资源部不定期对培训效果评估进行抽查，对培训项目没有进行评估的将采取如下方式的负激励：

学员不参与、配合培训效果评估（不协助调研、不制订行动计划或绩效改进计划）或考核成绩不合格等，负激励100～300元；

员工直接上司在部属接受培训后的第3个月内，没有对员工的绩效是否改进做出评估并提出指导意见者，负激励200～300元；

培训项目组织实施的培训主管没做培训效果评估，视情况负激励50～200元。

第十五条　事业部本部和二级单位均应建立经理人和员工个人的培训档案，记录员工的培训情况，以便查询。

**第七章　培训费用**

第十六条　事业部人力资源开发与培训主管负责事业部年度培训费用预算，人力资源部部长审核（财务管理部门会审），总经理审批，报集团人力资源部备案。二级单位的年度培训费用预算列入本单位年度费用预算（本单位财务管理部门会审），单位领导审批，报事业部人力资源部备案。

第十七条　员工外出培训凭已审批的“外出培训申请表”到所属单位财务管理部门办理借款手续，外出培训活动中开支的住宿费、车船费等由所属部门承担。员工参加事业部其他部门组织的内部培训时，培训费用按人均计算后由本部门支付给培训项目组织部门。

**第八章　培训讲师管理**

第十八条　培训讲师分为内部讲师和外部讲师，事业部人力资源部集中建立培训讲师档案供各培训组织部门调阅使用。

第十九条　内部讲师由事业部各级经理人和优秀员工构成。各级经理人负有培训员工的义务和责任，其在本职工作同授课不相冲突的情况下必须配合培训组织部门的工作。讲授课时的数量、培训效果的调查将作为经理人讲师和员工讲师绩效考核的重要组成部分。内部讲师的课酬按照集团的相关规定予以支付。

第二十条　外部讲师是通过培训顾问公司聘请的授课讲师，其课酬根据实际情况和培训预算确定，通过培训效果的评估决定是否继续聘请该讲师。

**第九章　培训总结**

第二十一条　外出培训人员返回后，须将所学知识整理成完整的学习资料，连同考核成绩、结业证书复印件等相关资料送所属部门人力资源培训主管处存档。

第二十二条　外出培训人员有义务将培训时所学知识整理成文，作为讲习材料，在事业部人力资源部的安排下向相关人员讲授，有效利用外出培训成果。

第二十三条　凡参加外出培训的人员，均应填写“外出培训申请表”，并在培训结束后填写“外出培训训练报告书”，在返回后一周内交所属部门人力资源部培训主管

处，否则进行负激励 100～300 元。

**第十章　培训纪律**

第二十四条　参加培训的人员应按时参加，因故不能参加培训者须提前一天办理请假手续，请假条须由直接上司（至少是科室负责人）签字。对于无故迟到、早退者负激励 100～150 元，旷课者负激励 100～500 元，扰乱培训秩序者负激励 50～200 元，具体负激励额度在每次培训通知中一并通知。事业部人力资源部将不定期地进行抽查。

**第十一章　附　则**

第二十五条　本制度参考集团《员工教育管理办法》制定，未涉及内容遵照集团《员工教育管理办法》执行。

第二十六条　事业部以前颁布的相关制度与本制度相冲突的，以本制度为准。

第二十七条　本制度规定的操作流程如有同事业部《分权手册》（第三版）规定的相关内容冲突的，以本制度为准，《分权手册》（第三版）相关内容待下次修订时调整。

第二十八条　本制度的修订权及解释权归事业部人力资源部，本制度自颁布之日起实施。

××集团人力资源部

××××年××月××日

### 二、团队合作完成训练任务

学生 6～7 人为一组，每组选出组长（学生轮流当组长，组长负责记录并担任小组的陈述代表）。以小组为单位，在调查、掌握相关学院学生会成员培训基本情况的基础上，制定相关学院学生会成员培训制度。

______________________________________________

______________________________________________

______________________________________________

## 训练任务完成效果评价

### 一、小组代表陈述与教师点评

各小组派代表陈述本小组制定的相关学院学生会成员培训制度。教师根据各小组陈述内容进行点评。

### 二、小组内互评

小组成员根据完成任务过程中个人的表现，按照表 6－1 的评价项目和分值、指标对每个成员进行评分，课后上交小组成员内部评价表和相关学院学生会成员培训制度文本。

表 6-1　小组成员内部评价表

| 小组成员 | 评价项目和分值、指标 | | | | 总成绩 |
|---|---|---|---|---|---|
| | 任务完成的情况（25 分） | 与人合作的能力（25 分） | 解决问题的能力（25 分） | 职业态度（25 分） | |
| | 在小组工作中所承担的任务完成的情况 | 与他人协同工作，处理合作过程中的矛盾的表现 | 提出对策或方案的质量 | 完成任务的主动、认真程度 | |
| 组长 | | | | | |
| 组员 1 | | | | | |
| 组员 2 | | | | | |
| 组员 3 | | | | | |
| 组员 4 | | | | | |
| 组员 5 | | | | | |
| 组员 6 | | | | | |

## 三、教师评价

教师根据小组评分参考表（见表 6-2）的评价项目和分值、指标给各个小组评分。

表 6-2　小组评分参考表

| 组别 | 评价项目和分值、指标 | | | | | 总成绩 |
|---|---|---|---|---|---|---|
| | 制度内容（30 分） | 制度设计（30 分） | 文字表述（20 分） | 任务完成的效率（10 分） | 组员参与程度（10 分） | |
| | 制度内容的合理性 | 制度的完整性 | 文字表述的正确性 | 是否能按时或提前完成任务 | 参与讨论的成员数量 | |
| 第一组 | | | | | | |
| 第二组 | | | | | | |
| 第三组 | | | | | | |
| 第四组 | | | | | | |
| 第五组 | | | | | | |
| …… | | | | | | |

## 四、最终成绩计算方式

最后，教师可按以下公式计算个人最终成绩：

个人最终成绩＝小组成员个人成绩×40%＋所在小组成绩×60%

# 附　录

## 附录一　培训管理适用表格

### 附表 1　基层员工培训需求调查表

部门：　　　　　　　　　　　　　　　　　　　　　　　　　　填表日期：　　年　月　日

首先，非常感谢您参与此次培训需求调查，填表前请仔细阅读以下说明。

1. 以下所列内容仅供参考，在对应框内打钩。若有需要补充的内容，请在相应的表格栏里予以说明。
2. 表中所留空白有限，必要时可另附纸说明。

| 一、员工个人资料简介 | | | | | |
|---|---|---|---|---|---|
| 姓名 | | 性别 | | 入职时间 | |
| 职务 | | 所属部门 | | 直接上级 | |

| 教育背景（从高中及以上填写） | | | |
|---|---|---|---|
| 时间 | 学校 | 专业 | 学历 |
| | | | |
| | | | |

| 二、以往企业内部培训内容调查 | | | |
|---|---|---|---|
| 培训内容 | 是否参与 | 培训实施部门 | 培训方式 |
| 新员工入职培训 | □是　□否 | | □课堂教学　□资料阅读　□小组讨论<br>□案例分析　□现场参观　□其他 |
| 产品知识培训 | □是　□否 | | □课堂教学　□资料阅读　□小组讨论<br>□案例分析　□现场参观　□其他 |
| 岗位技能培训 | □是　□否 | | □课堂教学　□资料阅读　□小组讨论<br>□案例分析　□现场参观　□其他 |
| 部门工作流程培训 | □是　□否 | | □课堂教学　□资料阅读　□小组讨论<br>□案例分析　□现场参观　□其他 |
| 人际沟通技巧培训 | □是　□否 | | □课堂教学　□资料阅读　□小组讨论<br>□案例分析　□现场参观　□其他 |
| 商务社交礼仪培训 | □是　□否 | | □课堂教学　□资料阅读　□小组讨论<br>□案例分析　□现场参观　□其他 |
| 注：若有表中未列出的您已参加过的培训项目或内容，请在下面注明 | | | |

续表

| 其他培训内容 | 培训实施部门 | 培训方式 |
|---|---|---|
| | | |

三、对企业以往培训项目的评价

| 项目 | 评分（实行5分制，5优秀、4良好、3好、2一般、1较差） | | | | | 改进建议 |
|---|---|---|---|---|---|---|
| 整体培训效果 | □5 | □4 | □3 | □2 | □1 | |
| 培训日程安排 | □5 | □4 | □3 | □2 | □1 | |
| 培训准备工作 | □5 | □4 | □3 | □2 | □1 | |
| 培训师总体状况 | □5 | □4 | □3 | □2 | □1 | |
| 培训内容 | □5 | □4 | □3 | □2 | □1 | |
| 培训过程控制 | □5 | □4 | □3 | □2 | □1 | |
| 培训效果跟进 | □5 | □4 | □3 | □2 | □1 | |
| 学员参与度 | □5 | □4 | □3 | □2 | □1 | |

四、参与的外部培训内容

| 培训内容 | 实施部门 | 培训地点 | 培训方式 |
|---|---|---|---|
| | | | |
| | | | |

五、您希望企业再对您进行哪些方面的培训

| 培训内容 | 培训侧重点 | 培训时间 | 培训频率 | 培训方式 |
|---|---|---|---|---|
| | | | | |
| | | | | |

六、员工个人职业发展规划

| 时间 | 目标 | 目标达成的方式/渠道 |
|---|---|---|
| | | |
| | | |
| | | |

**附表2　员工培训需求调查表**

一、基本情况

| 姓名 | | 性别 | | 年龄 | |
|---|---|---|---|---|---|
| 部门 | | 职务 | | 入职时间 | |
| 教育背景 | 时间 | 学校 | | 专业 | 学历 |
| | | | | | |
| | | | | | |
| 培训经历 | 培训时间 | 培训机构 | | 培训内容 | 所获证书 |
| | | | | | |
| | | | | | |

续表

| 二、对以往培训的感知（可复选） | |
|---|---|
| 1. 以往的培训形式 | □课堂讲授 □小组讨论 □角色扮演 □游戏训练 □案例分析 |
| 2. 以往参加的培训 | □自己要求 □领导指派 □企业要求 □自费学习 |
| 3. 以往的培训是否针对个人做过培训需求征询 | □是 □否 □偶尔 |
| 4. 培训后技能、绩效提升是否明显 | □提升明显 □稍有提升 □基本无效 □不了解 |
| 5. 以往的培训是否与个人的绩效考核相联系 | □是 □否 |
| 6. 目前工作中遇到的困难与挑战（与职务要求相比，您还欠缺哪些方面的知识及技能？需要借助哪些培训来提高自己？） | |
| 7. 职业生涯规划（目标可以是掌握某些技能、承担某种责任、担任某种职务、年收入达到多少等）<br>近期目标： 中期目标： 长期目标： | |
| 三、您对哪种培训方式感兴趣 | |
| 内部培训 | □课堂讲授 □小组讨论 □案例分析 □角色扮演 □会议 □其他 |
| 外部培训 | □去同行单位交流 □院校合作 □全脱产 □其他 |
| 四、对未来培训的建议和想法 | |
| 1. 对您来说最喜欢、最有效、最理想的培训方式排序是（请在方框内填写数字 1～7 以表示您的选择顺序） | □课堂讲授 □小组讨论 □角色扮演 □头脑风暴<br>□户外拓展训练 □案例分析 □游戏训练 |
| 2. 您最能接受的培训时间排序是（请在方框内填写数字 1～4 以表示您的选择顺序） | □上班时间 □休息日 □下班后 □无所谓 |
| 3. 您最希望的培训课题排序是（请在方框内填写数字 1～4 以表示您的选择顺序） | □专业技术知识 □沟通技巧 □销售技巧 □管理技能 |
| 4. 您认为合适的培训频率是 | □每月一次 □每两月一次 □每季度一次 □每半年一次 |
| 5. 表中没有列出但您认为有必要写明的内容 | |
| 6. 目前您急需参加的其他培训（如学历教育、计算机技能、英语技能、驾驶等，至少列出两项）： | |
| 7. 您迫切希望提高的技能和掌握的知识（至少列出两项）： | |

**附表 3 培训需求访谈记录**

编号：
访谈对象：
部　门：
职　位：
访谈时间：
访谈提纲：
1. 您认为组织状况如何？
2. 您认为目前组织存在什么问题？
3. 您目前的工作状况如何？
4. 如果要改进目前的状况，您希望得到什么帮助？

续表

5. 您对自己的职业发展有什么规划？您希望得到什么帮助？
6. 您个人目前最需要得到什么培训？
…………

访谈记录：

其他说明：

记录人：
记录工具：
记录时间：

附表 4　新员工培训计划表

| 培训类别 | 序号 | 培训项目 | 培训时间 | | | | | | | | | | | | 培训课时 | 累计课时 | 培训讲师 | 预算/万元 | 培训对象 | 备注 |
|---|---|---|---|---|---|---|---|---|---|---|---|---|---|---|---|---|---|---|---|---|
| | | | 1月 | 2月 | 3月 | 4月 | 5月 | 6月 | 7月 | 8月 | 9月 | 10月 | 11月 | 12月 | | | | | | |
| 新员工入职培训 | 1 | 企业文化和发展历史 | | ◆ | | ◆ | | ◆ | | ◆ | | ◆ | | ◆ | 4 | 24 | 内部 | — | 新员工 | |
| | 2 | 员工行为规范与要求 | | ◆ | | ◆ | | ◆ | | ◆ | | ◆ | | ◆ | 2 | 12 | 内部 | — | 新员工 | |
| | 3 | 企业业务和相关概要知识 | | ◆ | | ◆ | | ◆ | | ◆ | | ◆ | | ◆ | 2 | 12 | 内部 | — | 新员工 | |
| | 4 | 员工礼仪 | | ◆ | | ◆ | | ◆ | | ◆ | | ◆ | | ◆ | 2 | 12 | 内部 | — | 新员工 | |
| | 5 | 人事、财务制度概要 | | ◆ | | ◆ | | ◆ | | ◆ | | ◆ | | ◆ | 1 | 6 | 内部 | — | 新员工 | |
| | 6 | 劳动安全制度 | | ◆ | | ◆ | | ◆ | | ◆ | | ◆ | | ◆ | 1 | 6 | 内部 | — | 新员工 | |
| | 7 | 岗位职责培训和指导 | ◆ | ◆ | ◆ | ◆ | ◆ | ◆ | ◆ | ◆ | ◆ | ◆ | ◆ | ◆ | | | 内部 | — | 新员工 | |
| | 8 | 员工试用期职业辅导计划 | ◆ | ◆ | ◆ | ◆ | ◆ | ◆ | ◆ | ◆ | ◆ | ◆ | ◆ | ◆ | | | 内部 | — | 新员工 | |

附表5　员工在职培训计划表

| 培训类别 | 序号 | 培训项目 | 培训时间 | | | | | | | | | | | | 课时 | 累计课时 | 培训讲师 | 预算/万元 | 培训对象 |
|---|---|---|---|---|---|---|---|---|---|---|---|---|---|---|---|---|---|---|---|
| | | | 1月 | 2月 | 3月 | 4月 | 5月 | 6月 | 7月 | 8月 | 9月 | 10月 | 11月 | 12月 | | | | | |
| 公共培训 | 1 | 企业文化 | | ◆ | | | | ◆ | | | ◆ | | | ◆ | 3 | 12 | 内部 | — | 全体参加 |
| | 2 | 语言技能 | ◆ | ◆ | ◆ | | | | | | | | | | 2 | 6 | 外请 | 0.3 | 自愿参加 |
| | 3 | 计算机技能 | ◆ | | ◆ | | ◆ | | ◆ | | ◆ | | ◆ | | 2 | 12 | 外请 | 0.6 | 自愿参加 |
| | 4 | 拓展训练 | | | | ◆ | | | | | | | | | 14 | 14 | 外请 | 7 | 全体参加 |
| | 5 | 读书活动 | | | ◆ | | | | | ◆ | | | | ◆ | — | — | — | 0.8 | 全体参加 |
| 管理技能 | 6 | 高效沟通和协调能力训练 | | | | | | ◆ | | | | | | | 7 | 7 | 外请 | 1 | 全体参加 |
| | 7 | 高绩效团队建设 | | | | | ◆ | | | ◆ | | | | | 3 | 6 | 内部 | — | 副高经以上人员必须参加 |
| | 8 | 提升领导能力和管理技巧 | | | | | | | ◆ | | | | | | 3 | 3 | 内部 | — | 副高经以上人员必须参加 |
| | 9 | 项目管理 | | | ◆ | | | | | | | | | | 14 | 14 | 外请 | 2.5 | 专业人员、副高经以上人员必须参加 |
| | 10 | 目标与绩效管理 | | | | | | ◆ | | | | ◆ | | | 3 | 6 | 内部 | — | 副高经以上人员必须参加 |
| | 11 | 变革管理 | | | | | | ◆ | | | | | ◆ | | 3 | 6 | 外请 | 1 | 副高经以上人员必须参加 |
| | 12 | 专业形象和商务礼仪 | | | | ◆ | | | | | | ◆ | | | 4 | 8 | 外请 | 0.5 | 全体参加 |
| | 13 | 中层管理者管理技能培训 | | | | | ◆ | | | ◆ | | | ◆ | | 7 | 21 | 内部 | — | 高经、职能总经理必须参加 |
| | 14 | 人力资源专干培训 | | ◆ | | | ◆ | | | ◆ | | | ◆ | | 4 | 16 | 内部 | — | 人事经理、招聘经理、培训经理、各部门主管等 |
| | 15 | 时间管理 | | | ◆ | | | | | | | ◆ | | | 4 | 8 | 内部 | — | 全体参加 |
| | 16 | 会议管理 | | | ◆ | | | | | | | ◆ | | | 4 | 8 | 内部 | — | 全体参加 |
| | 17 | 双赢谈判技巧 | | | | ◆ | | | | | ◆ | | | | 4 | 8 | 外请 | 1 | 行政副高经、投融资副高经、采购副高经、营销副高经、培训副高经、采购专业师、招标人员 |
| | 18 | 有效的沟通 | | | | | | ◆ | | | | | ◆ | | 4 | 8 | 内部 | — | 全体参加 |
| | 19 | 非人力资源经理的人力资源管理 | | | | | ◆ | | | | | | | | 7 | 7 | 外请 | 2 | 部门主管以上人员 |

续表

| 培训类别 | 序号 | 培训项目 | 培训时间 | | | | | | | | | | | | 课时 | 累计课时 | 培训讲师 | 预算/万元 | 培训对象 |
|---|---|---|---|---|---|---|---|---|---|---|---|---|---|---|---|---|---|---|---|
| | | | 1月 | 2月 | 3月 | 4月 | 5月 | 6月 | 7月 | 8月 | 9月 | 10月 | 11月 | 12月 | | | | | |
| 管理技能 | 20 | 非财务经理的财务管理 | | | | | | ◆ | | | | | | | 7 | 7 | 外请 | 2 | 部门主管以上人员 |
| | 21 | 压力管理 | | | | | | | | ◆ | | | | | 7 | 7 | 外请 | 1 | 全体参加 |
| | 22 | 自我营销 | | | | | | | | | | ◆ | | | 7 | 7 | 外请 | 0.8 | 全体参加 |
| 专业知识 | 23 | 网络安全讲座 | | | ◆ | | | | | | | | | | 4 | 4 | 外请 | 0.1 | IT 人员 |
| | 24 | 房地产行业态势研讨会 | | | | | | ◆ | | | | | | ◆ | — | — | 委外 | 0.2 | 市场、战略、房地产技术人员等 |
| | 25 | 行业发展讲座 | | | ◆ | | | | | | | ◆ | | | 3 | 6 | 内部 | — | 全体参加 |
| | 26 | 合同法 | | ◆ | | | | | | | | | ◆ | | 4 | 8 | 内部 | — | 全体参加 |
| | 27 | 财务（投资方向） | | | | | ◆ | | | | ◆ | | | | 4 | 8 | 外请 | 0.2 | 财务人员、投资人员、审计人员 |
| | 28 | 房地产营销实务 | | | | | | ◆ | | | | | | | 4 | 4 | 外请 | 0.2 | 营销、品牌、客户管理人员，房地产技术人员等 |
| 专业技能 | 29 | 投资并购案例分析 | | | ◆ | | ◆ | | ◆ | | | | ◆ | | 4 | 16 | 内部 | — | 战略、投资、人力资源、财务人员等 |
| | 30 | 企业文化建设 | | | | | | | | | | ◆ | | | — | — | 委外 | 0.5 | 行政管理人员、人力资源管理人员等 |
| | 31 | 公共关系管理 | | | | | | | | | ◆ | | | | — | — | 委外 | 0.2 | 行政、融资、税务、人力资源管理人员等 |
| | 32 | 如何制订有效的市场计划 | | | | ◆ | | | | | | | | | — | — | 委外 | 0.4 | 市场研究、营销管理、品牌管理、客户关系等人员 |
| | 33 | 品牌建设 | | | | | ◆ | | | | | | | | — | — | 委外 | 0.3 | 市场研究、营销管理、品牌管理、客户关系等人员 |

**附表 6　年度培训计划表**

| 序号 | 课程名称 | 课程目标 | 课程对象 | 时数/小时 | 培训方式 | 讲师 | 每班人数 | 班次 | 小计人次 | 培训费用/元 | | 培训时间/月份 |
|---|---|---|---|---|---|---|---|---|---|---|---|---|
| | | | | | | | | | | 讲师费用 | 行政费用 | |
| 1 | 新员工培训 | 了解企业文化、产品及岗位职责等 | 新进有经验人员 | 18 | 内训 | 内聘 | 5 | 1 | 5 | 0 | 50 | 7 |
| 2 | 团队合作与工作管理 | 增进部门之间、部门内相互沟通与协作，提高工作效率 | 高、中、基层主管，专业技术人员 | 12 | 内训 | 外聘 | 30 | 1 | 30 | 12 000 | 300 | 2 |
| 3 | 时间管理 | 有效地安排工作时间，提高工作效率 | 高、中、基层主管 | 6 | 内训 | 外聘 | 30 | 1 | 30 | 6 000 | 300 | 5 |
| 4 | 人际沟通技巧 | 提高主管及专业人员的沟通技巧，提高组织效率 | 高、中、基层主管 | 6 | 内训 | 外聘 | 30 | 1 | 30 | 6 000 | 300 | 9 |
| 5 | 基层监督人员培训（TWI） | 提高基层主管人员的现场管理能力 | 基层主管 | 18 | 内训 | 外聘 | 20 | 1 | 20 | 18 000 | 200 | 6 |
| 6 | ISO9000基础知识 | 普及品质管理体系基础知识，提高质量管理意识与观念 | 高、中、基层主管，专业技术人员 | 6 | 内训 | 内讲外训 | 30 | 2 | 60 | 2 000 | 600 | 7 |
| 7 | 销售沟通与抱怨处理 | 有效提高销售人员、市场人员的客户服务水平 | 市场、销售人员 | 6 | 内训 | 内讲外训 | 30 | 1 | 30 | 2 500 | 300 | 8 |
| 8 | 采购管理实务 | 提升与更新采购人员实务 | 供应部员工 | 6 | 外训 | 派外 | 2 | 1 | 2 | 2 400 | 0 | 4 |
| 9 | 食品检验人员培训 | 依相关规定实施年检及培训 | 相关工作人员 | | 外训 | 派外 | | | | | | |
| 10 | 财务人员上岗培训 | 依相关规定实施年检及培训 | 财务人员 | | 外训 | 派外 | | | | | | |

说明：1. 本培训计划中的外聘讲师费用均以目前一般企业聘请讲师的行情预估，为 800～1 000 元/小时，实际执行中以议定价格为准，但不得高于此单价的 20%。

2. 内聘讲师课程仅计算行政费用，讲师费用不计；每天课程时数以 6 小时为标准计算。

3. 凡注明“外训”的均属于派外培训课程，时间的安排以实际执行为准。

4. 本表中时数、每班人数、班次、费用、时间安排等均根据本年度需求调查状况预估，实施过程中以实际状况为准，合理调动与安排。

5. 本表所涉及的培训项目均须按照企业新制定的培训制度及相关规定执行。

**附表 7　月度培训计划表**

| 序号 | 培训类别 | 培训课程 | 培训讲师 | 培训对象 | 参训人数 | 培训方式 | 培训地点 | 培训时间 | 培训课时 | 费用预算 | 备注 |
|---|---|---|---|---|---|---|---|---|---|---|---|
| 1 | | | | | | | | | | | |
| 2 | | | | | | | | | | | |
| 3 | | | | | | | | | | | |

续表

| 序号 | 培训类别 | 培训课程 | 培训讲师 | 培训对象 | 参训人数 | 培训方式 | 培训地点 | 培训时间 | 培训课时 | 费用预算 | 备注 |
|---|---|---|---|---|---|---|---|---|---|---|---|
| 4 | | | | | | | | | | | |
| 5 | | | | | | | | | | | |
| 6 | | | | | | | | | | | |
| 7 | | | | | | | | | | | |
| 8 | | | | | | | | | | | |
| 9 | | | | | | | | | | | |
| 10 | | | | | | | | | | | |
| 11 | | | | | | | | | | | |
| 12 | | | | | | | | | | | |
| 13 | | | | | | | | | | | |
| 14 | | | | | | | | | | | |
| 15 | | | | | | | | | | | |
| 审批： | | | | 审核： | | | | 制表： | | | |

附表 8　培训前准备工作检查表

| 培训场地布置 | |
|---|---|
| 是否租用设备<br>外购设备<br>内部设备<br>投影仪<br>麦克风<br>投影幕布<br>扬声器<br>白板<br>马克笔（双色）<br>摄像机<br>录像带<br>DVD<br>电视机 | |
| 准备人 | 完成日期 |
| 调试人 | 调试日期 |

附表 9 内部培训申请表（个人申请）

| 申请人姓名 | | 职员编号 | | 部门 | | 职位 | |
|---|---|---|---|---|---|---|---|
| 培训组织机构 | | | | 培训课程 | | | |
| 申请理由： | | | | | | | |

| | 名 称 | 日期起 | 日期讫 | 学 费 |
|---|---|---|---|---|
| 课程内容 | | | | |
| | | | | |
| | | | | |
| | | | | |
| | | | | |
| | | | | |
| | | | | |
| | | | | |
| | | | | |
| | | | | |
| | | | | |
| | | | | |
| | | | | |
| | | | | |
| | | | | |
| | | | | |
| | | | | |
| | | | | |
| | | | | |
| | | | | |
| | | | | |
| | | | | |
| | | | | |

| | 部门意见 | 分管总监意见 | 人力资源部意见 | 总经理意见 |
|---|---|---|---|---|
| 审核 | | | | |

附表 10　外派培训申请表

<table>
<tr><td rowspan="2">基本情况</td><td>姓名</td><td></td><td>部门</td><td></td><td>职务</td><td></td></tr>
<tr><td>学历</td><td></td><td>专业</td><td></td><td>入职时间</td><td></td></tr>
<tr><td rowspan="5">培训情况</td><td>培训内容</td><td colspan="5"></td></tr>
<tr><td>主办单位</td><td colspan="5"></td></tr>
<tr><td>培训类型</td><td colspan="5">在职培训［　］　管理培训［　］　其他培训［　］</td></tr>
<tr><td>培训时间</td><td colspan="5">年　月　日至　年　月　日，总学时：</td></tr>
<tr><td>培训方式</td><td colspan="3">脱产［ ］　半脱产［ ］　不脱产［ ］</td><td>学费</td><td>元</td></tr>
<tr><td>培训原因</td><td colspan="6">申请人签名：　年　月　日</td></tr>
<tr><td rowspan="5">会签意见</td><td>部门意见</td><td colspan="5">签　名：　年　月　日</td></tr>
<tr><td>副总办意见</td><td colspan="5">签　名：　年　月　日</td></tr>
<tr><td>副总经理意见</td><td colspan="5">签　名：　年　月　日</td></tr>
<tr><td>商学院意见</td><td colspan="5">签　名：　年　月　日</td></tr>
<tr><td>总经理审批意见</td><td colspan="5">签　名：　年　月　日</td></tr>
<tr><td colspan="2">培训结果</td><td colspan="5">完成培训，取得相关认证［ ］　未完成培训，未能取得相关认证［ ］<br>其他［ ］</td></tr>
</table>

附表 11　在职培训实施计划表

<table>
<tr><td>培训项目名称</td><td></td><td>日期</td><td>年　月　日</td></tr>
<tr><td>培训对象</td><td colspan="3"></td></tr>
<tr><td rowspan="2">特点、素质</td><td colspan="3">1.</td></tr>
<tr><td colspan="3">2.</td></tr>
<tr><td rowspan="2">培训课程目标</td><td colspan="3">1.</td></tr>
<tr><td colspan="3">2.</td></tr>
<tr><td rowspan="2">培训课程内容</td><td colspan="3">1.</td></tr>
<tr><td colspan="3">2.</td></tr>
<tr><td>培训总时间</td><td colspan="3"></td></tr>
<tr><td rowspan="2">培训时间的具体分配</td><td colspan="3">课程 1 所需时间：</td></tr>
<tr><td colspan="3">课程 2 所需时间：</td></tr>
<tr><td>休息时间</td><td colspan="3"></td></tr>
<tr><td>培训方法</td><td colspan="3"></td></tr>
<tr><td>辅助教学设备</td><td colspan="3"></td></tr>
<tr><td>可能出现的问题及解决办法</td><td colspan="3"></td></tr>
</table>

**附表 12　脱岗培训实施计划表**

| 培训项目名称 | | 培训对象 | | 职位及部门 | |
|---|---|---|---|---|---|
| 培训时间安排 | 年　　月　　日至　　年　　月　　日 | | | | |
| 培训目的 | | | | | |
| 培训内容 | | | | | |
| 希望获得的效果 | | | | | |
| 联系培训机构 | | | | | |
| 确定培训讲师 | | | | | |
| 对参训员工的要求 | | | | | |
| 参训期间工作安排 | | | | | |
| 经费支出计划 | 交通费 | 元 | | | |
| | 餐费 | 元 | | | |
| | 住宿费 | 元 | | | |
| | 课程费用 | 元 | | | |
| | 合计 | 元 | | | |
| 其他注意事项 | | | | | |
| 上级领导意见 | 签字　　日期：　年　月　日 | | | | |
| 人力资源经理意见 | 签字　　日期：　年　月　日 | | | | |
| 财务经理审核 | 签字　　日期：　年　月　日 | | | | |
| 主管副总审批 | 签字　　日期：　年　月　日 | | | | |

**附表 13　拓展训练项目实施计划表**

| 具体工作 | 负责人 | 完成时间 |
|---|---|---|
| 参训企业拓展训练需求的调查分析 | 项目经理、参训企业人力资源部经理 | |
| 根据需求分析结果，制定、提供培训方案 | 项目经理 | |
| 探讨、完善并确认培训方案 | 项目经理、参训企业培训经理 | |
| 确认参训人数、签署培训协议、预付部分培训经费 | 项目经理、参训企业人力资源部经理和财务人员 | |
| 填写培训班预订单 | 项目经理 | |
| 根据参训人数安排培训师 | 基地培训中心 | |
| 安排住宿、餐饮 | 基地主任 | |
| 将学员房间号、路线图发送传真或 E-mail 给参训企业 | 客户服务中心 | |
| 下发“拓展培训通知”给每一位学员 | 参训企业培训经理 | |
| 培训前的细节确认 | 项目经理、参训企业负责人 | |
| 为参训学员上保险 | 客户服务中心 | |
| 接待学员报到、安排住宿 | 培训基地负责人 | |
| 拓展训练实施 | 培训师 | |
| 确认培训班结算单 | 培训基地负责人、参训企业培训经理 | |
| 学员对培训的评估 | 培训师、培训学员 | |
| 参训企业培训组织者对方案设计、培训效果的评估 | 客户服务中心、参训企业人力资源部经理 | |
| 付清培训费 | 参训企业财务经理 | |
| 备注：时间可以根据客户的基本情况由每位项目经理与客户进行协调 | | |

附表 14　内部培训讲师资格申报表

<table>
<tr><th colspan="6">基本信息</th></tr>
<tr><td>姓名</td><td></td><td>部门</td><td colspan="2"></td><td rowspan="4">照片</td></tr>
<tr><td>职位</td><td></td><td>入职日期</td><td colspan="2"></td></tr>
<tr><td>起止时间</td><td>毕业院校</td><td>专业</td><td>学历</td><td>证书</td></tr>
<tr><td></td><td></td><td></td><td></td><td></td></tr>
</table>

<table>
<tr><th colspan="4">工作经历</th></tr>
<tr><td>工作时间</td><td>公司名称</td><td>职位</td><td>技能特长（工作业绩）</td></tr>
<tr><td></td><td></td><td></td><td></td></tr>
<tr><td></td><td></td><td></td><td></td></tr>
<tr><td></td><td></td><td></td><td></td></tr>
<tr><th colspan="4">培训经历</th></tr>
<tr><td>培训课程</td><td>培训机构</td><td>培训时间</td><td>所获证书</td></tr>
<tr><td></td><td></td><td></td><td></td></tr>
<tr><td></td><td></td><td></td><td></td></tr>
<tr><td></td><td></td><td></td><td></td></tr>
<tr><td></td><td></td><td></td><td></td></tr>
<tr><th colspan="4">特殊技能和擅长领域</th></tr>
<tr><td colspan="4"></td></tr>
<tr><th colspan="4">审批意见</th></tr>
<tr><td>部门意见</td><td>副总办意见</td><td>商学院意见</td><td>总经理意见</td></tr>
<tr><td></td><td></td><td></td><td></td></tr>
</table>

附表 15　员工培训档案表

编号：　　　　　　　　　　　　　　　　　　　　人力资源部制

<table>
<tr><td>姓名</td><td></td><td>性别</td><td></td><td>出生年月</td><td></td><td>身份证号码</td><td colspan="2"></td></tr>
<tr><td>学历</td><td></td><td>专业</td><td></td><td>所属部门</td><td></td><td>职位</td><td colspan="2"></td></tr>
<tr><td colspan="2">培训时间</td><td colspan="2">培训内容</td><td colspan="2">培训机构</td><td>所获证书</td><td>所在部门</td><td>备注</td></tr>
<tr><td colspan="2"></td><td colspan="2"></td><td colspan="2"></td><td></td><td></td><td></td></tr>
<tr><td colspan="2"></td><td colspan="2"></td><td colspan="2"></td><td></td><td></td><td></td></tr>
</table>

续表

| 培训时间 | 培训内容 | 培训机构 | 所获证书 | 所在部门 | 备注 |
|---|---|---|---|---|---|
| | | | | | |
| | | | | | |
| 人力资源部评语：<br><br>签名：<br><br>年 月 日 | | | 所在部门评语：<br><br>签名：<br><br>年 月 日 | | |

附表 16 培训班后勤物件检查清单

| 培训班 | | | |
|---|---|---|---|
| 培训日期 | | 地点 | |
| 参加人数 | | 负责人 | |
| 项目 | 目标 | 完成情况 | 备注 |
| 设施 | | | |
| 培训教室 | | | |
| 室内布置说明/安排 | | | |
| 资料 | | | |
| 培训师授课提纲 | | | |
| 其他资料（清单） | | | |
| 培训师用的资料 | | | |
| 设备 | | | |
| 录像机 | | | |
| 投影仪 | | | |
| 个人计算机 | | | |
| 液晶显示器 | | | |
| 其他投影器材 | | | |
| 屏幕 | | | |
| 音响系统 | | | |
| 其他（延长电线、插座等） | | | |

续表

| 写字板、记号笔 | | | |
|---|---|---|---|
| 黑板或白板 | | | |
| 活动挂图和三脚架 | | | |
| 有关设备的资料 | | | |
| 膳食服务（包括特殊要求） | | | |
| 课间休息（饮料、点心等） | | | |
| 用餐 | | | |
| 个人生活安排 | | | |
| 旅行（学员、培训员） | | | |
| 住宿 | | | |
| 当地旅游 | | | |
| 社交活动 | | | |
| 娱乐活动 | | | |

**附表 17　培训协议书**

甲方：__________

乙方：__________

姓名：__________出生年月：__________

学历：__________专业：__________身份证号码：________________________________________

家庭住址：________________________________________________________________

为提高员工的基本素质及职业技能，公司鼓励并支持员工参加职业培训。为确保员工圆满完成培训并按时返回公司工作，甲乙双方订立如下协议。

一、公司同意乙方赴____________________学习____________________专业，学习期自__________年__________月__________日至__________年__________月__________日，实计为期__________。

二、乙方应在甲方指定或与甲方约定的学校及专业学习，如需要变更，应事先通知甲方，并得到甲方的批准，否则，以旷工论处。

三、乙方的学习时间计入工作时间之内，按连续工龄累计。

四、乙方学习培训期间的工资视情况按原工资办法的__________支付；在晋级或工资办法修订时，作为在编人员处理；社会保险原则上按有关规定作为在编人员处理。

五、乙方学习期间患有不能继续学业的疾病时，应接受甲方指令，终止学习，返回公司，并依有关规定处理。

六、乙方在学习期间，必须每隔__________天向甲方书面报告一次学习情况，并附学校有关成绩等方面的记录。

七、乙方应自觉遵守培训校方的各项规定与要求。凡因违规违纪而受到校方处分的，甲方应追加惩处，视同在本公司内的违纪。

八、乙方在培训学习期间的学费、书费、调研费、实习费、上机费、住宿费、（因公）往返公司的交通费由甲方全额承担。

九、乙方如在培训学习期间辞职，应向甲方缴纳其所负担的全部培训学习费用的 2.5 倍。

十、培训学习结束后，乙方应在甲方连续工作 5 年。乙方如 1 年内辞职，应向甲方缴纳公司所负担培训费用的 60％；如 3 年内辞职，应向甲方缴纳公司所负担培训费用的 40％；如 4 年内辞职，应向甲方缴纳公司所负担培训费用的 20％；5 年后则可免交培训费用。因违纪被公司辞退的员工亦照此办理。

续表

十一、在培训期间，甲方支付乙方伙食费＿＿＿＿＿元/月。若在培训学习期间，乙方接受甲方交付的任务或安排出差，差旅费按员工差旅费规则支付。

十二、培训学习结束后，乙方应及时返回并向公司报到。

十三、乙方应找第三方做担保人。如乙方有逾期不归、学习期间从事超越学习范围的业余活动或擅自更改培训学习内容的行为，由担保人负责；若乙方涉及法律责任，应由其本人承担，与本公司无关。

十四、如乙方在学习期间成绩优异、有杰出表现，公司将视情况给予奖励。

十五、本协议一式两份，甲、乙双方各执一份。

甲方签章：　　　　　　　　　　乙方签章：
法定代表人签名：
年　　月　　日　　　　　　　　年　　月　　日

附表 18　培训协议书

甲方：××公司
乙方：

根据工作需要，甲方同意乙方参加由＿＿＿＿＿＿（公司）举办的＿＿＿＿＿＿培训。培训时间：＿＿＿＿＿＿，培训地点：＿＿＿＿＿＿，培训费用：＿＿＿＿＿＿。

**根据《中华人民共和国劳动法》相关条例，本着平等自愿的原则，双方协议如下：**

乙方需拿到该课程的结业证书或相关证书后，甲方才能承担乙方参加培训的所有费用；否则，甲方有权只给予报销部分费用或不给予报销。

乙方所获得的相关证书，原件需交甲方保管，用于市场工作。乙方合同期满后离职，甲方将证书归还；如乙方合同期未满离职，甲方当时不予归还证书，待合同期满方予归还。

自培训结束之日起，乙方需继续在公司服务＿＿＿＿＿年。

根据《违反〈劳动法〉有关劳动合同规定的赔偿办法》（劳部发〔1995〕223 号）等有关规定，乙方在合同期未满的情况下主动离职，根据服务时间，以半年为单位递减，向甲方赔偿部分或全部培训费用。例如：延长的服务时间为两年，每满半年递减 25%；若乙方服务了满半年未满一年的时间离职，需向甲方赔偿培训费用的 75%。

本协议是劳动合同的补充协议。

本协议一式两份，双方各执一份，签字有效。

甲方签字：　　　　＿＿＿＿＿＿年＿＿＿＿＿月＿＿＿＿＿日
乙方签字：　　　　＿＿＿＿＿＿年＿＿＿＿＿月＿＿＿＿＿日

附表 19　课程评价表（学员用）

姓名＿＿＿＿＿　　培训课程＿＿＿＿＿＿＿　　评价时间＿＿＿＿＿＿＿

| 评价项目 | 评价内容 |
| --- | --- |
| 对本课程整体印象的评价 | □优　□良　□中等　□差<br>本课程最有效的一点是什么？<br>＿＿＿＿＿＿＿＿＿＿＿＿＿＿＿<br>本课程哪一点对您没有帮助？<br>＿＿＿＿＿＿＿＿＿＿＿＿＿＿＿ |
| 对培训师授课水平的评价 | □优　□良　□中等　□差 |
| 对课程内容的评价 | □优　□良　□中等　□差 |
| 对互动、交流的评价 | □优　□良　□中等　□差 |
| 对培训形式的评价 | □优　□良　□中等　□差 |
| 对教材、讲义的评价 | □优　□良　□中等　□差 |
| 对教室设施的评价 | □优　□良　□中等　□差 |

续表

| | |
|---|---|
| 意见与建议 | （1）本课程是否满足了您的愿望？如果是，达到了何种程度？如果不是，为什么？<br>______________________________<br>（2）您认为从本课程学到了什么？<br>______________________________<br>（3）您认为应如何改进此类培训课程？<br>______________________________<br>（4）您认为有必要提出的批评和建议是什么？<br>______________________________ |

附表 20　培训成效调查表

一、本部已举办过如下在职训练：

| | | | |
|---|---|---|---|
| 1 | | 5 | |
| 2 | | 6 | |
| 3 | | 7 | |
| 4 | | 8 | |

二、请各单位主管观察所属学员参加训练以后有些什么改变，根据实际情况在调查表所示项目之适当栏打“√”，并请于________月________日前交教育训练部。

| 绩效标准 | 很好 | 略好 | 无改变 | 略差 | 很差 | 不知道 |
|---|---|---|---|---|---|---|
| 1. 生产的数量（工作数量的提高） | | | | | | |
| 2. 生产的质量（工作质量的提高） | | | | | | |
| 3. 工作安全 | | | | | | |
| 4. 环境维护 | | | | | | |
| 5. 员工的态度及士气 | | | | | | |
| 6. 员工出勤情况 | | | | | | |
| 7. …… | | | | | | |
| 8. …… | | | | | | |

填表部门：______________________________

填表人：______________________________

附表 21　培训效果调查问卷

调查说明：1. 请详细、如实地填写，并按时交到培训组织部门或相关人员处。

2. 请在您选择的答案前打“√”。

3. 希望您给予真实的回答，这会有利于我们工作的改进。

| 培训主题（课程名称） | | 培训师 | | 日期 | |
|---|---|---|---|---|---|
| **一、关于培训课程、教材**<br>1. 您认为本次课程对您的工作是否有帮助？　□很大　□较大　□一般　□没有<br>2. 您觉得本次课程内容的安排逻辑及层次如何？　□很好　□好　□一般　□差<br>3. 您认为本次课程是否解决了您工作上的实际需要？　□解决了　□部分解决　□没有解决 | | | | | |

续表

4. 参加此次培训，您觉得有哪些受益？（可多选）
□ 接触到了一些适用的新知识 □ 获得了一些可以用在工作上的技巧及技术 □ 帮助我印证了某些观点 □ 帮助我改变了工作态度 □ 给了我一个客观认识自己及所从事工作的机会
5. 您认为本课程的哪些内容需要增加或删减？
需增加的内容：

需删减的内容：

6. 列出您对本课程最感兴趣的地方（可列三点）：

7. 写出本次培训课程的重点内容：

8. 写出本次培训课程对您工作上最有帮助的内容：

9. 写出对您来说本次培训课程最不适用的内容：

**二、关于培训师**
1. 您认为培训师的专业水平和培训经验如何？ □ 优 □ 良 □ 中 □ 差
2. 培训师对教学内容、培训目标的阐述是否具体、明确和完整？
□ 优 □ 良 □ 中 □ 差
3. 您对此次培训的教学方式是否满意？ □ 很满意 □ 满意 □ 一般 □ 不满意
4. 您对培训师在培训辅助设备的运用上有何感想？
□ 很满意 □ 满意 □ 一般 □ 不满意
5. 您认为这次培训应采用何种教学方式较为合适？（可多选）
□ 普通讲座 □ 小组讨论 □ 培训师演示＋学员实际操作 □ 提问＋回答
□ 多媒体教学 □ 角色扮演 □ 情景模拟训练 □ 游戏训练

**三、关于培训组织人员**
1. 您认为此次培训的后勤协助工作做得如何？ □ 很好 □ 好 □ 一般 □ 不好
2. 您认为此次培训的场地符合培训要求吗？ □ 符合 □ 不符合（请简单说明理由）
3. 您认为此次培训的辅助设备、培训资料是否齐全？ □ 齐全 □ 不齐全
请列举出需要补充的设备、资料：

**四、其他方面**
1. 您对培训的餐饮、交通是否满意？ □ 很满意 □ 满意 □ 一般 □ 不满意
2. 将来若有类似的培训，您是否还愿意参加？ □ 愿意 □ 不愿意 □ 不确定
3. 您对本次培训课程的整体评价是什么？

4. 您对本次培训是否还有其他的改善建议？

5. 您认为还需要组织哪些方面的培训？

注：1. 组织部门也可以根据实际情况，选择其中部分内容设计有关特定对象的调查问卷。
2. 该表格由参加培训的学员填写。

# 附录二　员工培训中常用的游戏

## 游戏一　信任进步行

**形式：** 两人一组为最佳
**类型：** 建立信任
**时间：** 10 分钟
**材料：** 眼罩（每组 1 个）
**场地：** 教室及通道
**适用对象：** 全体参加团队建设的学员

**活动目的：**

团队业绩的取得离不开团队成员之间的信任，这个小游戏就是为了让学员们体会在某一环境下自己怎样建立起对伙伴的信任。

**操作程序：**

学员每两人一组，每组发一个眼罩。让其中一位学员戴上眼罩，在另一位学员的言语指导下从教室出门，在外面行走一圈回来，然后互换角色进行体验。

**有关讨论：**

1. 当你什么都看不见时，你有什么感觉？
2. 当你了解了对方的感受后，你会怎样进行指引？

## 游戏二　同一首歌

**形式：** 全体学员参加
**类型：** 团队、破冰
**时间：** 10 分钟
**材料：** 写有不同歌曲名称的小纸条
**场地：** 教室
**适用对象：** 彼此不熟悉的学员

**活动目的：**

活跃气氛，让学员熟悉起来，组建学习团队，锻炼学员勇气。

**操作程序：**

1. 每人发一张纸条，上面写有一首歌的名称。
2. 所有人起立，小声唱出纸条上的歌。
3. 寻找唱相同歌的人组成一组。
4. 组建团队。

**游戏三　怪　兽**

**形式：**12 人一组为最佳
**类型：**破冰、合作
**时间：**5～10 分钟
**材料：**眼罩（每两人 1 个）
**场地：**教室及通道空地
**适用对象：**全体学员

**活动目的：**

活跃课堂气氛，激发团队创意。

**操作程序：**

培训师提出要求：团队要创造出一个怪兽，这只怪兽有 11 只脚、4 只手，而且全体人员必须连接在一起成为一个整体。

**有关讨论：**

1. 大家是用什么方法达成共识的？
2. 你认为最有创意的地方在哪里？

**游戏四　撕纸游戏**

**形式：**所有学员共同参加
**类型：**沟通
**时间：**5～10 分钟
**材料：**A4 纸（每人一张）
**场地：**教室
**适用对象：**全体学员

**活动目的：**

让学员理解沟通中的双向性和表达明确的重要性，同时认知彼此差异的存在，学会包容。

**操作程序：**

1. 每人发一张 A4 纸。
2. 培训师提出要求：所有学员不许讲话；活动过程中不能互相观摩。
3. 培训师发四个指令，请学员执行：第一，把纸对折；第二，撕去一个角；第三，再对折；第四，再撕去一个角。
4. 请学员相互观看对方的作品。

**有关讨论：**

1. 看到的结果是什么？
2. 为什么会彼此不同？

**游戏五　囊中失物**

**形式：** 11～16 人一组比较合适
**类型：** 解决问题
**时间：** 30 分钟
**材料：** 有规律的一套玩具、眼罩
**场地：** 教室
**适用对象：** 全体学员

**活动目的：**

让学员们体验彼此面对同样一个问题所表现出来的态度，思考如何达成共识并相互配合共同解决问题。

**操作程序：**

培训师用袋子装着有规律的一套玩具、眼罩，先让学员戴上眼罩，然后宣布游戏规则：我有一套物品，我抽出一个，而后给你们每人一个，现在你们通过沟通猜出我拿走的物品的颜色和形状。全过程每人只能问一个问题：这是什么颜色？只有一个人问的时候我会回答，如果同时有很多人问我就不会回答。全过程自己只能摸自己的物品，不能摸其他人的物品。

**有关讨论：**

1. 你的感觉如何？开始时你是不是认为这完全没有可能？后来又怎样了呢？
2. 你认为在解决这一问题的过程中最大的障碍是什么？
3. 你对执行过程中大家的沟通表现如何评价？
4. 你认为还有什么改善的方法？

**游戏六　拼图游戏**

**形式：** 4～16 人一组比较合适
**类型：** 沟通、团队训练
**时间：** 10～15 分钟
**材料：** 硬纸若干
**场地：** 教室
**适用对象：** 全体学员

**活动目的：**

5 个人拼成同样大小的拼图才算完成任务。交换纸片即是交换资源。

在统一目标的指引下，资源信息要共享，彼此愿意、善于分享，将组织利益置于个人利益之上才是真正的“状况共有”。

**操作程序：**

1. 每组按规则制作 15 张硬纸，将其打乱分拆成 5 份装入信封。

2. 小组内每人得到一个信封，小组的任务是将信封内的卡片拼成相同大小的正方形。

3. 全过程不许交流。

4. 每人手里拿到的卡片只许给别人，不能从别人的手里拿卡片（不能帮助别人拼图）。

5. 小组内的每个人将散乱的图片拼成同样大小的正方形，最快的小组获得胜利。

**有关讨论：**

1. 自己完成任务后的感受如何？

2. “状况共有”的感受如何？

**游戏七　空方阵**

**形式：**5 人一小组、10 人一大组、24 人一班为最佳
**类型：**沟通、团队合作及领导力方面的训练
**时间：**40 分钟
**材料：**两套空方阵塑料板
**场地：**教室及其他会议室或走廊
**适用对象：**参加团队建设、领导力及沟通课程的全体学员

**活动目的：**

增强小组之间个人与个人的配合、小组之间的沟通及配合，从而找出经常出现的问题并探索解决这些问题的方法。观察小组工作时是否有领导出现并体会领导的作用。

**操作程序：**

1. 10 人的大组中分为两个小组，一组命名为“计划团队”，另一组命名为“执行团队”。10 人大组之外选两人作为“观察团队”。

2. 培训师有 3 份不同的指令分别交给“计划团队”“执行团队”“观察团队”。

3. 整个任务将在 25 分钟内完成。

**有关讨论：**

1. 对比两个大组，选出最先完成任务的大组，请组员谈谈为什么能够完成得比另一组快。

2. 由观察员谈谈两个大组分别在排列任务过程中的表现。

3. 总结在这个游戏中你受到的最大的启发是什么，包括领导力的讨论、沟通方面的问题、合作及配合是否融洽、通过什么方法来解决问题等。

**游戏八　核弹头**

**形式：**12 人一组为最佳
**类型：**问题解决、团队合作
**时间：**30 分钟
**材料：**25 米长的绳子一条，20 米长的绳子两条，水桶一个，短竹两条，砖头一块
**场地：**一片空地
**适用对象：**参加团队建设、领导力及沟通课程的全体学员

**活动目的：**

让学员体验自己的团队解决问题的能力、计划能力及团队合作精神。

**操作程序：**

1. 培训师让学员把25米长的绳子拉成一个圈，并把水桶装9成满的水放在圆圈的中央，用砖头把水桶垫起来。

2. 培训师开始给学员们讲下面一个故事：在一个山村中有一枚没有引爆的核弹头，给该地区造成了威胁。假如你们是特工人员，将去该地区取出核弹头并进行引爆。假定圆圈内为辐射区，所有人员都不得进入圈中；两条20米长的绳子及两条短竹为防辐射物品，故可以进入辐射区，但不能碰到地上。

3. 全体学员必须在30分钟内把水桶提出，水不能洒出来。

**有关讨论：**

1. 团队中共出现多少个主意？为什么采纳了现在所使用的主意来执行任务？
2. 在全过程中你认为最佳表现在哪里？团队的合作精神体现在哪里？
3. 团队在解决问题时采取的是什么方法？这种方法有什么地方需要改进？

**游戏九　解手链**

**形式：**10人一组为最佳
**类型：**团队训练
**时间：**20分钟
**场地：**空地
**适用对象：**全体学员

**活动目的：**

让学员体会在解决团队问题方面有什么步骤、聆听在沟通中的重要性以及团队的合作精神。

**操作程序：**

1. 培训师让每组站成一个向心圆圈。

2. 培训师说：先举起你的右手，握住对面那个人的手；再举起你的左手，握住另外一个人的手。现在你们面对一个错综复杂的问题，在不松开的情况下，想办法把这张乱网解开。

3. 告诉大家一定可以解开，但结果会有两种：一种是一个大圈，另一种是两个套着的环。

4. 如果实在解不开，培训师可允许学员决定相邻两只手断开一次，但再次进行时必须马上封闭。

**有关讨论：**

1. 你在开始时感觉怎样？思路是否很混乱？
2. 当解开了一点以后，你的想法是否发生了变化？
3. 最后问题得到了解决，你是不是很开心？

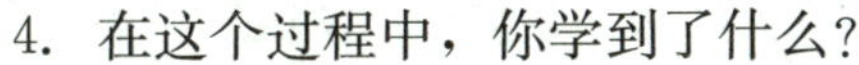

4. 在这个过程中，你学到了什么？

### 游戏十　猜人名

**形式：** 5 人一组、20 人一个班最佳
**类型：** 解决问题
**时间：** 15～20 分钟
**材料：** 四顶写有名人名字的高帽
**场地：** 教室
**适用对象：** 销售人员及一线管理人员

**活动目的：**

训练一线管理人员或参加培训的销售人员熟练应对封闭式问题的能力，利用所获取的信息缩小范围，从而达到最终目的。该训练可以让学员在寻求“Yes”答案的过程中练习如何组织问题及分析所得到的信息。

**操作程序：**

1. 在教室前面摆四把椅子。
2. 每组选一名组员坐在椅子上，面对小组的组员们。
3. 培训师给坐在椅子上的代表戴上写有名人名字的高帽。
4. 每组的组员除了坐在椅子上的人不知道自己高帽上写的是什么名人，其他人都知道，但谁都不能直接说出来。
5. 坐在椅子上的人开始猜自己高帽上写的是哪个名人，他必须要问封闭式的问题，如“我是……吗？”如果小组成员回答“Yes”，他还可以问第二个问题；如果小组成员回答“No”，他就会失去机会，轮到下一名组员发问。依此类推。
6. 最先猜出答案者获胜。培训师应准备一些小礼物给获胜队。

**有关讨论：**

1. 你认为哪一位提问者最有逻辑性？
2. 如果你戴上高帽，你会怎样改进提问的方法？

# 参考文献

1. 赵耀. 员工培训与开发. 2版. 北京：首都经济贸易大学出版社，2016.

2. 胡蓓，陈芳. 员工培训与开发. 北京：高等教育出版社，2017.

3. 课思课程中心. 培训课程开发模型与工具大全. 2版. 北京：人民邮电出版社，2018.

4. 陈国海. 员工培训与开发. 2版. 北京：清华大学出版社，2016.

5. 郭远红. 员工培训与开发. 大连：大连理工大学出版，2015.

6. 刘建华. 人力资源培训与开发. 北京：中国电力出版社，2014.

7. 王淑珍，王铜安. 现代人力资源培训与开发. 2版. 北京：清华大学出版社，2015.

8. 雷蒙德·诺伊. 雇员培训与开发. 徐芳，邵晨，译. 北京：中国人民大学出版社，2015.

9. 史娜. 人力资源培训与开发实用教程. 北京：北京邮电大学出版社，2014.

10. 刘正君，温辉. 员工培训与开发. 北京：中国人民大学出版社，2018.

11. 王江涛. 培训能力开发及管理实务. 上海：复旦大学出版社，2014.

12. 赵曙明，赵宜萱. 人员培训与开发：理论、方法、工具、实务. 2版. 北京：人民邮电出版社，2019.